Mosaik

Barbara Schmidt

# Leidenschaft lebendig halten

oder wie Sie Erotik
mit Ihrem Partner immer wieder
neu erleben und genießen

MOSAIK VERLAG

Der Mosaik Verlag ist ein Unternehmen
der Verlagsgruppe Bertelsmann


Redaktion: Monika König
Einbandgestaltung: Martina Eisele
Einbandfoto: Photo Shot, Bavaria
Druck und Bindung: Wiener Verlag, Himberg
Printed in Austria
ISBN 3-576-10393-7

# Inhalt

IV. Teil

## Leidenschaftlich lieben lernen 127

## Noch ein Buch zum Thema »Liebe, Lust und Leidenschaft«?

Ja – ein Buch, das sich ganz bewußt gegen die modische Auffassung richtet, ein Lebensphasengefährte sei das Beste, was wir uns erhoffen können, weil angeblich jeder Liebesbeziehung nach spätestens vier Jahren erotisch die Luft ausgehe. Dagegen stelle ich folgende Thesen:

1. Der erste Schritt zu einer langfristigen, erotisch erfüllenden Partnerschaft ist die Sehnsucht danach.
2. Daß so wenige eine solche Beziehung leben können, liegt an einem schlichten Irrtum: Was wir für Liebe halten, ist oft nicht mehr als Ver-liebtheit und der riesengroße Wunsch, vom anderen geliebt zu werden.
3. Statt zu lieben und geliebt zu werden, bewundern sich Männer und Frauen in ihrer Verliebtheit, d. h. sie werten sich gegenseitig auf und stabilisieren so anfangs ihr schwaches Selbstwertgefühl. Mit diesem vom Partner entliehenen Selbstwertgefühl gelingt in der ersten Zeit oft eine spannende Erotik.
4. Bei näherem Kennenlernen jedoch wächst bei jedem Partner unbewußt die Angst, die vermeintlich riesengroßen Erwartungen des anderen nicht dauerhaft erfüllen zu können.
5. Angst führt dazu, daß sich Männer und Frauen einander nicht mehr gänzlich öffnen können, sondern wichtige Teile ihrer Persönlichkeit zurückhalten. Es kommt zu Mißverständnissen und Fehleinschätzungen in der Beziehung.
6. Dieser Prozeß läßt die Angst voreinander weiter wachsen. Statt knisternder Erotik erleben beide Partner irgendwann eher eine angstvolle Spannung, in der kaum noch lustvoller Sex möglich ist.
7. Der Weg aus diesem Dilemma führt über die eigenen Ängste und deren Überwindung. Wer den Partner zu ändern versucht, zerstört die Liebesbeziehung.
8. Wer sich seiner Ängste und seiner Bedürfnisse bewußt ist, ist letztlich selbst-bewußt.
9. Wer selbstbewußt ist, hat die Möglichkeit, aus seinen unbewußten Leidenschaften, die oft zerstörerisch für ihn selbst und den anderen sind, bewußte Leidenschaften zu machen. Bewußt leidenschaft-

lich sein bedeutet: Sich selbst erkennen und offen seine Gefühle zeigen – ohne Angst vor einer Zurückweisung und ohne die Erwartung, daß die Gefühle erwidert werden.

10. In der bewußten Leidenschaft für sich selbst und für einen anderen Menschen entsteht eine erotische Spannung immer wieder ganz von selbst, ohne daß man sich dafür ändern muß – und vor allem, ohne daß man mit Tricks sein Sexleben aufpolieren muß. Denn wieviel Spaß macht auf die Dauer schon der Sex, wenn die Liebe fehlt?

## Vorwort der Autorin

## Lust für 9 1/2 Wochen oder die große Flaute

Ein Mann und eine Frau verlieben sich. »9 1/2 Wochen« lang – so der Filmtitel – erleben die beiden ihre Leidenschaft, dann ist das Spiel aus. Die Frau verläßt ihren Geliebten. Das teuflisch-verführerische Spiel, in das beide verwickelt sind, ist unerträglich für sie geworden.

»9 1/2 Wochen« war ein großer Filmerfolg. Er hätte es nicht sein können, wenn sich nicht soviele in dieser Geschichte wiedererkannt hätten. Worum ging es also wirklich? Schließlich waren sicherlich nicht alle Zuschauer, bei denen der Film einen gewissen Nerv traf, Anhänger von sexuellen Sado-Maso-Spielchen.

Worum geht es also wirklich in der Leidenschaft à la »9 1/2 Wochen«?

*1. Es geht darum, wie wir uns voreinander verstecken.*

Sehr viele Männer zeigen wie Mickey Rourke im Film nur ihre Fassade und bleiben so unerreichbar. Sehr viele Frauen verlieben sich wie Kim Basinger in die Fassade, in die Unerreichbarkeit. Und weil sie verliebt sind, wollen sie unbedingt dem Mann gefallen, damit auch er sie liebt. Beide wollen einander gefallen. »Gefallen wollen« ist das Gegenteil von »lieben«. Gefallen wollen ist darüber hinaus die traditionell weibliche Strategie, einen Mann ver-liebt zu machen. Viele Männer flüchten sich immer vehementer ebenfalls in diese Strategie. Der richtige Outfit für den sportgestählten und sonnengebräunten Körper, das cool blickende Gesicht umrahmt von einem Haarschnitt, für den mann mittlerweile genauso viel Geld ausgibt wie wir Frauen. Warum tun soviele Männer das? Weil viele Frauen offenbar so wenig mit einem Mann mit »Feuer im Bauch« anfangen können. Wie die beiden Hauptdarsteller des Films »9 1/2 Wochen« bauen viele von uns Frauen und Männern mit vereinten Kräften an den Fassaden, hinter denen wir uns immer erfolgreicher verstecken. Unsere echten, tiefen Gefühle bleiben dabei auf der Strecke.

*Weil soviele einem Mann, einer Frau gefallen wollen, reicht es bei ihnen nur noch zur Verliebtheit. Liebe und echte Erotik haben sich nicht verflüchtigt. Beides hat es im Leben derjenigen, die gefallen wollen, nie gegeben.*

Worum geht es noch in der Liebe à la »$9^1/_2$ Wochen«?

*2. Es geht darum, daß wir den anderen mißbrauchen, um das Drama unserer Kindheit wieder aufzuführen.*

Welches Drama will der männliche Hauptdarsteller in »$9^1/_2$ Wochen« wieder aufführen? Schauen wir uns an, was im Film passiert, und wir wissen, was er in seiner Kindheit erlebt hat. (Denn unbewußt führen wir fast alle das Drama unserer Kindheit immer wieder von neuem auf.) Im Film macht er aus der Frau, in die er sich verliebt hat, den verführerischen Vamp, den er immer sadistischer bestraft. Er tut es, weil er eine Mutter hatte, die ihn einerseits – wie angedeutet oder direkt auch immer – sexuell mißbraucht hat, weil sie wiederum nicht genügend Sex, Liebe, Erotik in der Partnerschaft zu ihrem Mann bekam. Von ihrem Sohn hat sie sich deshalb die Körperlichkeit und Zärtlichkeit geholt, die sie so schmerzlich vermißt hat. Doch andererseits hat sie ihren Sohn auch bestraft dafür, womöglich durch Schläge, daß er so verführerisch und gleichzeitig doch so wenig gebend sein konnte.

Den Sohn bestrafen – so kann eine Mutter die eigene Angst vor der Erotik des kleinen Jungen abwehren. Sie spürt jedoch, daß sie ungerecht ist. Und so wird sie ihn auch wieder grenzenlos verwöhnen. Bestrafen-verwöhnen-bestrafen-verwöhnen: So sieht das Muster der Kindheit vieler aus. Wer diese Verziehung erlebt hat, der wird zur Bindungsunfähigkeit erzogen, der wird es schwer haben, in seinem Leben Verpflichtungen einzugehen. Der wird seinen Partner, seine Partnerin im späteren Leben genauso zu beruhigen versuchen, wie er einst seine Mutter beruhigen wollte, um den heiß-kalten Wechselduschen ihrer Gefühle zu entgehen: indem er ihr gefiel. Doch schon damals hat diese Strategie versagt ...

Mit seiner Geliebten führt der mißbrauchte Sohn nun als Erwachsener sein Kindheitsdrama immer wieder von neuem auf. Mitspielerinnen zu finden ist keine große Kunst. Es gibt eine Menge Frauen, die für ihren Vater und ihre Mutter eine ähnliche Rolle gespielt haben wie ihr Liebhaber für seine Mutter. Und so findet die Geliebte im mißbrauchten Sohn den perfekten Gegenpart für die Rolle, die einst ihre Eltern in ihrem Kinderleben gespielt haben. Sie haben sich von ihrer Tochter die Zärtlichkeit und Körperlichkeit geholt, die sie sich nicht gegenseitig gegeben haben.

Die erwachsene Tochter wird also ebenfalls das alte Spiel, ihr Kindheitsdrama, wiederholen: Hilflos ergibt sie sich der Tatsache, daß ein Mann sie mit seinen sexuellen Phantasien anfüllt, ohne daß er sie selbst sehen mag. Je mehr sie dafür tut, seine heimlichen Wünsche zu erfüllen, um so stärker hungert sie nach Bestätigung durch den Vater, der ihr dafür Bestätigung gegeben hat – und der sie vor allem dafür bestraft hat –, daß sie eine kleine Verführerin war, zu der jedoch erst seine Phantasie sie machte. Vielleicht hat auch ihr Vater seine Angst vor der verführerischen Tochter abgewehrt, indem er sie hart bestrafte, sogar schlug.

Vatis Prinzessin und Mamis Prinz – die Grenzen waren oft, sehr oft nicht klar in der Kindheit vieler. Mehr oder weniger haben fast alle auch ein Stück der Rolle übernommen, die eigentlich die Eltern füreinander hätten spielen sollen.

*Lustvoll* stürzen sich im Erwachsenenleben so Vater-Tochter und Mutter-Sohn in die Falle ihrer Kindheit. Uns zieht immer das an, was wir schon kennen. Doch wir wissen nicht, daß wir es schon kennen. Ja, mit ihm war es so, als ob wir uns schon seit ewigen Zeiten kennen, sagen wir, wenn wir uns frisch verliebt haben. Und zu ihr hatte er auch gleich den gewissen Draht. So sieht Verliebtsein aus, und so darf es auch bleiben.

Gleichzeitig ist viel verborgener Haß in uns auf die eigene Mutter, den eigenen Vater. Wer sich irgendwann so wie die eigenen Eltern aufführt, der wird von uns schon bestraft werden. Letztendlich reagieren wir am Partner oft den eigenen Männerhaß, den eigenen Frauenhaß ab – den Haß auf uns selbst, den wir uns nicht eingestehen, das alte Schuldgefühl, nicht in Ordnung zu sein. Sonst würde man ja so geliebt, wie man es brauchte, oder?

Wir hoffen, daß unser Liebesdrama diesmal einen versöhnlichen Ausgang nimmt. Aber wir hoffen meist vergeblich. Wir werden das Spiel auch diesmal nicht gewinnen, wenn wir den dringend notwendigen Einsatz verweigern: *uns selbst.*

Um unsere alte Wut auf die Eltern endlich loszuwerden, treiben wir uns gegenseitig unbewußt dahin, daß der andere auch ja nicht aus der Rolle des Mutter- oder Vater-Ersatzes herausspringt. Dieses Aneinanderkleben, diese »fatal attraction«, nennen wir dann »Liebe«. Es muß doch einen Grund geben, wenn wir nicht voneinander loskommen, immer wieder aufeinander zurückkommen, obwohl wir so unglücklich miteinander sind. Der Grund ist nicht Liebe, sondern alte Wut, Haß auf die Eltern. Und hinter dieser Wut, diesem Haß steckt letztendlich doch nichts anderes als die alte Kinderangst vor deren Übermacht, die alte Angst, ohnmächtig zu sein gegen das Spiel, das sie mit uns spielen.

Immer stärkere Geschütze fahren wir auf, um ihn oder sie in der Rolle des Ersatz-Vaters und der Ersatz-Mutter zu halten. Denn mit dieser Rolle kamen die Lust und Leidenschaft in unser Leben. Und genau mit dieser Rolle, die wir spielen und spielen lassen, werden sich Lust und Leidenschaft wieder verflüchtigen.

Je perfekter die Rollenerwartungen gegenseitig erfüllt werden, um so quälender und unglücklicher die Leidenschaft. Wenn das Unglück groß genug geworden ist, kann man sich trennen: von dem einen Partner, von der einen Partnerin – nicht jedoch von seinem Spiel.

Der Mann verliert deutlicher seine Lust, wird am Ende gar – sekundär – impotent. Wenn die Frau ehrlicher zu sich selbst wäre, würde sie es auch nicht mehr »Lust« nennen, was sie eventuell noch bindet. Sollte sie länger an der Beziehung hängen als ihr Geliebter, so meist nicht aus erotischem Interesse an ihrem Partner, sondern weil sie noch immer der Liebe ihres Vaters hinterherläuft. Was sie »Kampf um die Beziehung« nennt, ist tatsächlich oft nichts anderes als ein ständiges Werben um den Mann. So bedient sich die Vater-Tochter der klassisch männlichen Strategie und wirkt so wenig weiblich auf ihren Partner, wie dieser in seinem (sexuellen und/oder emotionalen) Rückzug männlich auf sie.

Der Rückzug, das große Schweigen ist schon immer das Machtmittel der Schwächeren gewesen. Der Rückzug ist die stärkste Aggression überhaupt. Der andere wird noch nicht einmal für wert befunden, sich mit ihm auseinanderzusetzen.

Wenn Vater-Töchter und Mutter-Söhne aufeinandertreffen, wie soll denn dann eine Beziehung wirklich tief erotisch sein? Erotisch ist die Spannung des Gegensatzes zwischen ganzen Männern, die ganze Frauen lieben können, und ganzen Frauen, die ganze Männer lieben können. Wer dies nicht kann, für den fällt leider nur ein sexy Habitus ab, der sich reichlich schnell verbraucht, weil er nur eine Maske ist.

Am Anfang glaubten beide, die Leidenschaft ihres Lebens erlebt zu haben. Was sie erlebt haben, war die Wiederauflage ihrer Kindheit – einer Kindheit, in der sie klammheimliche Objekte der Begierde ihrer

Eltern waren, von denen sie jedoch herzlich wenig oder wenig herzlich geliebt wurden.

Meist dauern solche Beziehungen länger als $9^1/_2$ Wochen. Ein, zwei, vielleicht sogar vier oder fünf Jahre lang wollen und können zwei Menschen nicht sehen, daß sie beide nur das Entweder – Oder kennen. Entweder Sex oder Liebe.

*Denn mit dem Sex kommt sehr oft auch die Wut auf die mißbrauchende Mutter, den mißbrauchenden Vater zurück. Mit der Wut und dem Haß kommt das Leiden aneinander, das Unglück. Mit der Liebe allerdings kommt sehr oft automatisch die Langeweile, die Unlust – oder die erotische Spannung. (Doch die kommt nicht automatisch, sie wächst mit der eigenen Liebesfähigkeit.)*

So sieht das große Dilemma unserer Zeit aus, in der soviele Narzißten um den heißen Brei »Liebe« schleichen, an dem sie sich in ihrer Kränkbarkeit mehr als nur die Finger verbrennen und den sie deshalb oft lieber ganz meiden.

Daß mit der Liebe auch die wirkliche Erotik kommen könnte, nicht allerdings das sexistische Getue, das Leidenschaft nur nachahmt, diese Erfahrung fehlt allzu vielen.

Der aufreibenden Leidenschaften überdrüssig, begeben sich manche in Partnerschaften ohne Leidenschaft, aber dafür mit herzlicher Liebe als Basis. »Das kriegen wir schon noch hin«, bilden sich Männer ein, die meinen, sie wollten und könnten ihre Gefährtin sexuell erwecken. Sie wissen nicht, daß sie auf der Suche nach der »guten Mutter« sind. Eine »gute Mutter« hat jedoch kein erotisches Interesse an ihrem Sohn. Unbewußt tun diese Männer eine Menge, um Lust bei ihrer Frau gar nicht erst aufkommen zu lassen. Lust macht auch schwach. Wer weiß, warum *sie* sich keine Schwäche mehr leisten will?

Wer sagt *ihm*, daß er gerade bei der Lustlosen findet, was er keiner anderen Frau glauben kann, weil er in jede Lustvolle seine unbewußte Erfahrung mit der Mutter hineinprojiziert: daß er ein zutiefst liebenswerter Mensch ist. Daß eine lustlose Partnerin ihm die narzißtische Befriedigung verweigert, »ein guter Liebhaber« zu sein, könnte ein Stück seiner Heilung sein. Er will es nicht so sehen, sondern leidet am »schlechten« Sex in seiner Beziehung.

Auch manche Frauen glauben, daß sie einen Mann sexuell erwecken könnten, bei dem sie unbewußt Liebe *ohne* Lust suchen, den

»guten Vater«. Doch wie sie seinerzeit ihren Vater nur durch ihre Verführungskünste erreicht haben, bedienen sie sich vielleicht auch diesmal ihrer »Peepshow«, um den Mann an sich zu binden. Der steht nun wieder vor der »bösen«, ihn sexuell vereinnahmenden Mutter und schüttet irgendwann seinen Haß auf sie auf seine Partnerin aus. Diese ihrerseits schüttet ihren Haß auf den mißbrauchenden Vater auf ihren Partner – den sie gerade durch ihre Taktik in die Rolle gedrängt hat, nach der er insgeheim verlangt hat. Beide meinen, große Leidenschaft und Liebe hätte sie anfangs verbunden.

Sie erkennen nicht, daß Sex das Betäubungsmittel der Wahl war, um die schlafenden Hunde in ihrem Unterbewußtsein nicht zu wecken. Sie glauben, sie seien als Paar eigentlich füreinander geschaffen gewesen. Das waren sie auch, geschaffen, um ihr altes Kindheitsdrama wiederaufzuführen. Um zu einer langfristig erotischen *und* gleichzeitig liebevollen Beziehung zu kommen, waren sie Gift füreinander. Weil sie sich *selbst* nicht erkannt haben, ihr *eigenes* Spiel nicht durchschaut haben.

Wer das Spiel des anderen erkennt, der kann den anderen verlassen. Wie Kim Basinger in »9 1/2 Wochen«. Wer ein anderes Spiel spielen möchte, der wird erkennen müssen, daß er der perfekte Mitspieler war. Wer aus dem Teufelskreis heraus will, der kann das nur für sich selbst erreichen. Er riskiert dabei, mit dem Teufelskreis auch den anderen aufzugeben.

*Lust und Liebe gleichzeitig zu erleben, das wird nur dann möglich sein, wenn man sich seiner größten Angst stellt: nicht so geliebt zu werden, wie man wirklich ist. Dazu muß man wissen, wer man wirklich ist, und man muß es dem anderen zeigen. Wie? Indem man seine eigenen wirklichen Gefühle entdeckt und diese mitteilt – weil es nur die Wahrheit der Gefühle gibt.*

München, im Mai 1994 Barbara Schmidt

# I. Teil

# Am Anfang war die Sehnsucht nach Liebe und Sex oder: Warum wir uns so oft nur ver-lieben

Das Wort, das ja erlaubt, das nein ermöglicht.
Das Wort, das den Freien in Freiheit setzt
und der Liebe die Verpflichtung nimmt.
Das Wort, das ein Fenster aufstößt,
nachdem die letzte Tür zugeschlagen ist.
Das Wort, auf dem alles Abenteuer, alle Heiterkeit,
alle Bedeutung, alle Ehre beruht.
Das Wort, das den Schlamm-Motor der Evolution antreibt.
Das Wort, das der Kokon der Raupe zuflüstert.
Das Wort, das die Moleküle deklamieren,
bevor sie sich zusammenrotten.
Das Wort, das das Tote vom Lebendigen scheidet.
Das Wort, das kein Spiegel verdrehen kann.
Im Anfang war das Wort, und das Wort war

CHOICE (Wahl).

*Tom Robbins, Buntspecht*

## Wir haben die Wahl – und wissen es nicht

Am Anfang war das Wort, und das Wort war CHOICE: Wahl. Auf den ersten Blick scheint das Zitat, mit dem dieses Buch beginnt, nicht sonderlich viel mit dem Thema »Erotik und Leidenschaft« zu tun zu haben, und doch hat es alles damit zu tun.

»Sex oder Liebe«, wollte mir einer weismachen, das sei die einzige Wahl, die man treffen könne. Mit einer einzigen Person langfristig beides leben zu können, sei eine Illusion. »Begreife doch endlich, daß Sex und Liebe zwei verschiedene Dinge sind«, erklärte mir ein anderer überflüssigerweise. Natürlich sind sie es. Doch wieviel Spaß macht der Sex schon mit einem, den man nicht liebt?

Natürlich, so leidenschaftlich, so romantisch wie ganz am Anfang der Liebe wird es wohl nicht immer bleiben können. Das sagt uns die Erfahrung. Klassischerweise erfordert die romantische Liebe, daß ihr Hindernisse von außen in den Weg gelegt werden. Zwei, die zueinander nicht kommen können, weil die Umstände dagegen sind – wie sehr verzehren die sich nacheinander. Ja, ganz genauso wie Romeo und Julia. Es ist eine Tragödie, wenn wir uns nacheinander *verzehren*. Uns gegenseitig mit Liebe zu füttern würde uns besser bekommen. Aber immer dort, wo alles erlaubt ist, wo es keine äußeren Barrieren mehr gibt – spätestens also in der Ehe –, hat es die Leidenschaft nicht leicht. Denn wenn die äußeren Hindernisse wegfallen, kommen die eigenen psychischen Hemmungen ins Spiel. Und gegen die anzukämpfen ist schon ein beträchtliches Stück schwieriger als gegen das Gerede der Nachbarn, den Widerstand der Eltern oder Freunde. Was kann einem Paar vor diesem Hintergrund Besseres passieren, als wenn die nächsten Mitmenschen sich gegen ihre Verbindung stellen? Zwei gegen den Rest der Welt werden lange nicht auf ihre eigenen Seelenblockaden stoßen, sondern verbünden sich im Kampf gegen die anderen. Sie streiten Seite an Seite und nicht miteinander. Ach ja, das wäre schön, Seite an Seite zu streiten, füreinander und nicht gegeneinander. Aber für welches Ziel sollen wir streiten? Was ist mein Ziel? Was deins? Wissen wir es? Und wenn ja, finden wir einen gemeinsamen Weg dorthin? Glücklichsein – das ist allerdings kein Ziel. Was den einen glücklich macht, kann den anderen todunglücklich machen. Ein Haus auf dem Land kann die Erfüllung des Traums von

Ruhe und Naturverbundenheit für den einen sein, ein Alptraum an Langeweile und Einsamkeit für den anderen.

Um erotische Gefühle zu erwecken, taugt die Ehe allerdings für manche auf einem Umweg allemal. Manche Verheiratete erleben mit der Geliebten, dem Liebhaber endlich wieder den Kitzel, der mit der Partnerin, dem Partner daheim längst der Vergangenheit angehört. Wieder andere binden sich erst gar nicht, sondern scheinen ständig auf der Suche zu sein nach den großen Gefühlen und werden regelmäßig enttäuscht. So geschieht es mit ihnen. Das Freudsche *Es* – unser Unbewußtes – weigert sich, uns Liebe und Sex langfristig in einer Person finden zu lassen. *Es* treibt uns zu einem Partner hin, *es* treibt uns von ihm wieder weg. Als Marionette seines eigenen Unbewußten fühlt sich keiner recht wohl in seiner eigenen Haut. So fühlt sich auch der Partner nicht wohl mit uns. Und wir uns nicht mit ihm. Unsere bewußten Wünsche und Vorstellungen, wie eine Liebesbeziehung nach unserem Geschmack aussehen sollte, bleiben auf der Strecke. Wir sind enttäuscht und meinen, wir hätten uns im anderen geirrt. Dabei haben wir uns vor allem in uns selbst geirrt.

Wir haben jedoch die Wahl, es gibt die Alternative. Sie lautet: Wollen wir den unbewußten Mächten in uns tatsächlich unser Schicksal überlassen? Oder wollen wir, so weit wie irgend möglich, nicht lieber *selbst* entscheiden, wo es für uns im Leben, in der Liebe langgehen soll? Das ist die bessere Wahl, die Tom Robbins meint:

*Die Wahl zwischen dem Unbewußten und dem Selbst.*

Dafür müssen wir allerdings unser Unbewußtes besser kennenlernen. Nicht jeder muß deshalb gleich eine Psychoanalyse machen. Wir Menschen haben zu unserem Glück soviel Verstand, daß wir durchaus in der Lage sind, uns ab und zu selbst zu beobachten. Durch Selbstbeobachtung können wir erkennen, welches Spiel wir spielen, wieviel Macht wir eigentlich über uns selbst haben – und wie unser Liebesspiel fröhlicher und erotischer wird, wenn wir diese Macht für uns selbst nutzen. Leichter allerdings fällt uns zunächst die Beobachtung der anderen. Deshalb werden wir uns in diesem Buch viele andere anschauen, berühmte Paare aus dem Kino, ganz normale Paare, wie sie jeder kennt. Erst dann wird sich jeder entscheiden können, seine Liebe zu einem Happy-end zu führen oder weiter unzufrieden und enttäuscht zu sein.

Wer sich allerdings dafür entscheidet, das Unbewußte unbewußt zu lassen, dem bleibt sehr oft nur die Wahl zwischen Sex oder Liebe übrig. Wir werden noch sehen, warum das so ist.

Wer sich für sich selbst entscheidet, d. h. für die Erfüllung seiner echten Bedürfnisse nach Liebe und Sex, der ist aufgefordert, sich sein Unbewußtes Stück für Stück bewußt zu machen. Niemals wird das ganz gelingen können. Um eine erotische Liebesbeziehung zu erleben, ist das auch gar nicht nötig.

*Die kleinen »Webfehler« in unserer Psyche sind nämlich sehr charmant und erotisch, wenn wir selbstbewußt mit ihnen umgehen. Niemand muß sich ändern, um Erotik, Sex und Liebe genießen zu können.*

Das einzige, was wirklich wichtig ist: Sich selbst besser kennenzulernen. So fühlt man sich automatisch stärker, freier, erotischer, schöner – und wird für das andere Geschlecht automatisch begehrenswerter, besonders für den eigenen Partner. »Sex oder Liebe« ist eine Scheinwahl von Vater-Töchtern und Mutter-Söhnen, die noch blind dafür sind, wieviel Macht sie haben. Unser Unbewußtes diktiert diese Wahl. Niemand kann uns zwingen, dieses Diktat aus der frühen Kindheit immer wieder neu zu schreiben.

Das Unbewußte von so vielen heute hat sich längst entschieden: gegen die Erotik, gegen die Leidenschaft, gegen die Lust in der Liebe. Würden sonst so viele Leute Erotik, Lust und Leidenschaft in ihren Beziehungen oder gar überhaupt eine Liebesbeziehung vermissen?

Doch wir wissen leider nicht, daß wir uns entschieden haben. Wie soll sich einer entscheiden können, der die Alternative nicht kennt? Wir könnten sie alle kennen, weil wir höchstwahrscheinlich alle die wichtigsten Grimmschen Märchen kennen. Wie alle Märchen und Mythen sagen sie uns Wahrheiten über unsere Seele. Doch die Wahrheiten sind verschlüsselt. Sie haben damals unsere Kinderseele berührt. Die oft nicht mehr ganz so weiche Erwachsenenseele lassen sie unberührt.

Das Märchen vom Froschkönig zeigt uns auf verschiedenen Ebenen ein Stück Seelenwahrheit. Der Frosch, der von der Prinzessin an die Wand geworfen wird und sich erst dann als Prinz entpuppt, er zeigt uns, daß wir die Wahl haben: ein verzauberter Frosch zu bleiben oder uns aus der Verzauberung selbst zu erlösen und den Prinzen, die Prinzessin in uns selbst zu entdecken.

Um zu erkennen, daß unsere eigene Kindheit uns verzaubert, uns blind gemacht hat, werden wir wie der Froschkönig im Märchen einen anderen brauchen, der uns an die Wand wirft. Viele, vielleicht alle Menschen, sind schon einmal in einer Liebesbeziehung, die sie sich wünschten, »an die Wand geworfen worden« – nicht wenigen geschieht das immer wieder. Das heißt, sie haben nicht das bekommen, was sie sich erträumt haben. Und bekommen es vielleicht immer noch nicht. Trotzdem sind aus ihnen keine Prinzen und Prinzessinnen geworden. Weil sie sich – wenn auch unbewußt – dafür entschieden haben, lieber in ihrer alten Verzauberung zu verharren, weiterhin dem Diktat ihrer frühen Kindheit zu folgen, statt zu sich selbst zu stehen.

Sie haben sich nicht *erlösen lassen*. Weil sie die Botschaft des Prinzen, der Prinzessin, in den oder die sie sich verliebt haben, nicht wirklich verstanden haben. »Der andere liebt mich nicht«, haben sie begriffen. Tatsächlich hat der andere nur zu verstehen gegeben: »So, wie du dich mir zeigst, kann ich dich nicht lieben. Ob ich dich lieben kann oder nicht, das werde ich erst entscheiden können, wenn ich dein wahres Gesicht sehe. Wenn du es mir nicht zeigst, dann suche ich mir jemanden, der mir ganz offen sein wahres Gesicht zeigt. Nur diesem Menschen werde auch ich zeigen, wie ich wirklich bin. Zu diesem Menschen kann ich Vertrauen haben. Doch du lügst mich an und merkst es nicht einmal. Du weißt vielleicht gar nicht, wer du bist.«

Es ist wirklich ein bißchen zuviel verlangt, wenn wir vom anderen erwarten, daß er sich die Mühe macht, uns wirklich zu entdecken, während wir faul auf unserer eigenen Seelenhaut liegenbleiben. Gemeinsam könnte das gelingen, sich als Mann und Frau, als Prinz und Prinzessin zu erkennen. Es erfordert Arbeit von beiden Seiten. Warum nicht selbst anfangen, damit überhaupt etwas losgeht? Den ersten Schritt in diese Richtung tun, das hat noch jeder Liebe viel genützt. Darauf zu warten, daß der andere sich ändert, und ihn womöglich ständig dazu aufzufordern, das hat noch jeder Liebe geschadet. Wir haben immer die Wahl.

Ein Schritt zur Selbsterkenntnis wäre schon die Einsicht, daß kein Mensch, auch man selbst nicht, immer nur das Richtige für sich und den anderen tun kann. Wir sind alle gut und böse zugleich, wir machen es alle richtig und auch falsch. »Wenn ich den Teufel in mir nicht erkannt hätte, könnte ich nicht helfen«, hat Mutter Teresa einmal gesagt. Wer den Teufel in sich nicht erkennt, der gibt sein Böses an andere weiter und kriegt es doppelt und dreifach zurück.

Als wir noch arglose, weiche Kinderseelen waren, waren wir für das Böse in unseren Eltern – aber auch für das Gute – besonders empfänglich. Nun geben wir es den anderen doppelt und dreifach zurück. Und dann wundern wir uns, daß wir so wenig vom Leben bekommen ... Solange der böse Zauber nicht entzaubert, d. h. erkannt ist, geben auch wir ihn weiter. Von den anderen schlägt er uns wieder entgegen, sie sind böse zu uns – wie wir zu ihnen.

Unsere Verzauberung ist ein perfektes System, in dem sich viele Einzelteile zu einem großen Ganzen zusammenfinden. Die Einzelteile sind unsere Gedanken, unsere Gefühle, unsere Lust, unsere Unlust – alles das, was quasi automatisch in uns abläuft. Woher kommen diese Gedanken, diese Gefühle? Welches geheime Ziel steuern sie an? Solche Fragen zu stellen und zu beantworten bedeutet schlafende Hunde zu wecken, die das Tor zu unserem Unbewußten bewachen.

Dieses Tor wird aus gutem Grund bewacht. Die Erkenntnisse und Gefühle, die tief in uns schlummern, sind oft schmerzhaft. Jeder Mensch neigt dazu, sich vor dem Schmerz zu drücken, daß seine Eltern ihn wahrscheinlich nicht auf die Art und Weise geliebt haben, wie es am besten für ihn gewesen wäre. Vielleicht haben sie ihn auch gar nicht geliebt? Nein, das kann nicht stimmen. Weil er gar nicht überlebt hätte, wenn er tatsächlich überhaupt keine Liebe abbekommen hätte. Ganz ohne Liebe sterben Kinder, auch ohne daß ihnen Gewalt angetan wird.

Wenn wir jedoch die schlafenden Hunde, die uns vor Schmerzen schützen, nicht aufwecken und weiter schlafen lassen, so wird das Böse seine Macht über uns behalten und uns selbst ohnmächtig machen. Die Macht der unbewußten Kräfte, die in uns wirken, ist nicht selten so groß, daß wir genau das Gegenteil von dem erreichen, was wir uns in unseren kühnsten Tagträumen wünschen.

*Unser Unbewußtes wird immer dafür sorgen, daß wir das bekommen werden, was wir brauchen, um aus unseren Erfahrungen endlich zu lernen, was wir bisher nicht wirklich begriffen haben: Daß wir stark, liebenswert und erotisch sind. Wir deuten unsere eigenen Erfahrungen nur falsch. Und deshalb bekommen wir nicht das, was wir uns wünschen.*

Unser Unbewußtes sorgt dafür, daß wir immer wieder Prinzen und Prinzessinnen begegnen, die uns an die Wand werfen und uns so eine Chance geben, endlich zu verstehen, worum es wirklich geht – sich nicht mehr vor anderen zu verstecken, seine eigenen wahren Gefühle nicht mehr zu verbergen. Wenn wir das tun, haben wir den Prinzen, die Prinzessin in uns selbst entdeckt und können uns Stück für Stück aus der alten Verzauberung selbst erlösen. Erst dann wird es uns gelingen, das, was wir brauchen, und das, was wir uns wünschen, in einer positiven, erotischen Spannung zu leben. Vielleicht ist sogar der Mensch der erotischste, bei dem das Wünschen und das Brauchen am weitesten auseinanderklaffen. Wenn er seine Wünsche und seine Nöte kennt, so wird er mit beiden sehr spannend und vital umgehen können. Ein aufregender, hoffnungsvoller Prozeß, sich selbst kennenzulernen. Aber eben auch einer, der weh tun kann. Es ist immer schmerzhaft, sich zu trennen – am schwersten ist es, sich von eigenen Denk- und Fühlmustern zu trennen, sich zu lösen, *sich selbst zu erlösen.*

Doch nur auf dem Weg der Selbsterkenntnis wird Liebe, Lust, Erotik, Leidenschaft möglich sein – immer ein wenig mehr, je weiter wir auf diesem Weg fortgeschritten sind. Daß viele diesen Weg nicht gehen, wird immer deutlicher. Vielleicht kennen sie den Weg gar nicht. Den Weg zu zeigen, das ist das Anliegen dieses Buches. Damit sich jeder entscheiden kann, wie er will.

## Wo ist die Lust geblieben?

Um die Lust in der Liebe sei es immer schlechter bestellt, bekunden Psychologen und Therapeuten, Soziologen und Meinungsforscher. Männer ziehen sich immer mehr von den Anforderungen zurück, die emanzipierte Frauen auch sexuell an sie stellen. Frauen verlassen immer früher Beziehungen, in denen sich das ersehnte Glück nicht eingestellt hat.

Die Kinder der sexuellen Revolution der sechziger und siebziger Jahre, denen man noch eine von allen Zwängen befreite Sexualität, den lockeren und leichten Genuß allüberall und mit jedem versprochen hatte, schauen ziemlich irritiert aus der Wäsche. Statt im Schlaraffenland sinnlicher Freuden haben sie sich in der Wüste wiedergefunden, die allerdings bevölkert ist von ebenso einsamen und suchenden Wesen.

Ab und an finden sich einige in der Wüste da draußen und wähnen sich für eine mehr oder weniger kurze Zeit in der Oase, deren Name

»Liebe« ist, um dann verstörter als zuvor wieder zurückzukehren in die Ödnis der Einsamkeit, in der so viele sich suchend tummeln. Was sie für Liebe gehalten haben, war eine Fata Morgana. Sie haben Verliebtheit gefunden, keine Liebe – ein wunderschönes Bild einer Oase, das nicht Wirklichkeit geworden ist, je näher sie ihm kamen. Oh ja, die Sehnsucht nach Liebe ist da, vor allem die Sehnsucht danach, Liebe zu *bekommen*. Die Einsamen tragen diese Sehnsucht wie ein Stigma auf ihrer Stirn und schämen sich fast ihrer Liebebedürftigkeit.

»Was ist denn los mit mir, daß mich keiner liebt – jedenfalls nie auf Dauer?« fragen sie. »Wenn sich überhaupt einer oder eine mal für mich interessiert, dann ist es mit Sicherheit ein(e) Kandidat(in), in den oder die ich mich nie verlieben könnte. Ich sehe doch gut aus, habe etwas im Kopf, bin bei Freunden und Bekannten und Bekannten be-liebt, aber nie werde ich richtig ge-liebt. Woran liegt es denn nur, bitteschön, daß es bei mir mit der Liebe nie so klappt, wie ich mir das wünsche?« So fragen die, die vor allem Liebe *bekommen* wollen.

Geliebt werden zu wollen, das ist menschlich nur allzu verständlich. Alle sehnen wir uns danach.

Doch wo sind die, die den Bedürftigen die Liebe geben könnten, die sie so sehr vermissen? Die sind – surprise – alle schon vergeben, scheint es. Die gehen abends nach Hause, brutzeln zwei Schnitzel in der Pfanne und machen das Milchfläschchen warm. Doch warte, warte nur ein Weilchen, bis auch sie der Frust in der Beziehung überkommt. Dann müssen auch sie wieder hinaus auf die Piste, in die Wüste, die so laut und bunt ist, daß keiner so schnell merkt, wie wenig lustig und lustvoll sie eigentlich ist.

Die Lust in der Liebe fehlte, klagen sie. Sonst versteht man sich zwar noch gut, oh ja, man wird in Freundschaft verbunden bleiben. Schon der Kinder wegen. Was reden sie da eigentlich? Hören wir ihnen, hören wir uns ganz genau zu: Die Lust *in* der Liebe fehlte, sagen wir oft. Doch was heißt hier eigentlich Lust *in* der Liebe? War denn wirklich soviel Liebe da? Warum nicht einfach mal die Präposition tauschen und von Lust *auf* Liebe sprechen? Und schon kommen wir der Wahrheit ein wenig näher: Wer kann schon Lust in der Liebe finden, wenn die Lust *auf* Liebe, die Lust, *selbst* zu lieben, so schwach entwickelt ist?

Einzusehen, daß man selbst vielleicht nicht genügend liebt, wirklich liebt, das heißt: auf die Art liebt, die dem anderen – und einem selbst! – gut tut, das ist kränkend und schmerzhaft. Ob wir wirklich lieben können, das läßt sich durch die ehrliche Antwort auf eine simple Testfrage schnell beantworten. Sie lautet:

*Ist es uns bei unserem jetzigen Partner, bei früheren Partnern gelungen, das Beste aus dem anderen herauszulieben?*

Oder haben wir mit unserer Art von Liebe dafür gesorgt, daß der andere seine schlechtesten Seiten hervorgeholt hat? Anders herum gefragt: Wann hatten wir die beste Meinung vom anderen: am Anfang oder am Ende der Beziehung?

Wir können uns natürlich auf den Standpunkt stellen, daß der andere uns am Anfang geblendet hat, um uns »rumzukriegen«. Und erst später sein »wahres« Gesicht gezeigt hat. Diese Einstellung hat den Vorteil, daß wir selbst aus dem Schneider sind, wenn es darum geht, Verantwortung für die Entwicklung einer Beziehung zu tragen. Wenn wir den anderen als den Schuldigen sehen, dann machen wir es uns in unserem eigenen alten Denksystem gemütlich und die Welt ist für uns – einigermaßen – in Ordnung. Kein schlechtes Gefühl, zugegeben. Gleichzeitig verhindern wir mit dieser Einstellung jedoch, daß wir Liebe, Leidenschaft und erotische Spannung über die Verliebtheitsphase hinaus erleben.

*Mit der Einstellung »Der andere ist schuld« entscheiden wir uns automatisch gegen Liebe.*

Jede Entscheidung hat Konsequenzen. So wie die Entscheidung, ein Auto zu kaufen, zum Beispiel. Wir freuen uns beim Autokauf über die zukünftige Unabhängigkeit von öffentlichen Verkehrsmitteln, die Bequemlichkeit, den schönen Wagen. Doch wer sich ein Auto kauft, entscheidet sich gleichzeitig dafür, ab und an im Stau zu stehen, häufig auf entnervender Parkplatzsuche zu sein, die Luft zu verpesten. Diese unumgänglichen Folgen einer Entscheidung überdenken wir nicht gern. Wer kein Auto hat, hat sich gegen Staus, gegen Parkplatzsuche und für seinen persönlichen Umweltschutzbeitrag entschieden. Dafür hat er es nun in der U-Bahn nicht ganz so gemütlich.

*Jede Entscheidung hat ihren Preis.*

Auch die Entscheidung für den Gedanken, daß der andere an der Beziehungsmisere schuld ist oder war. Der Preis ist Liebe. Der Hauptvorteil der Entscheidung soll allerdings auch nicht verschwiegen werden:

*Wer sich auf die Fehler des anderen konzentriert, der lenkt damit am wirkungsvollsten von den eigenen Schwächen ab. Jede Schuldzuweisung an einen anderen lenkt so vor allem einen selbst von der Selbsterkenntnis ab.*

Ein sehr hoher Preis, den wir für Schuldzuweisungen zahlen. Und ein Gewinn, der zu teuer erkauft ist. Auf Liebe, Leidenschaft und Erotik in seinem Leben zu verzichten, das ist zu teuer. Die, die vor allem Liebe bekommen wollen, weigern sich, den Preis zu zahlen, der »Selber lieben« heißt. Oder sie wissen einfach nicht, was es bedeutet, *das Beste aus einem anderen herauszulieben.*

## Erst Sehnsucht gibt der Liebeszukunft Schwung

»Erst einmal geliebt werden« ist offensichtlich eine untaugliche Definition von »Liebe«, die viele unbewußt mit sich herumschleppen. Letztendlich führt die Definition dazu, daß der Sehnsucht nach Liebe keine Flügel wachsen. Flügel bräuchte sie, unsere Sehnsucht, damit sie sich von einer Fata Morgana in eine wirkliche Oase verwandeln könnte. Depression, Verzweiflung, Resignation und allzu »vernünftige« Argumente stutzen der Sehnsucht die Flügel.

Erotik, Lust und Leidenschaft – wir spüren genau, wann wir das eine oder andere erleben. Doch solange wir nicht wissen, unter welchen Bedingungen Erotik, Lust und Leidenschaft entstehen, unter welchen Bedingungen sie sich aus dem Staub machen, haben wir kaum eine Chance, unsere Liebesbeziehungen lustvoller, erotischer, leidenschaftlicher zu gestalten. Denn die Bedingungen, unter denen wir Liebe möglich machen wollen, entsprechen den Bedingungen, unter denen wir in unserer Kindheit Liebe erfahren haben. Die unbewußten Mächte in uns sorgen dafür, daß wir uns genau diese Bedingungen immer wieder selbst schaffen. Und genauso enttäuscht werden wie damals.

»Angst vor Nähe« titulierte der *Spiegel* vor einiger Zeit als Volkskrankheit. Der Stempel »Angst vor Nähe« ist ein nicht ganz so niederschmetterndes Urteil wie »liebesunfähig«. Denn das würde keiner so schnell von sich selbst glauben wollen, daß es am Ende gar mit seiner eigenen Liebesfähigkeit hapern könnte. Haben wir uns nicht alle schon mal wahnsinnig verliebt? Und das nicht nur einmal? Sind wir nicht auch in unseren jetzigen Partner, die Partnerin einmal sehr verliebt gewesen?

Es sagt ja niemand, daß die Sehnsucht nach Liebe nicht da ist. Die mag sogar riesengroß sein.

*Wir verlieben uns aus einer Sehnsucht heraus. Sich verlieben, das schaffen auch noch die, um deren Liebesfähigkeit es gar nicht gut bestellt ist.*

Sich ver-lieben, das kann mit Liebe nicht soviel zu tun haben, wie wir meinen. Ver-laufen, Ver-gehen, Ver-sagen. Sollte uns auch im Ver-lieben genau das mißlingen, worauf es ankommt: lieben? Doch wenn die Sehnsucht nach Liebe gar nicht da ist, dann ist es um die Liebesfähigkeit erst recht schlecht bestellt.

Wer ein Schiff bauen will, der solle bei den Arbeitern die Sehnsucht nach dem weiten, offenen Meer wecken, meinte Antoine de Saint-Exupéry einmal. Wir brauchen die Sehnsucht, die uns beflügeln kann. Zum Teufel mit den Propheten, die uns weismachen wollen, daß das Beste, was wir erreichen können, ein »Lebensphasengefährte« ist. Heißt das etwas anderes, als daß wir die Kündigung für die Liebesbeziehung schon in der Tasche haben, wenn wir uns verlieben? Wen kann diese Vorstellung beflügeln?

Vor der Tat, auch der Tat zu lieben, steht immer der Wille zur Tat. Im Verliebtsein haben wir allerdings oft keinen Willen zur Tat, sondern vor allem den Wunsch, daß mit uns etwas getan werde, daß wir geliebt werden. Mit dem Selbertun in der Liebe haben wir so unsere Schwierigkeiten. Doch geben kann einer immer nur das, was er hat und irgendwann einmal bekommen hat. Haben wir genug Liebe, *bedingungslose* Liebe bekommen? Selten. Die Tränen darüber können unser Defizit noch nicht füllen. Aber sie müssen erst einmal geweint werden, bevor der Kopf und das Herz frei sind für eine neue Art von »Liebe« in unserem ganz persönlichen Sinn.

»Lieben« ist ein Tätigkeitswort. »Geliebt werden« die Passivform. Passiv darauf warten, daß sich Liebe ereignet, nach Liebe *suchen,* das klappt nicht. Würde einer anfangen, auf der einsamen Insel ein Schiff zu suchen, das ihn aufs weite, offene Meer hinausbringen soll, wir würden ihn mit einigem Recht für reichlich beschränkt halten. Soll er doch Bäume fällen und sich ein Schiff bauen, wenn er weg will von seiner einsamen Insel!

Es wird für jeden eine Menge Arbeit sein, aus seinen oft noch geringen Möglichkeiten, Liebe zu geben, ein größeres Potential zu entwickeln. Das Potential zu lieben ist in uns allen angelegt, wir brauchen es nur zu ent-wickeln, im Sinne von »auspacken«. Schon während der Entwicklung unserer eigenen Fähigkeiten werden wir die Erfahrung machen, daß wir ganz von selbst Liebe bekommen. Liebe ist die Bedingung für den Sex, den sich die meisten wünschen: leidenschaftlichen Sex.

## Leidenschaftliche Liebe ist stürmisch

Wenn so viele nur geliebt werden wollen, geht die Rechnung nie auf. Dann sind einfach nicht genügend da, die lieben. »Hier bin ich«, werden viele rufen. »Ich will ja jemanden lieben, ich finde bloß niemanden, der sich das so richtig gefallen läßt. Und wenn ich mal glaube, da ist einer oder eine, dann merke ich irgendwann, daß ich da einer Täuschung aufgesessen bin. Er war gar nicht so, wie ich dachte.« – »Sie habe ich auch total überschätzt. Besser, man merkt so etwas früher als später und zieht die Konsequenzen. Was soll man schließlich sein Leben an jemanden vergeuden, den man einfach nicht lieben kann, weil er sich nicht so verhält, daß man es könnte. Wäre doch entsetzlich neurotisch, so einer Liebe hinterherzulaufen.«

So spricht nicht selten unser altes Angst- und Denksystem. Weil es uns vor der Einsicht schützen will, daß wir selbst noch nicht genügend lieben können. So wehrt es sich gegen den Schmerz der Erkenntnis, daß wir selbst nie wirklich geliebt worden sind. Und so verhindert unser eigenes Denken, daß wir den Prinzen, die Prinzessin in uns selbst entdecken.

Um im Bild von Saint-Exupéry zu bleiben: Da hat sich wohl einer ein Boot gebaut, das vielleicht ganz brauchbar für den Stadtteich gewesen wäre, auf dem weiten, offenen Meer aber schnell gekentert ist. Nun ist er gestrandet und schimpft auf das Meer, statt sich ein seetüchtiges Boot zu bauen. In der Liebe dümpelt es sich nun einmal nicht gemütlich vor sich hin, da gibt es Stürme und Strudel, Gewitter und an guten Tagen auch einen glasklarem Himmel mit strahlendem Sonnenschein.

Aber man muß ja nicht aufs Meer hinaus. Man kann ja auch auf dem Stadtteich bleiben. Das kann sogar ganz nett werden. Nur beschweren sollte man sich nicht, daß dabei die Leidenschaft, der heiße Sex den Bach hinuntergeht. Ein Stadtteich ist nun einmal auch ein bißchen langweilig.

Die Hoffnung können wir uns abschminken, daß ausgerechnet wir auf dem Ozean nur die Sonnentage bei ruhigem Seegang erwischen werden. Jedenfalls nicht dann, wenn wir uns auf den Ozean weit vorgewagt haben. Ein bißchen am Strand herumplätschern, das gilt nicht. »Wir können die Wellen nicht ändern, aber wir können surfen lernen«, sagt Choegyam Trungpa, ein tibetanischer Meditationslehrer. Wer surfen kann, braucht vor den Wellen keine Angst mehr zu haben.

In der Liebe wollen wir zu zweit auf den Ozean hinaus – wenn wir noch den Mut dazu haben. Wer wagt das Abenteuer mit uns? Den oder die muß man erst einmal finden, sprich: Man muß sich verlieben. Der erste, kleine zaghafte Schritt – mehr nicht. Noch weiß keiner, ob sich aus dem Verliebtsein Liebe entwickeln wird.

Das Verliebtsein, so schön es ist, ist auch nicht mehr, als gemeinsam am Strand zu stehen und sehnsüchtig aufs offene Meer zu schauen. Das Schönste daran ist die kaum getrübte Hoffnung, daß man es diesmal gemeinsam schaffen wird. Vorfreude ist immer die schönste Freude, oder? Also enttäusche mich nicht! Wenn du gut surfen kannst, dann trau' ich mich auch hinaus, meint die zaghafte Seele. Zeig' du mir zuerst, daß du's kannst, antwortet die andere. Zwei kleine Traumichnichte üben im seichten Wasser und siehe da, es geht schon ganz gut. Ja, das ist ein Spaß! Und wenn man vom Surfbrett rutscht, was soll's, das Wasser ist hier noch ganz seicht, da kann keiner tief sinken, das halten wir gut aus.

Doch da draußen, da weht ein rauherer Wind, da sind die Wellen höher, das Wasser so tief, daß man ertrinken kann. Wird die Liebes*fähigkeit* auch dafür reichen?

Andere finden nicht einmal jemanden, mit dem sie gemeinsam das Surfen lernen könnten, weil sie ihre Sehnsucht nach dem Meer vergessen haben. Wie soll man Sehnsucht nach etwas haben, das man gar nicht kennt, das man sich auch nicht vorstellen kann, vor allem *will,* weil die Diskrepanz zwischen Wunsch und Wirklichkeit so schrecklich groß ist, daß sie einem die Tränen in die Augen triebe, wenn man auch nur einen Gedanken an sie verschwendete? Was man bloß durchs Hörensagen mitbekommen hat, kann sich doch nur um ein Gerücht handeln. Wo sind sie denn, die Paare, die sich hinausgewagt haben und nicht in den Sturmfluten umgekommen sind? So spricht unsere Abwehr, der kleine Rechthaber in uns, der an seinem alten Programm festhalten will, der die schlafenden Hunde in seiner Seele ja nicht wecken will. Ja, wo sind sie denn, die es schaffen, Liebe zu leben?

Sie sind hinter deinem Horizont. Vom Strand aus wirst du sie nie sehen können. Du mußt dich schon selbst ein Stück vorwagen, wenn es dir tatsächlich so wichtig ist, sie zu entdecken. Aber es ist dir vielleicht gar nicht so wichtig. Du willst recht haben. Diese kleine Sicherheit brauchst du.

*Rechthaben ist die Sicherheit des unsicheren Kindes in uns allen.*

Machen wir uns nichts vor: Kleine oder große Rechthaber stecken in uns allen. Das Kind im Manne und das kleine Mädchen in der Frau wollen wenigstens recht haben.

## Rechthaben und Liebe schließen sich aus

Ach ja, die eine, den anderen gäbe es schon, mit dem man gern surfen wolle. In Michelle Pfeiffer könne er sich verlieben, meinte neulich ein Freund, immerhin schon um die fünfzig und seit zwanzig Jahren nicht ein einziges Mal ernsthaft verliebt. Ein schwacher Abglanz von Sehnsucht nur noch in einer zaghaften Seele. Deutlicher ist das Wissen um die Unerfüllbarkeit des ungeträumten Traums. Sich in die oder den zu »verlieben«, der für die gemeinsame Surftour garantiert nicht zur Verfügung steht, ist ebenfalls eine wirkungsvolle Methode, nicht auf den Ozean hinauszusurfen.

Dort draußen könnte der andere sehen, daß nicht ein ganz so toller Kerl, nicht eine ganz so perfekte Frau in dem Sehnsüchtigen steckt. Was heißt schon »Angst vor Nähe«? Angst, daß ein anderer einen so sieht, wie man sich selbst nicht sehen will, wie man nicht gesehen werden möchte. Je größer die Angst, um so mehr wird man vor dem anderen, vor der Liebe fliehen. Je mehr man vor der Angst flieht, um so stärker wird sie einen verfolgen. Angst ist wie unser Schatten. Wir werden sie nicht los. Und je tiefer die Sonne sinkt, um so länger werden die Schatten. Das Licht in uns selbst anzuknipsen, uns selbst zu erkennen, könnte den Schatten so klein machen, daß er überhaupt nicht mehr bedrohlich ist.

»Ja, aber«. So spricht der Rechthaber in unserer ängstlichen Kinderseele. »Aber was kann ich dafür, wenn ich keine Frau/keinen Mann treffe, in die/den ich mich verlieben könnte?« Fragen wir anders herum: Hätte sich der Rechthaber denn wirklich verlieben *wollen*? Oder ist es ihm nicht eigentlich viel lieber, allein zu frühstücken, ohne mit jemandem reden zu *müssen*? Wer hat ihm überhaupt gesagt, daß man beim Frühstück den anderen unterhalten muß? Oder fürchtet er nur, nicht mehr Herr über sich selbst zu sein, wenn er sein Leben mit einem anderen teilt? Ist er in Wirklichkeit so schwach, daß er die Butter auf seinem Brot nicht selbst verteidigen kann? Ist er tatsächlich schon alt genug, alles zu teilen, wie es in einer Werbung für Schokodrops einmal hieß? Irgendwann hat er einmal die Erfahrung gemacht, daß einen Menschen zu lieben gleichzeitig bedeutet, sich selbst aufzugeben. Irgendwann hat er sich zu sehr den Wünschen anderer angepaßt, um Liebe zu bekommen. Jetzt fürchtet er, daß ihm das gleiche Schicksal droht, wenn er sich verliebt. Der Schatten seiner Kindheit läßt ihn nicht los.

»Ja, aber«, meint der Rechthaber weiter, »hätte ich damals etwa bei dem oder der bleiben sollen? Er oder sie hat meine kostbarsten Gefühle einfach nicht verdient.« Ach so, der Rechthaber hat die Definition von »Liebe«, daß man sich diese *verdienen* muß. Ein schlichter, jedoch folgenschwerer Irrtum. Kein Mensch muß sich Liebe verdienen. Liebe ist ein Geschenk, das man freiwillig gibt und freiwillig bekommt – oder auch nicht. Doch seinen Irrtum will der Rechthaber in unserer Kinderseele nicht einsehen.

»Auf der Spitze des Berges ist es einsam« ist sein Lieblingsspruch. So rettet er sich selbst, indem er sich aufwertet und damit alle anderen abwertet. Er sieht nicht, daß er sich selbst in seinem Jammertal einen klitzekleinen Maulwurfshügel gebaut hat. Mit seinem Kampfmotto »Ich bin der Größte« jagt er nun vielen anderen Angst ein und hält am Ende gar das unsichere Zittern der Unterlippe seines Gegenübers für ein Zeichen hoher sexueller Erregung. Ein Rechthaber kann, wenn er will, immer recht haben.

Soll er nur protestieren, ständig sein »ja, aber« einwerfen. Wir werden ihm – hoffentlich – zeigen können, daß er nichts anderes tut, als sich mit Zähnen und Klauen zu verteidigen, um seine Ängste nicht zu spüren.

*Es ist das kindliche Überlebensprogramm, an dem der Rechthaber in uns so klebt. Doch das Überlebensprogramm ist kein Erlebensprogramm.*

Wer mehr will, als möglichst ungeschoren in der Liebe, im Leben davonzukommen, der wird sich von seinem alten Überlebensprogramm, den für »Liebe« untauglichen Definitionen verabschieden müssen. Wollen wir ein ganzes Leben lang die Söhne und Töchter unserer Eltern sein und ähnlich klägliche Beziehungen führen wie sie? Darauf wird es hinauslaufen, wenn wir bei unserem alten Programm bleiben.

Die Diskrepanz zwischen Wunsch und Wirklichkeit kann groß sein. Auch bei denen, die allem Anschein nach eine befriedigende Beziehung führen und sich beim Beischlaf mit dem Partner den wollüstigsten Phantasien hingeben – nur nicht dem Partner. Ist es tatsächlich das, was sie sich unter leidenschaftlicher Liebe und lustvollem Sex vorstellen? Die leidenschaftliche Liebe haben sie im Kopf, erleben sie in ihrer Phantasie. Die Wirklichkeit hinkt mühsam hinterher oder tut am Ende gar keinen einzigen Schritt mehr, um die Sehnsucht zu erfüllen.

Doch keiner kommt aufs Meer hinaus, wenn er am Strand liegt und von der Weite des Ozeans nur träumt. Beim Warten auf das Schiff, das ihn abholen könnte, ist schon so manches Leben verstrichen.

»Aber lohnt sich das denn, sich mit einem so weit herauszuwagen? Kann man denn zehn, zwanzig Jahre lang – am Ende ein ganzes Leben – überhaupt immer wieder von demselben Menschen erotisch fasziniert sein? Welch schreckliche Vorstellung, sich so weit hinausgewagt zu haben, um plötzlich festzustellen, daß man mit dem falschen Partner, der falschen Partnerin da draußen gelandet ist!« So spricht ein Rechthaber, der im Grunde seiner Seele nicht einmal mehr recht haben will. Er spürt, wie trist das Rechthaben auf Dauer ist und möchte den Garantieschein für immerwährendes Glück. Den kann ihm jedoch niemand geben. Denn es kann durchaus vorkommen, daß sein Partner sich unterwegs plötzlich entscheidet, Hawaii sei ihm lieber als die Fidschi-Inseln, selbst wenn er lange Zeit etwas anderes gesagt hat. Das heißt oft Trennung.

Trennung ist keine Katastrophe für denjenigen, der auf einer langen Reise zu zweit das Surfen gelernt hat. Der kommt auch allein weiter. Nur für den wird die Trennung eine Katastrophe sein, der es sich hinten auf dem Brett gemütlich gemacht hat und den anderen für zwei hat ackern lassen.

Tatsächlich sind jedoch sehr wenige Supersurfer bereit, so einen Trittbrettfahrer mit aufzunehmen. Mit so einem macht das Surfen keinen Spaß. Das Tempo fehlt, die Balance geht flöten. Supersurfer wissen das und suchen sich einen Mitsurfer, der seinen Sport ähnlich gut beherrscht wie sie selbst. Sie suchen einen, der sein eigenes Surfbrett mitbringt.

## Das Ziel: Selber lieben lernen

Die Sehnsucht wachhalten und selber lieben lernen, darum geht es. Der erste Schritt dazu wäre: erkennen, daß unsere Sehnsucht viel zu mickrig ist, wenn wir uns nur nach der einen Seite der Liebe sehnen, nach dem Geliebtwerden. Die Kehrseite der Medaille – »selber lieben« – ist der blinde Fleck, auf dem wir hocken. Der andere merkt irgendwann, daß wir vielleicht nur ein falscher Fuffziger sind. Solange wir »Liebe« für ein Ereignis halten, das uns ein gnädiges Schicksal zuteilt, ist die Gefahr groß, daß wir tatsächlich nicht viel zu bieten haben. Doch:

*Liebe ist ein Erlebnis, das nur dann erlebt wird, wenn wir es leben.*

Das haben Erlebnisse so an sich. Ein Ereignis wird zu einem Erlebnis durch die *eigenen Gefühle, durch den Menschen selbst,* der an einem Ereignis teilnimmt. Den anderen Liebe leben lassen, das ist ein Second-hand-Erlebnis, nicht viel anders, als ins Kino zu gehen und beim Liebesfilm ein bißchen mitzuschmachten.

*Lieben macht nicht nur glücklich.*

Wer Liebe *will* – und ohne den Willen geht gar nichts –, der wird seinen Preis bezahlen müssen.

»Ja, aber«, meldet sich der Rechthaber wieder einmal zu Wort. »Was hat denn Liebe mit einer Willensanstrengung zu tun? Wenn ich mich verliebe, dann verliebe ich mich – ob ich nun will oder nicht.«

Richtig. Sich zu verlieben hat mit dem Willen gar nichts zu tun. Verliebtheit ist eine vom Willen ziemlich unabhängige, eher vegetative Funktion. Verlieben kann man sich *blitzartig.* Lieben dagegen ist die *Entscheidung* dafür, *aus einem anderen Menschen das Beste herausließen zu wollen.* Ein hartes Stück Arbeit – aber sicherlich ein wunderschönes, lohnendes. Auch, weil wir auf diese Weise erst dem anderen die Möglichkeit geben, aus uns das Beste herauszulieben.

## Sechs bittere Pillen

Die Froschverzauberung zu erkennen – dazu gehören einige vielleicht bittere Einsichten. Drücken wir uns vor diesen, werden wir uns niemals selbst erlösen können. Man sollte schon wissen, wo man selbst steht, wenn man ein Ziel vor Augen hat. Sonst wird man den richtigen Weg verfehlen. Voilà, hier sind die bitteren Pillen, die die Heilung einleiten könnten:

1. Jedem Menschen, der einige gescheiterte Beziehungen hinter sich hat oder in einer Beziehung lebt, die er als unbefriedigend empfindet, bleibt eine Erkenntnis nicht erspart: Sein Unbewußtes sorgt oft ohne Beteiligung einer bewußten Absicht dafür, daß er seines Partners auf Dauer überdrüssig wird. Weil er ihn nicht wirklich liebt.

2. Am frühesten zeigt sich dieser Überdruß meist beim Sex. Da Sex nur die Beziehung spiegelt – das tut nicht nur der Sex, aber der vor allem –, verändert sich der Grad der erotischen Spannung und Erfüllung nicht, wenn am Sexleben herummanipuliert wird. Das wäre nichts als ein schlichter Selbstbetrug und Betrug am anderen.

Selbst wenn der Sex mit einem Partner als aufregend empfunden wird, jedoch die Liebesgefühle schwinden, so ist das kein Gegenbeweis. Auch dieses Muster zeigt, daß einer nur die Wahl kennt zwischen Sex *oder* Liebe.

3. Wenn unser eigener Anteil am Unbehagen in der Liebe so groß ist, dann haben wir allerdings auch die Macht, unsere Liebesbeziehungen so zu beeinflussen, daß wir einander nicht überdrüssig werden. Wir haben den Schlüssel in der Hand. Wir stecken ihn nur immer wieder ins falsche Schloß, wenn wir den Partner ändern wollen statt uns selbst.

4. Liebe ist kein Prozeß, der von einer Schicksalsmacht gesteuert wird. Liebe ist eine Entscheidung für einen Menschen. Wie das Sich-selbstlieben eine Entscheidung für das eigene *Selbst* ist, nicht für sein Ego.

5. Liebe macht Menschen nicht nur glücklich. Sich selbst und jemand anderen lieben zu lernen ist eine schmerzhafte Entwicklung, die allerdings immer wieder durch sehr glückliche Momente belohnt werden kann.

6. Wer sein Selbst entwickelt, geht damit auch das Risiko der Trennung vom Partner ein. Sein Selbst entwickeln bedeutet nicht, sich bewußt selbst zu ändern, sondern viel schlichter: sein Selbst »auszupacken«, sich selbst erkennen, seines Selbsts bewußter sein, selbstbewußt sein. Wer sich weigert, sein Selbst zu entwickeln, steuert automatisch auf die Trennung zu.

*Das Risiko der Trennung eingehen oder eine sichere Trennung (wahlweise eine unglückliche, nervenaufreibende Beziehung) anzusteuern – die Alternative scheint nicht verlockend, aber sie ist oft die einzige, die wir haben.*

Nur, wer selbst-bewußt das Risiko eingeht, auf seinen Prinzen, seine Prinzessin zu verzichten, wird ihn oder sie bekommen. Das vielgeschmähte Hollywood weiß das.

## Wie »Tootsie« und »Pretty Woman« lieben lernten

Tootsie bekam seine Prinzessin, Pretty Woman ihren Prinzen. In den Märchen aus Hollywood steckt oft mehr Wahrheit, als wir manchmal ahnen. Deshalb schauen wir uns einmal an, welches Risiko »Tootsie« und »Pretty Woman« eingehen mußten, bevor beide ins Happy-end starten konnten. Vielleicht können wir ja von ihnen lernen.

Der Protagonist von »Tootsie« ist Michael (Dustin Hofmann), ein arbeitsloser Schauspieler, der sich nichts dringlicher wünscht als ein Engagement. Nach zahlreichen Absagen hat er einen genialen Plan, um sich und anderen zu beweisen, daß er ein hervorragender Schauspieler ist. Er verkleidet sich als Frau namens Dorothy und bewirbt sich um die Rolle der nicht mehr ganz taufrischen weiblichen Krankenhausangestellten »Tootsie« in einer beliebten Fernsehserie. Und er bekommt die Rolle. Als Mann, der eine Frau spielt, die eine Frau spielt, stellt sich für Michael alias Dorothy zum erstenmal in seinem Leben der ersehnte Erfolg ein. Er wird als »Tootsie« zum Publikumsliebling.

Michael alias Dorothy verliebt sich jedoch während der Dreharbeiten in Julie (Jessica Lange), eine Kollegin. Die weiß nichts von Dorothys echter Identität und geht mit der vermeintlichen Frau eine enge Freundschaft ein. Michael steckt nun in der Zwickmühle: Einerseits ist er in Julie als Mann verliebt und möchte von ihr als Mann geliebt werden. Andererseits kann er sich nicht als Mann zu erkennen geben, weil dadurch seine Karriere als Publikumsliebling »Tootsie« mit einem Schlag zu Ende wäre. Vor allem muß er fürchten, daß Julie sich von ihm abwenden wird, wenn sie erfährt, daß er auch sie betrogen hat.

Um überhaupt eine Chance darauf zu haben, Julie als Mann zu gewinnen, bleibt Michael gar nichts anderes übrig, als *seine wahre Identität selbst aufzudecken*. Er geht damit allerdings das Risiko ein, Julie ganz zu verlieren.

Michael entscheidet sich letztendlich für sein wahres Selbst und opfert seinen Ego-Wunsch auf Ruhm. Er demaskiert sich auf dem Set und beschwört so einen Skandal herauf, der zu seiner sofortigen Kündigung führt.

Julie ist verständlicherweise wütend darüber, daß sie dermaßen von Michael alias Dorothy hinters Licht geführt wurde. Sie will von ihm nichts mehr wissen. Michael hat nun gar nichts mehr: weder einen Job noch Julie.

In der letzten Szene des Films sehen wir jedoch, wie sich Julie und Michael zufällig auf der Straße treffen. Diesmal ist es eine Begegnung zwischen Mann und Frau. Wir spüren, Julie hat Michael verziehen und ist nun bereit, ihn auch als Mann zu lieben.

Hätte Michael seine falsche Identität als Dorothy nicht aufgegeben, so hätte er den Spatz in der Hand behalten: Eine verlogene Beziehung zu Julie.

*Mit dem Spatz in der Hand kann man keine Tauben fangen.*

Auf den Spatz in der Hand hat auch »Pretty Woman« verzichtet. Ihre Geschichte: Ein wohlhabender Geschäftsmann (Richard Gere), der sich gerade von seiner Frau getrennt hat, gabelt sich zum Zeitvertreib eine Prostituierte (Julia Roberts) auf. Für ihren einwöchigen Job zahlt er ihr viel Geld, kauft ihr teure Kleider und bringt ihr Manieren bei. Seine Gespielin verliebt sich allerdings in ihren Freier. Auch er möchte auf ihre Gesellschaft nicht mehr verzichten. Deshalb bietet er ihr einen »Dauerjob« an.

Doch wenn es um Liebe geht, dann gelten auch für die Prostituierte andere Regeln. Dann will sie Liebe freiwillig geben, ohne Bezahlung anzunehmen. Sie bleibt konsequent bei ihrer Definition von »Liebe«, verläßt den Freier. Sie hat erkannt, daß sie sich entscheiden muß: entweder für ihren Job, der ihr gutes Geld bringt, oder für die Chance auf wirkliche Liebe. Sie opfert ihren Job und hat zunächst gar nichts: weder ihre gutbezahlte Arbeit noch ihren Prinzen.

Nur dadurch, daß sie ihre *Rolle* als Prostituierte *aufgibt* und konsequent zu ihrem wirklichen Bedürfnis nach Liebe steht, ermöglicht sie es dem Freier, selbst aus seiner Freier-Rolle herauszufinden. In der Schlußszene wirbt er als liebender Mann um eine liebende Frau.

Ob »Tootsie«, »Pretty Woman« oder viele andere Liebesfilme mehr – letztendlich läuft es immer auf die gleiche »Liebesregel« hinaus:

*Liebe ist erst dann möglich, wenn zwei beginnen, ihr wahres Selbst zu zeigen, wenn sie um der Liebe willen ihre Ego-Wünsche opfern – und wenn sie selbst-bewußt das Risiko eingehen, den anderen zu verlieren. Wer damit beginnt, sein wahres Selbst auszupacken, ob er oder sie, spielt dagegen keine Rolle.*

Nur so kann überhaupt ein Happy-end möglich werden – im Kino wie im wirklichen Leben. Der einzige Unterschied zwischen Hollywood und der Wirklichkeit: Das Happy-end ist in der Realität nicht garantiert. Nicht jeder, dem man aus Liebe sein eigenes wahres Selbst zeigt, packt daraufhin auch seines aus. Für manche ist der Schock zu groß, wenn sie erkennen, daß der Mann oder die Frau, in den oder die sie sich verliebt haben, jemand ganz anderer ist. Die einzige Möglichkeit, diesem Dilemma zu entrinnen, liegt darin, von vornherein so echt und authentisch wie nur möglich zu sein.

## Wieviele Frösche soll man küssen?

Am besten gar keinen. »Man muß viele Frösche küssen, um einen Prinzen zu finden«, heißt ein bekannter Spruch aus den siebziger Jahren. Irgendwer hat das Märchen vom Froschkönig da falsch gelesen. Deshalb noch einmal zur Erinnerung: Die Prinzessin küßt den Frosch erst, *nachdem* er sich als Prinz entpuppt hat. Eine kluge Prinzessin! Sie fällt nicht auf seine falsche Identität herein, da kann der Frosch noch so um ihre Küsse betteln.

Natürlich hatten wir als Kinder alle Mitleid mit dem Frosch. So ein lieber Kerl, was kann er dazu, daß er so garstig ausschaut? Irgendwer hat ihm etwas Böses angetan, ihn verzaubert. Und nun will er so geliebt werden, wie er ist: ekelhaft und glitschig. Das hat er nicht verdient, befindet die Prinzessin. Sie bleibt bei ihrem Ekel, steht zu ihren Gefühlen und pfeffert den Frosch an die Wand.

Eine wunderbare Metapher für die Liebe. Angenommen, wir sind auch nichts anderes als Frösche, sprich: Irgendwer hat auch in unserem Leben böse Hexe gespielt und aus uns kleinen Prinzen und Prinzessinnen, in denen noch kein Arg wohnte, Frösche gemacht. Und nun wollen wir geküßt werden – von einem wirklichen Prinzen, einer wirklichen Prinzessin. Das tun diese auch im wirklichen Leben höchstens sehr flüchtig, sondern klatschen uns an die Wand (um im Bild zu bleiben). Was für eine Chance, daß wir durch die grausame Behandlung endlich unsere Verwandlung aufgeben und uns als echte Prinzessin oder echter Prinz entpuppen!

Unsere böse Hexe – das ist unsere eigene Lebensgeschichte mit all unseren Erfahrungen, vor allem den schlechten. Jedem Liebespartner später sollten wir – frei nach dem Märchen vom Froschkönig – eigentlich dankbar dafür sein, daß er uns nicht so behandelt hat, wie wir uns das seinerzeit gewünscht haben. Erst dadurch haben wir die Chance bekommen, den Prinzen, die Prinzessin in uns zu entdecken. Ist das die Schuld des anderen, wenn wir diese Chance nicht ergriffen haben?

Es gibt viele Frösche, weibliche und männliche. Sie halten ihre Verzauberung, ihre Schale für das Nonplusultra, das sie zu bieten haben. Weil sie nicht erkannt haben, daß sie nur verzaubert sind. Oberflächlich betrachtet mag das Image, die Rolle, die Froschhaut, in der sie stecken, ihnen tatsächlich einen gewissen Erfolg bringen. Es gibt zu viele, die auf die Illusion von Stärke hereinfallen. Wer weiß schon so genau, was echt und was falsch ist?

Wir müssen es gar nicht *wissen*. Wir *spüren* es. Oft eher beim anderen als bei uns selbst. Jeder kennt zum Beispiel die Leute, die ja so nett und hilfsbereit sind, die einfach alles für andere tun. Und was bekommen sie zurück? Gar nichts, klagen sie. Undank ist nun mal der Welt Lohn. Leicht zu durchschauen, daß sie selbst das Gebrauchtwerden am meisten brauchen.

Wer selbst-bewußt erkennt, daß er das Gebrauchtwerden für sich selbst braucht, der hilft ganz bewußt aus einem anderen Motiv: Weil er sich so selbst einen Gefallen tut. Wer sich selbst einen Gefallen tut, der erwartet dafür keinen Dank von anderen und nimmt ihnen damit ihr unangenehmes Schuldgefühl.

Wer weiß, daß er das Gebrauchtwerden braucht, kann aber auch mit dem Helfen aufhören. Er hat die *Wahl.* So oder so, als selbst-bewußter Helfer läßt er nun niemanden mehr in dem unbehaglichen Gefühl zurück, er sei ihm etwas schuldig. Nur weil sie dieses Unbehagen vermeiden wollen, gehen viele dem notorischen Helfer aus dem Weg.

## Lieben und Leiden

Wenn wir nicht so geliebt werden, wie wir uns das wünschen, dann ist ebenfalls sicher: Wir lieben nicht selbst-bewußt, und das ist eine arg bescheidene Form der Liebe. Die nicht selbst-bewußte Liebe hat viele dunkle, böse Seiten, die Unbehagen im anderen auslösen werden, mit denen wir den anderen am Ende gar in die Flucht schlagen. Oder er uns. Denn nicht selten wird das Unbehagen so groß, daß es die angenehmen Seiten der Liebe überwiegt.

Die dunklen Seiten unserer Liebe selbst zu erkennen würde dazu beitragen, das Unbehagen aneinander zu verringern. Jede Liebe hat diese dunklen Seiten. Welche das auch sein mögen, sie haben alle das eine Ziel:

*Den anderen ändern wollen, statt sich selbst zu entdecken.*

Den anderen ändern wollen, das gelingt uns kaum und wenn, dann nur sehr oberflächlich. Vielleicht ändert der Partner uns zuliebe tatsächlich sein Verhalten. Aber wenn er es nicht aus freien Stücken tut, sondern weil wir das von ihm verlangt haben, so tut er es nicht mit Lust. Wir spüren das und leiden daran. »Nie bringst du mir Blumen mit«, beschwert sich vielleicht eine Frau. Wenn ihr der Mann in den nächsten Tagen wirklich Blumen schenkt, sind ihr diese Blumen jedoch nicht mehr soviel wert, als hätte er sie ihr ganz freiwillig geschenkt. Beide fühlen sich so unbehaglich, leiden an dem augenscheinlich unlösbaren Dilemma.

Aber dieses Leid ist immer noch geringer als das Leid, das sich vor uns auftut, wenn wir angefangen haben, uns selbst zu erkennen. Die Frau, die nie Blumen bekommt, ist möglicherweise eine, die ihr ganzes Leben lang nie von einem anderen Menschen wirklich auch einmal verwöhnt worden ist. Das hat sie bitter und trotzig gemacht. Verbitterte Menschen verwöhnt niemand gern, weil man sich in ihrer Gesellschaft einfach nicht richtig wohlfühlen kann. Sie erwecken im anderen ebenfalls Trotz und Verbitterung und nicht den Wunsch, zu verwöhnen.

Einzusehen, daß der eigene Partner sich mit einem nicht wirklich wohlfühlt, das schmerzt noch mehr als niemals Blumen zu bekommen. Diese Einsicht kann einen in eine wirkliche Krise stürzen. Nur diese persönliche Krise wird zur Heilung führen können.

Leiden gehört nun einmal zum Leben, zur menschlichen Existenz. Glück und Liebe sollten auch dazugehören. Wer sich vor der Krise drückt, wird wenig Glück und wenig Liebe erfahren, er landet in der Resignation, in der Depression. Wer durch die große Krise geht, der kann sich darüber freuen, daß ein Dornenbusch Rosen trägt. Wer daran leidet, daß der andere sich nicht ändern läßt, der wird sich immer mehr darüber ärgern, daß eine Rose Dornen hat.

Wir haben alle die *Wahl*, uns für mehr Liebe – und das heißt immer »selbst lieben« – zu entscheiden. Wir wissen es oft nur nicht, daß wir diese Wahl haben. Wir meinen, daß wir lieben. Ob wir es schaffen, tatsächlich das Beste aus dem anderen herauszulieben, zeigt, ob unsere Meinung über uns selbst ein Irrglauben ist oder nicht.

*Wir leben und lieben alle so, wie wir können, nicht, wie wir wollen.*

Zu mehr sind wir (noch) nicht fähig. Wer keine befriedigende Liebesbeziehung hat, der ist zu einer solchen Beziehung (noch) nicht fähig. Um sich die eigene Unfähigkeit, zu lieben, nicht eingestehen zu müssen, behaupten manche, sie wollten gar keine Liebesbeziehung oder eben im Moment nicht; weil sie gerade etwas viel Wichtigeres zu tun haben, zum Beispiel Karriere zu machen. Sie haben recht. Sich ein gemütliches Strandhaus zu bauen und gleichzeitig ein Schiff, mit dem man auf den Ozean hinauskönnte, ist ein bißchen schwierig.

Das bißchen Bauholz, das sie zur Verfügung haben, stecken sie lieber in das vermeintlich sicherere Bauvorhaben. Ihr Strandhaus trägt den Namen »Unabhängigkeit«. Gezimmert ist es aus dem Holz, das ihnen ihre Eltern mitgegeben haben. »Unabhängigkeit« ist, wenn ich niemand anderen zu meinem Glück, wenn ich keine Liebe brauche, definieren sie. Woher haben sie diese Definition? Sie haben sie höchstwahrscheinlich logisch richtig abgeleitet aus ihrer Definition von »Liebe«, die da lautet: Liebe ist Abhängigkeit. So haben sie Liebe im Elternhaus erfahren, als sie sich gezwungen fühlten, ihre Eltern immer zu lieben und es doch so oft nicht konnten, weil ihre Eltern die

Selbstentwicklung ihres Kindes zu sehr beschränkt hatten. Unabhängigkeit oder Liebe heißt nun ihre falsche Wahl – weil sie nicht wissen, daß wirkliche Liebe und Abhängigkeit sich ausschließen.

Unabhängig ist einer nur, wenn er nicht liebt, meinen sie. Zu solch einer Definition von »Liebe« kommen Menschen, die die Erfahrung gemacht haben, daß sie sich selbst in einer Liebesbeziehung aufgeben. Statt zu wagen, sie selbst zu sein, mußten und wollten sie in ihrer Kindheit vor allem *gefallen,* um geliebt zu werden. Dieses Gefallenwollen ist ihre Art der Verzauberung. Wer anderen unbedingt gefallen will, der ist sehr abhängig von der Bestätigung der anderen. Und er hat große Angst, nicht mehr zu gefallen. Deshalb dürfen andere ihm nicht allzu nah sein.

Der vermeintlich Unabhängige fühlt sich wie viele andere Frösche gar nicht einmal gänzlich unwohl in seiner Haut, im Gegenteil: Je weniger selbstbewußt wir sind, um so lustvoller wird es nicht selten sein, so perfekt wie möglich die Verzauberung zu leben. Auf einer Party, wenn ihm alle für seinen geistreichen Witz applaudieren, fühlt sich der, der vor allem gefallen will, ganz in seinem Element. Ebenso fühlt er sich mit einem Liebespartner, der in Bewunderung erstarrt, was dann allerdings kein Liebespartner ist, sondern eher ein Verliebtheitspartner – Echo grüßt Narziß. Wenn uns die alten Rollen nicht wie auf den Leib geschneidert wären, würde sich niemand in ihnen auch nur annähernd so sicher bewegen, wie wir es oft tun. Wir meinen, den Erwartungen, die andere und wir selbst an uns stellen, zu entsprechen. Das gibt uns ein Gefühl von Sicherheit. Wir sind wahrscheinlich auch nicht allein, haben unseren Freundeskreis, möglicherweise auch eine intime Beziehung. Aber wann haben wir uns das letzte Mal gleichzeitig völlig frei und geborgen gefühlt? Das wäre es, worauf es ankommt, was wir uns insgeheim wünschen. Solange wir abhängig von unserem kindlichen Rollenmuster sind, werden wir es kaum erleben.

Wer »Unabhängigkeit« nicht als »Unabhängigkeit vom kindlichen Rollenmuster« – unserer menschlichen Form der Verzauberung – definieren *will,* wer ein Frosch bleiben *will,* wird eben von jeder Prinzessin, jedem Prinzen irgendwann an die Wand gepfeffert werden. Er sollte nur wissen, daß ihm dieses Schicksal blüht. Ein selbstbewußter Frosch jammert wenigstens nicht, daß er nie die Richtige, den Richtigen findet.

## Wenn das Unbewußte entscheidet

*Wer seine Lust entscheiden läßt, läßt sein Unbewußtes entscheiden.*

Liebe hat nun einmal einen immens hohen Preis. Und sie ist gleichzeitig der höchste Preis, den wir gewinnen können. Liebe verlangt, daß wir immer wieder unseren eigenen Schatten sehen, den Schatten unserer Kindheit. Diesen zu erkennen ist oft gar nicht so schwer. Wer weiß, welchen ersten Eindruck er bei anderen Menschen, besonders bei denen des anderen Geschlechts, auslöst, der ist seinem Schatten schon auf der Spur. Mit ziemlicher Sicherheit können wir davon ausgehen, daß sehr viele Menschen – bis auf die psychisch ganz Gesunden – ihren Schutzmechanismus präsentieren und nicht sich selbst. Damit der andere ja nicht gleich merkt, welch liebebedürftiges, verletzbares Wesen hinter der Fassade des Geschäftsmannes, der unnahbaren Schönen, des scheinbar durch nichts zu erschütternden Clowns oder der frechen Kratzbürste steckt.

Diese Schutzmechanismen sind uns jedoch so in Fleisch und Blut übergegangen, daß wir nicht einmal mehr merken, wie sie dazu dienen, uns selbst zu verstecken. So mag es manchen wie »Selbstaufgabe« in den Ohren klingen, wenn einer sie auffordern würde, von ihrem Schutzmechanismus zu lassen, weil sie sich völlig mit der Rolle, die sie spielen, identifizieren. Was wir aufgeben, ist nicht unser Selbst, sondern unser altes Programm, das wir uns nicht einmal selbst ausgesucht haben, sondern das uns serviert worden ist, mit dem wir verzaubert wurden. Als Kinder hatten wir keine andere Wahl, als irgendwie mit unseren Eltern zurechtzukommen.

Aber weil wir schon damals eigenständige kleine Menschlein waren, haben wir uns gegen die Anforderungen, die unsere Eltern an uns gestellt haben und die manchmal so wenig mit uns selbst zu tun hatten, auf die eine oder andere Art gewehrt. Vielleicht haben wir nur im stillen gedacht: »Mama und Papa sind blöd.« Oder wir haben ihnen aus Rache nichts mehr erzählt, was uns wirklich tief berührt hat; oder wir waren aufsässig und trotzig. Was auch immer wir getan haben, um uns vor den allzu großen Erwartungen unserer Eltern zu schützen – wir tun es auf eine etwas erwachsenere Art auch heute noch, wenn ein anderer naher Mensch Erwartungen an uns stellt. So schützen wir uns und erreichen leider doch nur, daß wir zu jedem anderen nahen Menschen ein ähnlich kompliziertes Verhältnis haben wie zu den eigenen Eltern.

Ein neues, tauglicheres Programm werden wir von keinem Menschen der Welt geschenkt bekommen, wir müssen es schon selbst entwickeln – aus uns selbst heraus, aus unserem Selbst heraus. Indem wir immer wieder unseren eigenen Schatten sehen, uns unsere negativen Gefühle eingestehen, ent-wickeln wir unser Selbst, packen wir unsere wahren Gefühle und Bedürfnisse aus. Wir können sie erst dann befriedigen (lassen), wenn wir sie kennen.

Wer »Liebe« wählt, entscheidet sich. Wer sich entscheidet, gibt etwas auf. Wer »Liebe« wählt, gibt auf, recht zu haben, und erlöst sich selbst aus seiner Verzauberung.

Wer »Liebe« wählt, erkennt, daß er kein Frosch ist, sondern ein verzauberter Prinz. Daß er verzaubert wurde, dafür kann er nichts. Daß er sich sträubt, aus seiner Froschhaut zu schlüpfen, das ist allerdings seine Verantwortung.

Aber jeder Frosch kann sich dafür entscheiden, sich spätestens beim nächstenmal, wenn er von einer Prinzessin oder einem Prinzen an die Wand geworfen wird, selbst von seinem bösen Zauber zu lösen und dem anderen den Prinzen und die Prinzessin in sich selbst zu zeigen. Da wir wohl alle schon öfter an der Wand gelandet sind, könnten wir uns aber auch schon jetzt entscheiden. Wenn wir wollten.

## Übungen

Die folgende Übung wie auch diejenigen nach den Teilen II, III und IV machen Sie am besten dann, wenn Sie Lust und Zeit dazu haben. Alle Übungen haben nur den einen Zweck: sich selbst besser kennenzulernen. In dieser ersten Übung geht es darum, Ihre ganz persönlichen Sehnsüchte aufzudecken und konkret zu formulieren. Ihre Sehnsucht ist schließlich eine Zielvorstellung. Je genauer ein Ziel festgelegt ist, um so sicherer läßt es sich erreichen.

Denken Sie darüber nach, welche Liebesgeschichten in Filmen, im Fernsehen und in Büchern Sie im Laufe Ihres Lebens besonders gerührt haben. Vergessen Sie nicht, auch an Ihre frühe Jugend zu denken! Notieren Sie die Titel der Liebesgeschichten, soweit Sie sich an diese erinnern.

Nehmen Sie sich an einem Tag nur eine Geschichte genauer vor. Schreiben Sie auf, wie sich die weibliche Hauptfigur der Geschichte verhält. Es ist wichtig, daß Sie das aufschreiben, gleichgültig, wie geschliffen Sie schreiben oder nicht. Kurze Stichworte genügen. Sollten Sie sich nicht mehr genau an den Fortgang der Geschichte erinnern, so besorgen Sie sich das entsprechende Buch oder Videoband, wenn es Ihnen möglich ist. (Konzentrieren Sie sich auf die männliche Hauptfigur, wenn Sie ein Mann sind.)

Vergleichen Sie bitte nur die Handlungsweise der Heldin mit Ihrem eigenen wahrscheinlichen oder tatsächlichen Verhalten in Ihren Liebesbeziehungen. Was macht die Heldin anders als Sie? Was imponiert Ihnen besonders an ihrer Handlungsweise? In welchen Situationen bewundern Sie die Konsequenz der Heldin, ihre Offenheit, ihre Direktheit oder was auch immer Sie bewundernswert finden?

Gehen Sie lieber nicht in die Falle, das Verhalten der Heldin als ausschließlich abhängig zu sehen vom Verhalten des männlichen Helden! Normalerweise richten wir sowieso schon viel zu stark den Blick auf den anderen, den Partner, und machen immer wieder die Erfahrung, daß sich dadurch nichts verändert. Fiktive Geschichten dagegen geben uns die Möglichkeit, Verhaltensweisen genauer und distanzierter zu studieren, als uns das bei uns selbst oft möglich ist.

Notieren Sie mindestens fünf Verhaltensweisen, die Sie für bewundernswert halten. Zum Beispiel könnten Sie schreiben: »Ich finde es toll, daß X sich niemals auf die Bedingungen einläßt, die Y ihr stellt und sich so immer treu bleibt.«

Aus diesen fünf Verhaltensweisen können Sie Ihre persönlichen Ziele entwickeln. Zum Beispiel: »Ich habe vor, mir in Zukunft zunächst selbst treu zu bleiben.« Schreiben Sie diese fünf Ziele auf ein Blatt Papier, das Sie zu Ihren ganz persönlichen Sachen legen. Wenn Sie in einer Situation mit dem Partner oder mit einem anderen Menschen ein Problem haben, wird es Ihnen helfen, Ihre persönlichen »Fünf Gebote« zu lesen. Sie werden schneller wissen, was Sie zu tun haben, welche Handlungsweise Ihnen ein gutes Gefühl gibt.

# II. Teil

# Moderne Mythen über Erotik und Sex
oder:
# Wie Rechthaben zur Wissenschaft wird

Sachliche Romanze

Als sie einander acht Jahre kannten
(und man darf sagen: sie kannten sich gut),
kam ihre Liebe plötzlich abhanden.
Wie andern Leuten ein Stock oder Hut.

Sie waren traurig, betrugen sich heiter,
versuchten Küsse, als ob nichts sei,
und sahen sich an und wußten nicht weiter.
Da weinte sie schließlich. Und er stand dabei.

Vom Fenster aus konnte man Schiffen winken,
Er sagte, es wäre schon Viertel nach vier
und Zeit, irgendwo Kaffee zu trinken.
Nebenan übte ein Mensch Klavier.

Sie gingen ins kleinste Café am Ort
und rührten in ihren Tassen.
Am Abend saßen sie immer noch dort.
Sie saßen allein, und sie sprachen kein Wort
und konnten es einfach nicht fassen.

*Erich Kästner*

## Singles und Paare – von der Liebe enttäuscht

Wenn man sich so in der Welt umschaut, wird man feststellen, daß es einem wirklich nicht leicht gemacht wird, sich von seiner Froschverzauberung zu lösen und den Prinzen, die Prinzessin in sich selbst zu entdecken. Nicht einmal die Dichter (Ausnahmen bestätigen wie immer die Regel!) scheinen mehr eine optimistische Vorstellung von der Liebe zu haben. Sehnsucht, Verliebtsein, das können sie noch wunderbar besingen. Und dann? »Als sie einander acht Jahre kannten, kam ihre Liebe plötzlich abhanden«, reimte Erich Kästner zum Beispiel. Bei vielen passiert das noch viel früher. Manche mögen es länger miteinander aushalten. Ob tatsächlich Liebe, Lust und Leidenschaft sie binden, weiß keiner so genau. Die Schätzungen stimmen nicht optimistisch.

»Kennst du ein einziges glückliches Paar, das seit zehn Jahren oder gar länger zusammenlebt?« lautet ein beliebtes Fragespiel der Beziehungsfrustrierten. Vielleicht fällt einem in der Runde sogar das eine oder andere Beispiel ein. Fast automatisch bemüht sich der Rest, das positive Vorbild zu demontieren. Von ihm oder ihr weiß man nicht nur von einer Affäre. Überhaupt scheinen die beiden eher wie Geschwister zusammenzuleben. Knistern tut's bei dem Marathonpaar schon lange nicht mehr. So etwas kriegen schließlich auch die anderen mit. Und wer will das schon – eine Beziehung, in der die Erotik nicht mehr lebendig ist?

Sich neu verlieben – das könnte helfen. Aber vorher ist eine Trennung angesagt. Nur für sehr leidenschaftslose Menschen ist so eine Trennung eine verhältnismäßig leichte Übung. Und selbst diese werden irgendwann des Spiels müde. Sich trennen, sich verlieben – wer's zum soundsovielten Mal mitgemacht hat, der weiß, daß es mit dem nächsten Mann, der nächsten Frau meist auch nicht soviel anders wird. Aber eine(r) wird doch einmal dabei sein, mit dem der alte Traum von Liebe und Erotik ein Leben lang wahr werden wird, hoffen Unermüdliche. Sie bekommen im Moment nicht viel Unterstützung für ihre verwegene Vision.

Man sollte ihnen wohl auch nicht allzu viel Hoffnung machen auf das Paradies, von dem sie träumen. Was den Träumern vorschwebt, ist die Leidenschaft ohne Leid und die Lust ohne Unlust. Als wenn es das eine ohne das andere geben könnte. Schon rein logisch ist das unmöglich. Die Glücksvorstellung der Rosarotträumer ist – wenn überhaupt – irgendwo im Nirwana angesiedelt. Alles, was immer und ewig gleich ist, ist, anders ausgedrückt, *Gleichgültigkeit.* Diese ist der wahre Gegensatz zur Liebe, nicht der Haß. Die ewige Seligkeit, in der jeden Tag das Halleluja angestimmt wird, erwartet uns – Gott sei Dank – erst nach unserem Tod. Wer würde soviel Langeweile schon gern im Leben aushalten wollen? So schrecklich uns die Hölle auch ausgemalt wurde, dort ist wenigstens etwas los!

Seien wir froh, daß aus den Rosarotträumen nie Wirklichkeit wird. Das Leben ist ja tatsächlich gar nicht so schlecht zu uns, wie wir an schwarzen Tagen manchmal meinen. Es offeriert uns Himmel und Hölle im Wechselbad. Einigen ist das jedoch zu anstrengend, sie ziehen sich aus dem Leben zurück und schauen es sich bei anderen an. Welcher Frosch mag schon an die Wand geworfen werden? Lieber zuschauen, wie andere an der Tapete landen, und sich daran ergötzen, wie andere das gleiche, trübe Schicksal ereilt wie unsereins.

So denken, fühlen und handeln Rechthaber-Frösche, um sich irgendwie mit ihrer Enttäuschung über die Runden zu retten. Sie gucken sich die anderen Frösche an und fühlen sich in ihrer Gesellschaft gar nicht mal so unwohl. Eine beruhigende Erkenntnis: Andere schaffen auch nicht mehr als ich. Also kann es nicht an mir liegen, wenn es mit der Liebe nicht klappt. So folgert der Rechthaber in uns – und folgert falsch. Der alte Witz: Können sich Millionen Fliegen irren, wenn sie Mist für den höchsten der Genüsse halten? Wem die Beruhigungspille noch nicht reicht, die im Unglück der anderen liegt, der holt sich eine stärkere Dosis aus Filmen, Büchern und Zeitschriften, die uns das Leben aus dritter Hand ins gemütliche Wohnzimmer bringen.

Doch Schadenfreude ist keine echte Freude. Hilft es uns tatsächlich über die eigene Misere hinweg, wenn wir lesen, daß es auch bei Königskindern mit der Liebe nicht weit her ist? Charles und Diana, Andrew und Fergie, und wie sie alle heißen, sie können es wohl auch nicht besser als Hinz und Kunz. Wen tröstet das wirklich? Das Rechthaben hat seinen Preis: Bei all den üblen Aussichten in der Liebe verflüchtigt sich die Lust auf leidenschaftlichen Sex proportional mit dem Immer-schwärzer-Sehen. Der Rechthaber in uns allen weiß zwar nicht so genau, wieso und warum. (Das erklären wir ihm später.) Aber das kümmert ihn zunächst nicht sonderlich. Denn einen kleinen Ausweg hat er gefunden: seine eigene Phantasie. Seine Vorstellungskraft hilft ihm auf die Sprünge, das zu erleben, was er in Wirklichkeit nicht erlebt. Augen zu und beim Sex in erotischen Phantasien schwelgen. So läßt sich ganz gut verheimlichen, daß es mit der Lust auf den Partner, die Partnerin nicht weit her ist.

Viele kleine Rechthaber in ihren Froschkostümen treffen sich da auf den Liebeslagern, die den Namen oft kaum verdienen, oder nehmen gleich voreinander Reißaus. Sie wissen nicht, daß Prinzen und Prinzessinnen in ihnen stecken. Sie fürchten, gänzlich zu verschwinden, ein buchstäbliches Nichts, ein Niemand zu sein, wenn sie auf die glitschig-grüne Hülle verzichten würden. Sie wissen nicht, daß sie nackt schöner und liebenswerter sind. Welcher Mann gibt schon gern zu, daß er manchmal nur gehalten, gestreichelt, liebkost werden will – ganz ohne seinen Mann zu stehen? Weiß er es überhaupt, daß er sich auch danach sehnt? Welche Frau gesteht sich ein, daß sie sich unattraktiv, nicht begehrenswert, wie eine Ersatzmama fühlt, wenn ihr Partner erotisch nicht so initiativ ist, wie sie meint, daß er es sein müßte, wenn er sie wirklich begehrte? Solche Gedanken und Gefühle sind uns allen sehr unangenehm. Und deshalb stecken Frösche ihre Energie und Leidenschaft lieber in die Perfektionierung ihres Kostüms. Er tätschelt sie ein wenig männlich-herablassend, wenn er gestreichelt werden will. Sie kauft sich ein sexy Nachthemd, um sich durch die zarte Hülle erotisch zu fühlen.

Oder die Energie fließt fast ausschließlich in die Arbeit, in Hobbies. Wieviel Lebendigkeit da plötzlich in dem leidenschaftlichen Golfer erwacht, wenn er sein Handicap endlich auf eine einstellige Zahl bringen konnte! Wann hat er zum letzten Mal seine Frau mit diesen leuchtenden Augen der Begeisterung angeschaut? Daran kann sich niemand mehr erinnern. Der Erfolg seiner Mühen im Golf macht ihn glücklich. Hätte er sich so um seine Frau bemüht, soviel Frust auf sich genommen wie in seiner Sportskarriere, wer weiß, wie er sie heute anstrahlen würde. Aber vielleicht hat ihn seine Frau auch nie heftig genug an die Wand gepfeffert, sondern ist lieber den faulen Kompromiß mit ihm eingegangen. Bloß nicht einem Mann zuviel zumuten von den eigenen, wahren Gefühlen! Wer weiß, vielleicht macht er sich vor Schreck gleich aus dem Staub. Die Angst davor, den anderen ganz zu verlieren, führt immer zu faulen Kompromissen. So können wir ihn auch nie ganz gewinnen.

Daß der Golfer aus Leidenschaft am Anfang seiner Freizeitsportkarriere nicht wußte, wie man Golf spielt, und sich einen Lehrer, einen sogenannten »Pro«, genommen hat, das war für ihn selbstverständlich. Aber für beziehungsfähig halten sich er und viele mit ihm von vornherein. Daß man vielleicht etwas zu lernen hätte, würde ja bedeuten, daß man so, wie man ist, nicht liebenswert ist, oder? Das Argument des Rechthabers zeigt, daß es ihm nur darum geht, *geliebt zu werden*. Als Rechthaber-Frosch wird er nicht sehr geliebt werden. Man muß es ihm noch oft sagen, daß er liebenswert ist, so, wie er ist, denn das glaubt er sowieso nicht so schnell. Um diese Erfahrung zu machen, müßte er sich erst einmal zeigen: so, wie er ist – nicht so, wie er sich gern selbst sähe.

Nicht, daß jetzt eine Frau meint, es seien nur die Männer, die lieben lassen. Mag sein, daß sie sich mit dem Liebenlassen ein Stück leichter tun als die Frauen, weil sie ihre Zweifel an der eigenen Liebenswürdigkeit besser verstecken können. Einmal Mamas Prinz, immer Prinz? Doch in jeder, auch der allerbesten Mama steckt ein Stück der bösen Hexe, die den Prinzen verzaubert hat. Kein Mensch ist perfekt, eine perfekte Mutter gibt es nicht und hat es nie gegeben. In lichten Momenten befallen deshalb ebenfalls die meisten Männer Zweifel, ob sie der Prinzenrolle tatsächlich gerecht werden und sie in Wahrheit nicht doch eher zu den Fröschen zu zählen sind.

Ach ja, und in uns Frauen verbirgt sich natürlich auch eine gute und eine böse Fee. Kehren wir im Laufe der Zeit immer mehr die enttäuschte, verbitterte, böse Fee heraus, so wird aus unserem Prinzen schnell ein Frosch. Weil wir nicht das Beste aus ihm herausgeliebt haben, sondern das Schlechteste. Nun können wir den Frosch verlassen. Er war nichts wert.

Dieser Beziehungsverlauf ist zwar nicht gerade ein glücklicher, doch er ist durchaus geeignet, einen noch größeren Schmerz zu vermeiden: die Einsicht, daß man selbst ein Frosch ist, daß man sich vor dem anderen versteckt. An den Gefühlen und Verhaltensweisen des anderen wollen wir herummanipulieren, ohne unsere eigenen Gefühle und unser eigenes Verhalten wirklich zu kennen. So nehmen wir weder Rücksicht auf uns selbst noch auf den anderen. Die böse Fee macht sich selbst und alle anderen unglücklich. Sei kein Frosch! Versteck dich nicht mehr! Leicht gesagt, und schwer getan.

Indem wir den großen Schmerz vermeiden wollen, gehen wir der großen Lust aus dem Weg. Indem wir dem Leid ausweichen, vertreiben wir die Leidenschaft. Auf der Höhe der höchsten Welle holen wir den Schwung, um aus dem tiefsten Wellental wieder auf die hohe Welle zu surfen. Wer bei der Fahrt ins Wellental abbremst, weil er das Tief fürchtet, dem fehlt der nötige Schwung, wieder nach oben zu kommen. Wir verwechseln das Paradies wieder einmal mit dem Schlaraffenland aus dem Märchen. Das Paradies ist ein üppig wachsender blühender Garten Eden. Im Paradies wird es ab und an heftig regnen müssen. Wo käme sonst das Wasser her, um Flora und Fauna am Leben zu erhalten?

Wenn wir hereingefallen sind auf die Glücksversprechungen von Scharlatanen (von denen es genügend gab und gibt), die uns das Paradies zum Nulltarif versprachen, so zeigt uns das nur eins: Wir wollten mal wieder alles umsonst haben. Aber: There is no free lunch.

Was sie uns alles versprochen haben: Wenn die Frauen erst Verantwortung für ihren Orgasmus übernähmen, ihre eigene Lust entdeckten, dann würde der große Durchbruch zur sexuellen Erfüllung schon kommen. Theoretisch ist das nicht einmal falsch, aber auf der Suche nach dem G-Punkt und weiteren erogenen Zonen hat sich die Lust verflüchtigt. Ja, wir wissen mittlerweile gut über unsere Körper Bescheid. Hat es unseren Seelen soviel geholfen? Leidenschaftliche Erotik ist eine Angelegenheit von Körper und Seele. Klammern wir den Körper aus, so befinden wir uns nur noch in sehnsüchtigen Phantasien. Klammern wir die Seele aus, so bleibt der seelenlose Sex, die Pornographie.

Möglicherweise wissen wir sogar viel zuviel über unsere sogenannten »Sexualfunktionen«. Von dem Schock der überall ausposaunten und breitgetretenen Alltagswahrheit, daß unzählige Frauen ihren Orgasmus nur vortäuschen, haben sich manche Männer immer noch nicht erholt. Aber auch sie haben fleißig dazugelernt in der Zwischenzeit und kümmern sich brav um die Klitoris. Nicht alle tun es mit großer Freude. Aber besser noch dieser Liebesdienst, als anschließend zu hören, als Liebhaber sei man nicht die große Nummer.

Die schönen Bücher mit den zart kolorierten Paaren aus den siebziger Jahren, die vorgaben, uns in die Geheimnisse der Liebeskunst einzuweihen, verstauben im Regal. Zum Wegwerfen waren sie einst zu teuer. Eine Massage zur Einstimmung, zuvor vielleicht noch ein Bad, Stellung B folgt auf Stellung A. So kann der Mann es vermeiden, in Fünfminutenfrist seinen Höhepunkt zu erreichen, und das Liebesspiel wird zu einer Verschmelzung der Seelen. Pustekuchen, so geht's nicht.

Die Lust steckt nicht zwischen Buchdeckeln. Kein noch so gutgemeinter Ratschlag läßt Lust entstehen, wenn keine da ist. Warte nur, der Appetit kommt schon beim Essen.

Trotzdem schmeckt es nie so gut, als wenn der Heißhunger schon vorher da war. Einer, der sie einfach packt, nicht lange fragt, nicht ständig an ihr herummacht, auf daß sie auch ja einen echten Orgasmus kriege – der dann unter den haarscharf beobachtenden Augen erst recht ausbleibt. Einer, der einfach Lust hat. So einen wünscht sie sich. Der könnte sie noch anstecken mit seiner Lust. Weil sie selbst keine mehr hat, braucht sie einen, der sie infiziert. Aber das gibt sie natürlich nicht zu.

Weil er ja kein Klotz ist, spürt ihr Bettgenosse ganz genau, daß irgend etwas wieder einmal nicht richtig läuft. Was will sie bloß von ihm? Er weiß doch, daß er seine Sache gut macht, technisch versiert wie er ist. Aber irgendwie scheint sie nicht zufrieden zu sein. Einmal eine, die sich vor lauter Wollust selbst vergißt, die ganz aus sich herausgeht, schamlos ist und dahinschmilzt vor Lust und Wonne. Ja, mit so einer würde Sex Spaß machen.

Sie ist ihm nicht leidenschaftlich genug. Er ist ihr nicht leidenschaftlich genug. Welch traurige Einigkeit, die doch nur eine gegenseitige Schuldzuschreibung ist. Da man ja mittlerweile offen über Sex spricht, ist der Vorwurf auch kein klammheimlicher mehr, sondern wird laut ausgesprochen. Seltsam, daß sich trotzdem nichts ändert. Nun redet man schon offen über sexuelle Probleme, und der andere kann es offensichtlich nicht einmal vertragen. Er wehrt sich und sträubt sich. Wer sich so gegen die Einsicht wehrt, daß er nicht gut genug im Bett ist, der hat bestimmt sexuell ein gravierendes Problem. Kein Wunder, daß mann mit so einer nicht voll und ganz zufrieden ist.

Er hat die Lösung: Sie ist die falsche Frau. Mit einer anderen könnte und *wollte* er vor allem. Aber eine andere ist gerade nicht da. Pech, daß er ausgerechnet mit dieser da verheiratet ist. Naja, das ist wohl Schicksal. Anderen Männern geht es doch genauso. Die sind auf die eigene Frau nach ein paar Jahren auch nicht mehr sonderlich versessen. (Und die Frauen wohl auch nicht auf ihre Männer.) Wenn sie sich mal etwas anderes einfallen ließe, ihn mal so richtig anmachen würde, dann hätte er auch wieder Lust. Und wenn er nicht immer so und so wäre, ja dann … Aber vielleicht stimmt es ja, daß nach ein paar Jahren bei jedem Paar erotisch der Ofen aus ist. Ganz einfach, weil wir so veranlagt sind. Der Rechthaber in uns greift nach jedem Strohhalm, um recht zu behalten.

Aber sonst geht es ihr und ihm gut, ja, natürlich, sie sind glücklich und zufrieden. Was nun? Glücklich oder zufrieden?

## Der Mythos von der Vier-Jahres-Frist

Rechthaber-Frösche gibt es nicht nur unter den Dichtern und Normalmenschen, sondern auch unter Wissenschaftlern. Diese Sorte ist besonders gefährlich, weil sie so schwer zu widerlegen sind und auch noch in geschlossener Front auftreten. Eine gegen viele, das ist zwar ungerecht, doch ich versuche es trotzdem. Warum sollte nicht auch aus einem Wissenschaftler-Frosch ein Prinz oder eine Prinzessin werden können?

»Leidenschaftliche Liebe hat ihr Verfallsdatum seit prähistorischen Zeiten nun einmal eingebaut«, behaupten die einen. Andere meinen, daß unsere eigenen Hormone uns einen Strich durch unsere romantische Rechnung machen. Aus dem anregenden Hormoncocktail der Verliebtheit mixt unser Gehirn im Laufe der Zeit eine Art Schlaftablette, die die leidenschaftlichen Gefühle sachte, sachte betäuben wird. Langsam, aber um so sicherer. Viel mehr als Schmusen und Kuscheln ist dann nicht mehr drin. Aber auch nur im günstigsten aller Fälle, wenn's gut läuft mit der Partnerschaft.

Trübe Aussichten für die Erotik. Soll man der Wissenschaft glauben? Einerseits spricht die traurige Realität der Scheidungs- und Trennungsstatistiken für die These, daß die erotische Anziehung zwischen zwei Menschen ein zeitlich sehr begrenztes Phänomen ist. Andererseits: Wo keine Hoffnung mehr ist, da ist der Mensch von vornherein verloren.

Außerdem: Was ist wirklich dran an den Thesen über die Leidenschaft, die uns seit einiger Zeit um die Ohren gehauen werden? Zum Beispiel an Helen Fishers Behauptung, die mit ihrem Buch »Anatomie der Liebe« weltweit die Bestsellerlisten stürmte: In der Frühzeit der Menschheit sei ein Paar auch nur etwa vier Jahre zusammengeblieben, vermutet die Anthropologin. Solange eben, bis der Nachwuchs aus dem Gröbsten heraus gewesen sei und sich die Urhorde gemeinschaftlich um die Kinder kümmerte.

Wenn Mama und Papa damals vier Jahre zusammengeblieben sind, dann – schätze ich – hatten sie in dieser Zeit höchstwahrscheinlich Sex miteinander. Da Verhütungsmittel unbekannt gewesen sein dürften, müßte sich bereits innerhalb der magischen vier Jahre neuer Familienzuwachs angekündigt haben. Und dann? Wenn Helen Fishers These richtig ist, dann müßte es ein Paar konsequenterweise von der Geburt des zweiten, dritten, vierten … Kindes an jeweils weitere vier Jahre miteinander ausgehalten haben – bis daß der Tod sie geschieden hat. Und der kam ziemlich früh damals.

Natürlich wissen weder Frau Fisher noch ich, wie es die Menschen damals tatsächlich gehalten haben. Insofern können wir dieses Argument für oder gegen ein Verfallsdatum der erotischen Anziehung, das sozusagen im DNS-Code verankert sein soll, genüßlich vom Tisch wischen. Es beweist gar nichts – außer, daß wir offenbar gern eine Entschuldigung geliefert bekommen, die uns selbst aus der Verantwortung nimmt, wenn uns nach ein paar Jahren oder gar schon früher die sexuelle Langeweile überkommt. Und daran ist ja auch etwas Gutes: Wenn es in der Natur der Sache liegt, dann können wir endlich aufhören, uns für unsere Lustlosigkeit den nächstbesten Schuldigen zu suchen – den Partner.

Peter braucht sich nun nicht mehr bei seinen Freunden zu beschweren, daß seine Susanne zwar ein liebes, nettes Mädchen ist, an dem eigentlich auch gar nichts auszusetzen ist. Aber das ist ja gerade das Dilemma. Soviel Nettigkeit läßt seine Lust schon im Ansatz absterben. Dafür muß man doch Verständnis haben. Und auch dafür, daß man so etwas seiner Freundin schließlich nicht sagen kann. Soll er sich hinstellen und ihr sagen, sie sei ihm einfach zu nett? Da käme er sich schön blöd vor.

Susanne muß nun auch nicht mehr bei ihrer besten Freundin jammern, daß Peter am liebsten die Fernbedienung seines Fernsehers in der Hand hält statt ihres properen Schenkels. Gibt es etwas Abtörnenderes als jeden Abend Pantoffelkino? Sie hätte ja Lust, sagt sie. Aber wenn sie schon einmal die Initiative ergreife und Peter sanft hier und dort streichle, so schnurre der höchstens behaglich wie ein Kater und schaue weiter in die Röhre. Und sie dann leider auch. Vielleicht ist bei den beiden die Vier-Jahres-Frist sozusagen im Zeitraffertempo abgelaufen.

Oder ihre Lustlosigkeit ist doch nur eine Frage der Hormone.

## Der Mythos von den Hormonen

Physiologen der Liebe liefern uns eine weitere willkommene Erklärung für die Lustlosigkeit in unseren Betten. Frischverliebten haben sie reihenweise Blut abgezapft und bei der Analyse erstaunliche Entdeckungen gemacht. In der neu erwachten Leidenschaft schütten unsere Drüsen einen wahrhaft stimulierenden Hormoncocktail aus.

Ein paar Tropfen Endorphine, die uns berauschen wie der Stoff den Fixer, einen Spritzer Adrenalin, der uns in Erregung und Spannung versetzt. Dazu natürlich noch jede Menge Sexhormone, die die pure Lust ankurbeln. Doch wenn es dann endlich dazu gekommen ist, daß zwei liebeshungrige Leiber sich vereinigt haben, spielt ein ganz anderes Hormon mit: Oxytozin. Wir schütten es spätestens beim Orgasmus in rauhen Mengen aus.

Nach den Wonneschauern sorgt Oxytozin, auch das »Schmusehormon« genannt, für das wohlig-satte Gefühl der Befriedigung. Doch auf die Dauer wird das Hormon der Zärtlichkeit angeblich zum größten Feind der Leidenschaft. Rein hormonell reagieren wir irgendwann nur noch wie der Pawlowsche Hund. (Sie wissen, das war der vielzitierte Köter, dem das Futter eine Weile lang gemeinsam mit einem Klingelzeichen serviert wurde. Und dem dann plötzlich allein beim Ertönen des Klingelzeichens die Schnauze wäßrig wurde.) Den geliebten Menschen zu sehen, der schon so oft für den beglückenden Oxytozin-Schub sorgte, reicht dann angeblich und theoretisch leider aus, um ganz ohne Orgasmus, völlig ohne Sex, das Schmusehormon zu produzieren.

In der Praxis soll das dann so aussehen, daß wir mit einem liebevollen Gute-Nacht-Kuß für den Partner entspannt in Morpheus Arme sinken. Wozu noch Sex, wenn wir uns eh schon so wohl miteinander fühlen? Nach den Hormontheoretikern haben wir mit dieser Sorte funktionierender Partnerschaft das Nonplusultra der Genüsse erreicht, das in einer langfristigen Beziehung möglich ist.

Wenn es nur so wäre. Die meisten sind bis unters Dach frustriert, wenn die Lust sich an der Schlafzimmertür verabschiedet. Es gibt den Trieb, der Mann und Frau aufeinander zutreibt. Wieso treibt er ausgerechnet diese beiden nicht mehr aufeinander zu, die da Seite an Seite liegen?

Das ist doch sonnenklar, spricht der Rechthaber. Aufeinander zutreiben kann nur das, was voneinander entfernt ist. Wenn man sowieso ständig zusammen ist, dann kennt man den anderen doch in- und auswendig, dann gibt es eben kein Neuland mehr zu erobern. Dann wird's langweilig.

Ach ja, wir kennen den anderen in- und auswendig? Reichlich seltsam. Was unsere eigene Person angeht, so sind wir meist davon überzeugt, daß unser Innenleben reichhaltig und höchst kompliziert ist, oft nicht einmal für uns selbst entschlüsselbar. Aber den anderen, den meinen wir aus dem Effeff zu kennen. Da stimmt doch etwas nicht!

Nicht schwer zu erraten, wo der Hase im Pfeffer liegt. Wenn wir dem anderen unser reichhaltiges und kompliziertes Innenleben nicht zeigen, sondern nur die Froschhaut, wen wundert's noch, daß er sich langweilt? Und wenn er uns nur seine grüne Glibberhaut offeriert, dann langweilen wir uns eben auch.

Nein, es sind nicht die Hormone, die unsere leidenschaftliche Begierde zerstören. Zumindest für das gesunde Gehirn, den durchschnittlichen Stoffwechsel dürfte eine solche Behauptung hausgemachter Blödsinn sein, genauso unsinnig wie die, daß wir uns erschrecken, *weil* wir Adrenalin ausschütten. Natürlich schütten wir Adrenalin aus, wenn die Chefsekretärin uns mit unheilverkündender Miene zum Vorgesetzten zitiert oder ein Jet bei einem Spaziergang über unserem Haupt die Schallmauer durchbricht. Aber das Adrenalin ist nicht die Ursache für unseren Schrecken, sondern das nichts Gutes ahnenlassende Gesicht der Sekretärin oder der ohrenbetäubende Lärm.

Übersehen wird bei der Hormontheorie die Tatsache, daß der Mensch nun einmal kein Hund ist, sondern über ein Bewußtsein verfügt. Und dieses könnte sehr wohl imstande sein, einen bedingten Reflex wieder zu löschen. Denn zwischen dem Bewußtsein und dem Sitz der bedingten Reflexe im Unbewußten ist ein kleines Türchen eingebaut: *Der Wille.* Nicht ohne Grund nennt man diese Verbindung, den Hypothalamus, auch »Tor zum Bewußtsein«.

Womit wir der Art der Verzauberung, die aus uns Prinzen und Prinzessinen Frösche gemacht hat, ein Stück weiter auf die Spur gekommen sind. Es handelt sich schlicht um bedingte Reflexe. Im Klartext: Wir haben Mamas und Papas Liebe mit einer mehr oder weniger großen Portion ganz anderer, weniger freundlicher Gefühle zusammen serviert bekommen. Wenn heutzutage nun so etwas Ähnliches wie Liebe im Anmarsch ist, so schrillen unsere Alarmsirenen laut und vernehmlich. »Liebe« ist per bedingtem Reflex für uns nun einmal mit ein paar Giften versetzt, die wir gar nicht gern mit hinunterschlucken.

Es ist nicht das zufrieden-satte Wohlgefallen aneinander, welches die Leidenschaft begraben hat. Unsere eigenen Warnglocken haben laut getönt – worauf uns im Normalfall nichts Besseres einfällt, als das, was wir schon bei Mama und Papa getan haben, um uns vor dem bitteren Beigeschmack zu schützen, den ihre Liebe hatte.

»Wenn du böse bist, dann haben wir dich nicht mehr lieb«, haben sie uns vielleicht gedroht. Oft hat ein traurig-enttäuschter Blick der

Mutter oder des Vaters gereicht, um uns einzuschüchtern. Nein, wir waren wohl alle nicht ganz so, wie unsere Eltern sich das gewünscht hätten. Ihre Enttäuschung darüber haben sie kaum verbergen können. Und als Kinder haben wir mitbekommen, daß mit uns etwas nicht in Ordnung ist. Wie hätten wir damals daran zweifeln können, daß die Erwartungen unserer Eltern am Ende gar verquer waren oder noch sind? Ob wir als Kinder nun gegen diese Erwartungen laut und trotzig angekämpft haben, ob wir uns innerlich zurückgezogen und heimlich ins Kopfkissen geweint haben, auch heute noch fürchten wir, daß es kein sehr gutes Ende nehmen wird, wenn einer uns sagt, daß er uns liebt. Mit der Angst im Nacken gehen wir in die Defensive oder Offensive.

Was wir auch tun, meist läuft es auf das Ultimatum an den anderen hinaus: Entweder nimmst du freiwillig die giftigen Zutaten aus deiner Liebe heraus, so daß sie nur noch süß schmeckt. Oder ich spucke mit den Giften auch die ganze Liebe aus. Womit wir, so sagt es der Volksmund, das berühmte Kind mit dem Bade ausschütten.

In Erwartung der Giftportion leuchten unsere Augen nicht mehr, wenn wir dem anderen begegnen. Die Vorfreude ist dahin, weil wir zu oft erfahren haben, daß nach der Vorfreude keine Freude mehr kam. Die Erwartungen sind enttäuscht worden. Und so schleichen wir angstvoll umeinander herum und verfallen in das große Rätselraten, was mit dem anderen bloß los sein könnte. Oder haken seinen, ihren Mißmut mit einem Achselzucken ab. Gleichgültigkeit ist die wirkungsvollste Waffe gegen Liebe.

*Wir erkennen nicht, daß wir nur für eins ausstaffiert sind: soviel Zuwendung wie möglich zu bekommen unter den Bedingungen, die wir in unserer Kindheit erfahren haben. Denn all die Liebe, die wir bekommen haben, war auch an Bedingungen geknüpft. Von Kindesbeinen an haben wir so einen reichlich verkorksten Begriff von »Liebe« mit auf unseren Lebensweg bekommen.*

Um mehr zu geben und mehr zu bekommen als bisher, ist unser Programm, unsere Froschmontur oft nicht tauglich, weil das alte Programm eben nur unter den Bedingungen funktioniert, die uns altbekannt sind.

*Und diese Bedingungen schaffen wir uns auch noch selbst. Mit einer Zielsicherheit, die beinahe bewunderswert wäre, wenn sie nicht sol-*

*ches Leid verursachen würde, wiederholen wir das Drama unserer Kindheit immer wieder von neuem. Wir zeigen dem anderen nur den verzauberten Frosch.*

»Immer wieder die alte Platte.« Ein beliebter Vorwurf. »Kannst du nicht einmal anders sein?« – »Wenn du auch nur ein bißchen anders, und zwar so und so wärst, wäre das für mich die leichteste Übung.« Zwei Frösche unter sich. Wer gibt sich als erster als Prinz, als Prinzessin zu erkennen?

Der erste, der aus dem Spiel aussteigt, könnte eine neue Platte auflegen. Doch was wird aus der alten Froschhaut? Geben wir zu, daß das Märchen vom Froschkönig ein Märchen ist. Das alte Froschgewand abzulegen, das klappt nicht immer und vielleicht nie vollständig. Unser Unbewußtes ist allzu mächtig. Es hat uns am Wickel. Aber wir können den unbewußten Mächten in unserer Seele durchaus ein Stück ihrer Macht abluchsen – indem wir sie uns bewußt machen. Alles werden wir nicht aufdecken können. Nicht jede böse Verzauberung, jedes Monster in unserer Seele läßt sich sofort, jetzt und gleich erlösen. Ein bedingter Reflex hat jedoch seine Macht über uns verloren, wenn wir *wissen,* daß es sich um einen bedingten Reflex handelt.

Ein Mensch kann erkennen, daß ein Glockenzeichen und ein Menü zwei verschiedene Reize sind, die er vielleicht zwar bisher immer gleichzeitig serviert bekommen hat, die tatsächlich jedoch nichts miteinander zu tun haben.

Welche Reize und Reaktionen sind in unserem Leben so fatal miteinander verbunden? Haben wir freundliche Worte immer nur dann gehört, wenn wir etwas besonders Tolles geleistet haben? Hatten unsere Eltern immer etwas Wichtigeres zu tun, wenn wir sie gebraucht haben? Liebe und Leistung gehören nun wie ein bedingter Reflex für uns zusammen. Wo ich keine Leistung erbringe, werde ich auch nicht geliebt. Oder: Die Bedürfnisse anderer sind immer wichtiger als meine eigenen.

So funktionieren unsere Lernerfahrungen als bedingte Reflexe. Doch wir sind keine Pawlowschen Hunde und brauchen nicht darauf zu warten, daß einer kommt, der den bedingten Reflex wieder löscht. Ein Mensch ist nicht abhängig davon, daß einer kommt, der ihm fortan das Essen ohne die Glocke bringt oder die Glocke ertönen läßt, ohne daraufhin das Essen zu servieren.

Wer wie der Pawlowsche Hund reagiert und sein Erkenntnisvermögen nicht einschaltet, der wird nämlich reichlich verwirrt sein durch einen oder eine, die es mal anders macht, als er es gewohnt ist. Seine ganze Sicherheit, sein Rechthaben ist in diesem Fall höchst gefährdet. Da uns oft auch noch die traurigste Sicherheit lieber ist als eine neue Erfahrung, werden wir den anderen mit allen Methoden, die uns zur Verfügung stehen, schon dazu bringen, daß er uns das alte Programm liefert.

Als Methoden bieten sich an: falsche Unterstellungen, kleine Gemeinheiten, eiskalte Gefühlsduschen, schreien, schimpfen, kritisieren, herunterputzen, Schuldgefühle einjagen, und, und, und ... Lieblosigkeiten eben. Bis dem anderen der Geduldsfaden reißt und er sich genauso verhalten wird, wie wir es insgeheim schon immer gewußt haben. Jetzt stellt sich heraus, was für einen miesen, fiesen Charakter der andere in Wirklichkeit hat. In *unserer* Wirklichkeit. Der Rechthaber in uns hat nichts anderes gewollt, als daß sein Bild von den Frauen, von den Männern, von der Liebe, vom Leben bestätigt wird. In diesem Weltbild, in dieser seiner Welt findet er sich zurecht. Ein anderes Weltbild, eine andere Welt würde ihm ganz große Angst einjagen. Für diese andere Welt ist er nicht ausstaffiert. Wer will schon wie ein Baby noch einmal ganz von vorn anfangen und sich so hilflos fühlen wie damals? Für Powerfrauen und Powermänner ist der Gedanke unerträglich, daß es etwas ganz anderes geben könnte als das, was sie kennen, worüber sie gut Bescheid wissen, was sie irgendwie managen können.

Erst einmal einfach daran zu glauben, daß es Liebe, Lust und Leidenschaft auch in einer langfristigen Beziehung geben kann, das allein fällt schon vielen schwer. Die vage Hoffnung mag ja da sein. Doch der Glaube, das Vertrauen? Wir wollen Beweise und suchen an den falschen Stellen, wenn wir alle anderen um uns herum befragen oder die Wissenschaft bemühen. Glauben und Vertrauen finden wir immer nur in uns selbst oder gar nicht. »Glauben« bedeutet »Nicht-Wissen«. »Vertrauen« schließt Angst vor Enttäuschung und Mißtrauen aus. Die eigene Angst, das eigene Nicht-Wissen einzugestehen, fällt uns heutzutage sehr schwer. Alles wollen wir im Griff haben, alles kontrollieren. Nur eins übersehen wir dabei: Die Monster in unserer eigenen Seele haben wir nicht im Griff, die können wir nicht kontrollieren. Sie führen uns vielleicht immer wieder in eine unglückliche Liebesbeziehung oder verhindern eine Beziehung überhaupt.

Wenn wir die Monster in unserer Seele (unsere bedingten Reflexe) jedoch erkennen *wollen*, werden wir eines Tages in der Lage sein, sie immer wieder mit ihren eigenen Waffen kampfunfähig zu machen. Wir werden sehen, daß wir es sind, die wie unter Zwang immer wieder die alte Leier anstimmen. Erst wenn wir uns nicht mehr von unserem Unbewußten zwingen lassen, sondern bewußt Entscheidungen treffen, werden wir eine neue Melodie für unsere Seele kreieren können, die sich womöglich zu einer berauschenden Symphonie entwickeln kann. Und sollte nur ein hübsches Liedchen zum Mitsummen dabei herauskommen – fröhlicher als die alte Leier wird es allemal sein. Weil es zu uns *selbst* paßt. Ansonsten sind wir hin- und hergerissen zwischen den Wünschen des Frosches und den wahren Bedürfnissen des Prinzen und der Prinzessin in uns.

Da wünscht sich zum Beispiel eine Frau eine glückliche Familie mit zwei reizenden Kindern und einem großen Hund in einem noch viel größeren Garten. Mit der Rosenschere in der Hand sieht sie sich in ihren kühnsten Träumen den gutaussehenden Gatten begrüßen, an dem zwei putzige Kinderchen hochspringen – und der Hund natürlich. Zwischendurch pinselt sie in ihren verwegenen Träumen das eine oder andere Meisterwerk und erlebt ihren Durchbruch als Künstlerin, so daß ihr auch außerhalb der Familienrolle Anerkennung zuteil werde.

Daß sie klammheimlich ab und an auch von einem phantasiert, der sie nicht einmal nach ihrem Namen fragt, bevor er sie in eine dunkle Ecke zerrt und sich ihrer dort bemächtigt, das ist eine ganz andere Sache. Meint sie ernsthaft, daß der sie dann heiratet und ihr den Rosengarten beschert? Sein Spiel ist: »Frauen in dunkle Ecken zerren« oder wie immer man es taufen mag. Vielleicht heiratet er sie ja sogar, weil er auch mal ausspannen will. Aber sein Spiel wird er deshalb nicht gleich aufgeben wollen. Nun zerrt er eben andere in dunkle Ecken, und sie heult sich die Augen aus, wie sie auf so einen Schweinehund hereinfallen konnte.

Wahrscheinlich will sie der Eckenzerrer jedoch gar nicht heiraten. Daß er bei einer Flennsuse zu Hause auch nicht die nötige Entspannung finden würde, das weiß er längst. So hütet er sich vor anhänglichen Frauen wie der Teufel vor dem Weihwasser, sprich: Er ist schon aus dem Haus, noch bevor sie das Lotterbett frisch überzogen hat. »Nein, ich bin kein Mann für eine Nacht«, kündigt sich der Eckenzerrer an. »Solange will ich gar nicht bleiben.«

Aus dem Rosengarten ist mal wieder nichts geworden. Nicht einmal ein einziges Röschen vor oder nach dem Beischlaf hat er ihr spendiert. Irgendwann wird sie sich entscheiden müssen: Entweder verzichtet sie auf die Typen, die ihr die Sinne zum Schwinden bringen. Oder auf die, die vielleicht nicht ganz so stürmisch auf ihr Ziel zueilen. Weil sie ein anderes Ziel haben als OPA-Sex (oft – problemlos – anonym). Aber die Arme, sie verliebt sich ja nur in diese Sorte. Was soll sie also tun? So ungefähr hört es sich an, wenn wir es dem Rechthaber-Frosch gestatten, uns unsere schönsten Träume kaputt zu reden!

Aber was soll sie nun *wirklich* tun? Nachschauen, warum sie sich immer in solche Windhunde verknallt. Es könnte sein, daß sie in dem Prozeß der Selbsterkenntnis die Lust auf diese Sorte ganz und gar verliert. Vielleicht schwant ihr sogar, daß sie es ist, die den »Eckenzerrer« aus jedem Mann hervorholen kann, nur nicht aus dem eigenen Partner. Möglicherweise bekennt sie sich jedoch erst einmal freimütig dazu, daß es ihr in erster Linie darauf ankommt, niemanden in die Abgründe ihrer Seele schauen zu lassen. Einer, der bleibt, könnte ja entdecken, daß sie nicht so eine tolle Frau ist, wie mancher anfangs meint. Sie traut ihrer Froschhaut (noch) mehr als der Prinzessin in sich.

Deshalb braucht sie manchmal einen Mann, der ihr bestätigt, daß ihre Froschhaut auch eine ganz passable Schale ist. Wie reizvoll und begehrenswert muß sie schließlich sein, daß einer in diesem Tempo auf sie zuhechtet! Daß sie ihren Eckenzerrer von vorgestern heute in ihrer Stammkneipe beobachtet, wie er mit dem gleichen Düsentempo eine Geschlechtsgenossin in die Ecke drängt und sie nur knapp grüßt, gibt ihr zwar einen kleinen Stich. Sehr haltbar scheinen ihre Reize ja nicht zu sein. Aber was soll's! Da braucht es eben wieder einen Neuen, der ihr ihre umwerfenden weiblichen Qualitäten bestätigt.

Wer diesen Mechanismus erst einmal bei sich selbst durchschaut, wird – ob er will oder nicht – seltsam immun gegen Aufreißertypen. Und verzichtet freiwillig und mit Freuden. Langsam, aber sicher werden automatisch andere Männer wahrgenommen und plötzlich für gut und gar nicht so langweilig befunden, wie man früher immer glaubte. Merke: Eine hechelnde Zunge macht einen Mann noch nicht zum Mann. Aber das muß frau erst mal checken. Im Froschstadium weiß sie das noch nicht.

Wer noch ein wenig genauer bei sich selbst nachschaute, der würde bald dahinterkommen, welche verschiedenen Definitionen von »Liebe« er eigentlich hat. Auf der bewußten Ebene träumt sie vom Rosenprinzen, auf der unbewußten ziehen sie die Eckenzerrer an. Sehr wahrscheinlich, daß ihr in ihrer Kindheit die Zuwendung eines Mannes, ihres Vaters, vor allem als erotisches Interesse zuteil wurde. Gesucht hat sie Geborgenheit, Beschütztwerden. Bekommen hat sie sexuelles Interesse. Liebe ist, wenn einer meinen Körper begehrt, lautet nun die unbewußte Definition. So hat sie es immer wieder erfahren. Ihre Sehnsucht nach Zärtlichkeit, Wärme, seelischer Nähe bleibt ungestillt. Erst wenn man seine unbewußten Definitionen kennt, kann man sich von ihnen trennen und ist frei für neue Erfahrungen.

Andere Erfahrungen als die altbekannten macht man immer von *selbst,* das heißt aus dem Selbst heraus, aus der Tiefe seiner Persönlichkeit. Sie lassen sich nicht erzwingen; sie kommen von selbst, wenn man bereit ist, genau hinzuschauen, wie man funktioniert. So mir nichts, dir nichts gewinnt niemand einen klaren Blick für die Abgründe seiner Seele. Und nur im stillen Kämmerlein läßt sich da auch nicht viel erkunden. In Beziehungen könnten wir mitbekommen, was mit uns los ist. Aber wir weigern uns, den anderen als Spiegel unserer selbst anzusehen. Was wir da sehen, gefällt uns nämlich nicht immer. Spiegel, ändere dich, heißt es dann. Das Du soll sich ändern – tut es aber nicht gern oder nur nach einer perfekten Dressur mit Zuckerbrot und Peitsche.

## Für die Liebe frei sein

Die mehr oder weniger perfekte Dressur kennen wir meist von klein auf, weil an uns allen herumerzogen wurde. Damit uns diese Riesen, unsere Eltern, nicht im Stich ließen, haben wir uns mehr oder weniger bereitwillig dressieren lassen. Was blieb uns auch anderes übrig? Für das Zuckerbrot, das wir wollten, mußten wir eben auch die Peitsche in Kauf nehmen. Sie wollten ja nur unser Bestes – unsere Liebe. Sie haben sich erschmeichelt und erpreßt, was ihrer Definition von »Liebe« entsprach, und haben dafür unser Wohlverhalten, kaum unsere Liebe bekommen.

»Liebe ist ein Kind der Freiheit«, sagen die Franzosen. Nun stehen wir da und sind gar nicht frei, sondern funktionieren mehr oder weniger so, wie wir dressiert, besser: konditioniert sind. Ein Pawlowscher Hund ist nun mal nicht frei. Wir sind es auch nicht, wenn wir nach unseren in der Kindheit angelegten Mechanismen funktionieren und das nicht einmal erkennen.

*Frei wären wir erst dann, wenn wir den Unterschied erkennen könnten zwischen dem Verhalten, das uns selbst gut tut, und dem Verhalten, das wir uns im Wechselspiel mit unseren Eltern zugelegt haben, um der Peitsche so weit wie möglich zu entgehen und möglichst viel Zuckerbrot einzuheimsen. Erst diese Freiheit macht Liebe möglich.*

Bin ich nicht auch dann frei, wenn ich mich freiwillig dafür entscheide, bei meinem alten Programm zu bleiben, weil es mir zuviel Mühe macht, mich selbst zu ändern?

Nein, frei ist man dann nicht, weil diese Entscheidung für das alte Programm vom alten Programm getroffen wurde. Ohne den Willen zur Selbsterkenntnis erkennt sich niemand selbst, versperrt sich so selbst die Wahlmöglichkeit zwischen Frosch- und Prinzenzielen. Das ist jedermanns gutes Recht – nur beschweren darf er sich dann auch nicht mehr, daß in seinem alten Programm »Glück« und »Liebe« als Ergebnis selten vorgesehen sind. Und was noch viel schlimmer ist: Der Rechthaber hat immer noch nicht begriffen, daß er sich nicht ändern, sondern sich nur selbst entdecken muß, wenn er etwas Anderes, Schöneres erleben will.

Das alte Programm taugt meist nicht für schöne Erfahrungen: Wer Zuwendung will, der muß sich so verhalten, daß es dem anderen gefällt, meinen wir unbewußt fast alle, oder so, daß es dem anderen ganz und gar nicht behagt und dieser dann um Nachsicht flehend auf allen vieren angekrochen kommt. Schimpfen und Schläge sind schließlich auch eine Form der Zuwendung. Wenn schon keine Liebe da ist, dann will der Mensch wenigstens etwas Aufmerksamkeit, er will spüren, daß er einem anderen wichtig ist – so oder so.

Wenn mein Partner also von mir geliebt werden will, dann soll er sich gefälligst so verhalten, daß es mir möglich ist, ihn zu lieben. Das haben meine Eltern von mir gefordert, das fordere ich vom Partner. Ich selbst habe für mein Leben die Nase voll davon, das um Liebe bettelnde Kind zu sein. Ich will endlich mal so geliebt werden, wie ich bin. Fatal nur, daß es dem anderen genauso geht. Wer gewinnt den Machtkampf? Wir werden ihn beide verlieren. Das alte Programm scheint offensichtlich nicht sehr tauglich zu sein. Doch wer weiß, wo wir gelandet wären, hätten wir nicht schon von klein auf genau dieses Programm eingeübt. Es war nun mal unser Überlebensprogramm.

Wer so lebensuntüchtig auf die Welt geworfen wird wie wir Menschen, der braucht seine Eltern eine lange Zeit, bloß damit sie ihm das nackte Leben sichern. Da muß sich so ein Menschlein schon eine Menge einfallen lassen, um sich immer wieder zu vergewissern, daß die Quelle von Nahrung, Wärme, Wohlbehagen ihm zuverlässig erhalten bleibt. Schreien ist eine wunderbare Methode. Das halten Mamas Nerven nicht lange aus, da ist sie bald bei Fuß. Wenn sie nett ist, dann wird sie auch mal angelächelt. Lob muß sein.

Peu à peu entwickeln wir einen höchst modifizierten Verhaltenskatalog mit unumstößlichen Regeln, wie wir das beste aus unseren Eltern hervorholen, was diese zu geben haben. Und wenn's unterm Strich nicht viel ist, dann liegt es schließlich daran, daß auch in sie nicht viel an Liebe hineingebuttert worden ist, was sie nun abgeben könnten.

Da wir die meisten Regeln unseres Verhaltenskatalogs unbewußt entwickelt haben, wissen wir oft nicht einmal, nach welchen Mechanismen wir überhaupt funktionieren. Die Regeln nun aufgeben? Nicht ganz unmöglich, aber sehr, sehr schwer. Über unsere inneren Mechanismen haben wir nicht die Kontrolle, die wir manchmal über uns selbst zu haben glauben. Unser Unbewußtes wird sich mit aller Kraft wehren. Soll es ein Überlebensprogramm aufgeben und dabei den Tod riskieren? Es wird schon auf uns aufpassen, damit das nicht so schnell geschieht. Aber mit dem alten Programm werden wir so leicht keine neue Erfahrungen machen. Das ist nun einmal darauf getrimmt, das wahrzunehmen, was es wahrnehmen will.

## Wir nehmen wahr, was wir schon immer wahrgenommen haben

Sie denkt: Warum zieht er so ein langes Gesicht? *Was habe ich denn jetzt schon wieder falsch gemacht?* Nie ist er mit mir zufrieden. Immer mache ich alles falsch. Als wenn er nicht selber Dreck am Stecken hätte! Der soll sich mal nichts einbilden.
– »Warum bist du eigentlich schon wieder sauer auf mich?« fragt sie mit gereiztem Unterton.
– »Ich? Sauer auf dich? Wie kommst du denn auf diesen Blödsinn?« antwortet er genauso gereizt.
– »Du machst ein langes Gesicht, und jetzt schreist du sogar mit mir. Das nenne ich ›sauer sein‹. Wie würdest du das nennen?«

Jetzt hat sie ihn da, wo sie ihn – unbewußt – haben wollte: Er ist wirklich sauer auf sie. Ihr Weltbild ist wieder in Ordnung. Wenn jemand ein langes Gesicht macht und unzufrieden ist, dann ist sie schuld. Das haben ihre Eltern ihr eingepaukt.

Wir leisten schon unseren Beitrag, um das alte Drama unserer Kindheit im Kleinen und Großen ständig zu wiederholen. Und uns so selbst unglücklich zu machen.

Ja, sexy sind nur die Frauen, die irgendwie wie Mutti sind. Weil mann diese damals nie ganz erobern konnte, reizen einen heute auch nur die, die wie Mutti aussehen oder sich wie Mutti verhalten. Wenn Mutti allerdings den schieren Widerwillen auslöst, dann nimmt man sich besser eine, die ganz ihr Gegenteil ist. Das alte Programm wird dann allerdings dafür sorgen, daß die sich auch bald wie Mutti verhalten wird – und dann wird sie rigoros hinausgeworfen. Diese Mannestat hat man sich damals als Kind aus verständlichen Gründen schließlich verkneifen müssen.

Sexy sind auch nur die Männer, die wie Papi sind – oder eben ganz anders. Eine Abhängigkeit von Mami und Papi, genauer: von unserem alten Programm, dokumentieren beide Versionen der Partnerwahl.

Es soll nicht verschwiegen werden, daß es noch ein paar andere männliche und weibliche Wesen in der näheren Umgebung, sprich: der Familie, gab, die die Partnerwahl beeinflussen: kleine und große Brüder, kleine und große Schwestern, Kindermädchen, Großmütter und Großväter, Tanten und Onkel. Je näher wir mit dem einen oder anderen zusammen waren, um so entscheidender werden diese Personen unser inneres Bild davon prägen, wie ein idealer Partner, eine ideale Partnerin für uns auszusehen hat.

## Angst: Der Wegweiser aus dem alten Schlamassel

Zwischen das alte Programm und die heiß ersehnten neuen Erfahrungen ist zu unserem Glück eine kleine, wackelige Brücke eingebaut. Ihr Name: Wille. Nur durch eine Anstrengung unseres Willens wäre es möglich, aus der Sicherheit des Rechthabens herauszukommen und die Unsicherheit zu wählen. Die Unsicherheit besteht darin, daß wir einen mehr oder weniger großen Teil unserer Ansichten über uns selbst, über unsere Mitmenschen, über unsere Partner aufgeben müßten. Das löst zunächst Angst aus.

Rechthaber, die den ersten kleinen Schritt aus ihrer Rechthaberei heraus gewagt haben, halten sich für diesen Angstfall ein Hintertürchen offen, durch das sie sofort wieder in Richtung »Sicherheit« verschwinden können. Sie nennen ihre Angst »Intuition, die nichts Gutes verheißt«. Wissen Sie, wieviele Menschen mit Flugangst die Intuition haben, daß ausgerechnet ihre Maschine abstürzen wird? Mindestens jede Minute würde ein Flieger vom Himmel fallen, wenn die in »Intuition« umbenannte Angst ein guter Ratgeber wäre.

Aber unsere Ängste – oh ja, da gibt es eine Menge – können wir nicht auf Dauer weglügen. Sie werden uns schon noch schnappen. Verdrängen wir sie, tauchen sie mit Vorliebe da auf, wo wir sie am wenigsten erwarten, äußern sich als Phobien vor Spinnen, Katzen, U-Bahnhöfen, großen Plätzen, und, und, und ... Oder als Panikattacken, die nicht einmal mehr eine konkrete Angst vor irgend etwas beinhalten. Die Angst sitzt so tief im schwärzesten Dunkel des Unbewußten, daß sie nicht einmal eine verzerrte Gestalt annimmt. Panikattacken sind der letzte Schrei – im doppelten Wortsinn.

*»Zu wahrer Furchtlosigkeit kommen wir nicht, indem wir die Angst abmildern, sondern indem wir sie überschreiten«, sagt Meditationsmeister Choegyam Trungpa.*

Warum ist beim erstenmal Sex mit einem neuen Partner wohl fast immer ein Gläschen oder mehr Alkohol im Spiel? Weil er die Angst abmildert. Warum schütten sich manche mit Alkohol zu, fixen andere, schlucken Beruhigungs- oder Aufputschmittel? Weil sie ohne die chemischen Mutmacher nicht über ihren Schatten springen können. Das kann zwar sowieso niemand, aber die Ängstlichen meinen, irgend jemand würde es von ihnen fordern. Dabei geht es nur darum, den Schatten zu erkennen.

Der Orgasmus ist mit Ecstasy erst toll, verkündeten die Jungen, Schicken in den In-Diskotheken der achtziger und beginnenden neunziger Jahre. Koks macht Männer so richtig potent, verrieten wohlhabende Söhne auch denen, die es gar nicht wissen wollten. Erst der Alkohol macht's möglich, überhaupt auf jemanden zuzugehen. Sonst wäre die Angst, abgewiesen zu werden, einfach zu groß. Mit einer wirklichen Überschreitung der Angst hat das nichts zu tun. Irgendwann hat uns die Krücke im Griff und läuft mit uns statt wir mit ihr – so etwas nennt man »Sucht«.

Aber wer will schon *freiwillig* seine Ängste spüren? Es geht wieder einmal nichts ohne den Willen. Nein, es ist kein erbauendes Gefühl, sich eingestehen zu müssen, daß man nicht Superfrau und Supermann mit großem S ist. Ohne die Bereitschaft, sich mit den eigenen

Ängsten zu konfrontieren, betritt niemand die Brücke zwischen den bewußten und unbewußten Anteilen seiner Seele. Ohne den Willen zur Ehrlichkeit mit uns selbst werden wir es kaum schaffen, die im Widerstreit liegenden zwei Seelen in unserer Brust miteinander zu versöhnen. Wir werden auf Liebe, Lust und Leidenschaft hoffen und unser Traumziel nie erreichen, wenn wir es zulassen, daß sich die Angst in unserer Seele breit macht und uns vom anderen trennt, weil der Panzer auf Dauer immer härter und undurchdringlicher wird, mit dem wir uns schützen. Wir werden verschlossener, abweisender, fürchten, daß auch der nächste Mann, die nächste Frau uns wieder enttäuschen wird. Nur die Frösche laufen uns dann noch nach. Die Prinzen und Prinzessinnen knallen uns an die Wand.

Wieder offener werden, den Panzer ablegen, das wäre die Lösung. Aber wer fängt mit der Arbeit an? Du natürlich. Dann trau ich mich, einen Schritt auf dich zuzugehen. Ja, wenn du dich nur ein bißchen ändern würdest, wir könnten es so schön miteinander haben. Warum siehst du das nicht ein? Wie lange soll ich noch an dich hinpredigen, damit du endlich was begreifst? Beide ziehen an einem Strang, nur in entgegengesetzte Richtungen. Irgendwann ist die Kraft erschöpft, und keiner von beiden ist auch nur ein Stück weitergekommen. So sind die Frauen eben. Und so die Männer. Zum Aus-der-Haut-fahren.

Doch eben das tun wir nicht. Wir stecken in unserer alten Haut und kommen und wollen aus ihr nicht heraus. Mit Selbsterkenntnis wäre es möglich, auch beim Sex. Aber was dieses sensible Thema angeht, da fürchten wir wiederum, daß ein bißchen Verstand auch noch den kümmerlichen Rest unserer Gefühle in ein Nichts auflösen könnte. Guter Sex ist doch eher animalisch, oder etwa nicht? Hat ja keiner gesagt, daß man beim Sex über den Sex nachdenken sollte. Vielleicht sollte man überhaupt nicht soviel über Sex nachdenken.

## Der Mythos vom tollen Sex am Anfang der Liebe

Vielleicht war das erste Mal mit einem neuen Partner am aufregendsten, aber war es wirklich so ekstatisch, leidenschaftlich, ergreifend wie irgendwann später? Diese Version nehme ich nur denjenigen ab, für die nur die Eroberung als einziger Nervenkitzel, der unbekannte Körper als das Nonplusultra der Sinnesreize gilt. Oder denen, die einfach noch nicht erlebt haben, wie Sex auch sein kann. Da das hoffentlich nicht allzu viele sind, bin ich davon überzeugt, daß für die meisten der Knoten ein bißchen später geplatzt ist als ausgerechnet bei der ersten geschlechtlichen Vergnügung mit einem neuen Partner, wo Väterchen Alkohol oft seine schützende Hand über die Sehnsüchtigen gelegt hat, damit sie wenigstens einmal einen kleinen Zipfel vom Paradies erhaschen.

Die meisten Menschen brauchen auch ein mehr oder weniger großes Stück Vertrauen, um sich ganz und gar hinzugeben. Die verliebte Frau braucht es – und der verliebte Mann vielleicht erst recht, weil er ihr so gar nichts vormachen kann außer seiner technischen Versiertheit als »guter Liebhaber«. Je mehr auf dem Spiel steht, um so größer die Angst, den Einsatz zu verlieren. Beim ersten Mal sind immer die am besten dran, die nicht viel zu verlieren haben, weil ihre Gefühle nur aus Talmi sind. (Oder die ganz Furchtlosen. Aber ob einer von denen dieses Buch überhaupt gekauft hat?) Die anderen könnten mit dem Sex zwar warten, bis das Vertrauen da ist. Aber so sind die Zeiten lange nicht gewesen. Jetzt werden sie wieder eher so. Und zumindest dieser Aspekt dürfte – so traurig der Grund dafür auch ist – nicht ganz unbekömmlich sein.

Das Warten jedoch ist auch nicht ungefährlich. Wer weiß schon, wie der andere es verstehen wird? Er fürchtet, sie könnte ihn für einen Schlappschwanz halten, wenn er sich eine Weile zurückhält. Sie fürchtet, nicht begehrenswert genug für ihn zu sein, wenn er nicht möglichst bald zur Sache kommen will. Aber wenn er will, wie lange darf sie nein sagen, ohne daß er sie für verklemmt oder frigide hält? Und sich, noch bevor es mit der Liebe richtig losgegangen ist, einer anderen zuwendet, die ihm sofort ihre Gunst gewährt? Wieder Ängste. Manche werden mit den Jahren überstanden, andere, die uns weniger klar sind, bleiben uns womöglich ein Leben lang erhalten.

Am virulentesten sind sie gerade am Anfang der Liebe, wenn zwei sich kennenlernen, wenn die Hoffnungen und Erwartungen noch riesengroß sind. Wer Glück hat, überwindet sie ein Stück. Das ist dann der erste Knoten, der platzt – und dann ist der Sex berauschend. Vorfreude und gespannte Erregung lösen sich in Freude und Glückseligkeit auf. Das Christkind hat das ersehnte Weihnachtsgeschenk tatsächlich gebracht. Welch ein Jubel!

Genauso hat man es sich vorgestellt, das Paradies auf Erden. Nicht einmal der schnulzigste Liebesfilm würde uns so etwas zumuten. Kriegen sie sich, oder kriegen sie sich nicht – schon wir Zuschauer sind auf die Folter gespannt. Wie sehr erst die beiden, um die es da geht. Ein nervenzerreibendes Hin und Her ist das. Kurze Momente des vollkommenen Glücks tauchen auf, um anschließend sofort wieder zerstört zu werden.

Die Tanzszene in den alten Filmen, in denen der Zuschauer spürt, daß da zwei im selben Rhythmus schwingen, endet im Zerwürfnis: Ein Rivale taucht auf, eine unüberbrückbare Kluft tut sich plötzlich zwischen den beiden auf, die vor einem Augenblick noch wie füreinander geschaffen schienen. Bis die beiden endgültig ein Paar werden, sich trotz aller inneren und äußeren Widerstände füreinander entscheiden, haben sie noch eine Menge Leiden vor sich.

Apropos Tanzen – es ist wohl kein Zufall, daß ausgerechnet in der Zeit, in der die Menschen begannen, sich aus romantischen Gründen miteinander zu vermählen, der Walzer erfunden wurde, der erste Tanz, bei dem Mann und Frau sich umarmen – ein Schock für die ehrenwerte Gesellschaft. Als die Romantik aus den Liebesbeziehungen wieder eliminiert werden sollte, in den sechziger Jahren, wurde der Twist kreiert: der erste Tanz seit langer, langer Zeit, bei dem sich Mann und Frau nicht einmal berühren. Heute hopst jeder für sich selbst auf dem Diskoparkett herum, im sinnlichen Rausch mit seinem eigenen Körper. Masturbation auch auf der Tanzfläche. Aber das nur nebenbei.

In zeitgemäßen Filmen fehlt die klassische Tanzszene. Sie wird oft ersetzt durch den ersten Sex miteinander. Ein paar bedeutungsvolle Blicke und hopp: Ab geht's auf die Laken. Wie diese Körper sich begehren, wie die Leidenschaft beide mitreißt – wenn das wirkliche Leben doch auch so wäre! Aus den beiden da oben auf der Leinwand muß einfach ein Paar werden. Der Zuschauer weiß es sofort. Die beiden auf der Leinwand sowieso. Doch auch ihnen bleibt regelmäßig die große Ernüchterung nicht erspart. Erst nach vielen Hindernissen, die jeder für sich selbst überwinden muß, finden sie sich – vielleicht. Oft nehmen wir Zuschauer als Botschaft mit: Leidenschaft wird tödlich enden – denn Leichen pflastern ihren Weg. Die »Fatal Attraction«, die Glenn Close für Michael Douglas empfand, endete damit, daß sie in der Badewanne ertränkt wurde. Wer hat bei solchem Ausgang noch Lust auf Leidenschaft? Es kommt auf die Definition von »Leidenschaft« an ...

Leidenschaft verstehen fast alle als einen Gefühlszustand, in dem wir von einer unbekannten Macht in uns selbst getrieben werden. Unser Unbewußtes leitet uns, hat uns im Griff. Leidenschaft erleben wir als lustvolle Qual. Die Lust liegt darin, daß wir in der Leidenschaft unseren seelischen Mechanismus perfekt ausleben, auf die Spitze treiben. Die Qual besteht darin, daß wir genau spüren, wie uns die Leidenschaft wieder einmal ins Verderben führen wird, weil wir mit dem alten Programm eben keinen Schritt weiter kommen als bisher. Leidenschaften, die nur dem Unbewußten entspringen, sorgen dafür, daß wir uns selbst genau an dem Punkt festnageln, an dem wir bisher angekommen sind.

Die Zeitungen sind voll solcher leidenschaftlicher Selbstzerstörungen. Ein Vater, dem das Sorgerecht entzogen wurde, nimmt Geiseln, um das Zusammenleben mit seinem Sohn zu erpressen. Dieser leidenschaftliche Ausbruch verhindert, daß er seinen Sohn in Zukunft auch nur besuchsweise noch sehen darf. Ein eifersüchtiger Mann bringt den neuen Partner seiner Ex-Geliebten um. So bringt er sich um die letzte Chance, von seiner Ex-Freundin geliebt zu werden.

Wenn sich zwei, die sich leidenschaftlich lieben, im Kino kriegen, dann sind sie immer aus dem alten Programm ausgestiegen. Das war bei »Tootsie« so, bei »Pretty Woman« und all den vielen anderen Traumpaaren. Und dann ist das Schlußbild oft: Sie treffen sich auf der Straße und gehen miteinander den gleichen Weg. Einer mußte dabei seine Richtung ändern. Wenn ich mich recht erinnere, ist das fast immer der Mann. Ich gebe zu, das Bild gefällt mir. Wenn er sich doch nur ändern würde! So spricht der Rechthaber auch in mir.

Zwei *beschließen,* von nun an »gemeinsam zu gehen«. Ein Stück Angst, nicht als der angenommen zu werden, der man wirklich ist, ist mit dem Abschied vom alten Programm überwunden. Mit dieser Angst kann *abgeschlossen* werden. »Miteinander gehen« – ein altmodischer Begriff, aber ein treffender. Und sehr viel erfreulicher, als sich miteinander festzufahren. Was ist doch die Sprache wieder einmal klug. Das Fahren ist so viel schneller und hat offenbar doch das falsche Tempo für die Liebe. Alles gleich, sofort und bitte ohne Gebrauchsspuren. Wir sind gewöhnt, für unseren Einsatz, unser Geld gute Ware zu bekommen. Doch wer selbst keinen hohen Preis zu zahlen bereit ist, der kriegt sofort und jetzt den Ladenhüter, das Allerweltsmodell, sprich: eine sehr durchschnittliche, laue Beziehung ohne große Gefühle. Mehr hat er nicht verdient.

Wenn wir dann tatsächlich einsehen, daß wir gar nicht soviel zu bieten haben, wie wir meinen, müssen wir dann auf Liebe verzichten? Nein. Wer Liebe will, wird sich allerdings verpflichten müssen, wenn er *will,* immer wieder neu seine eigenen liebevollen Gefühle in die Beziehung zu investieren. Und da wir alle nicht perfekt sind, ist das wohl die einzig mögliche Form, Stück für Stück zu mehr Liebe, Erotik und Leidenschaft im Leben zu kommen.

Es mag ein paar seltene Exemplare unter uns Menschen geben, Prinzen und Prinzessinnen, die ihren Frosch tatsächlich küssen und ihn nicht an die Wand werfen. Manche haben die Kraft dazu. Doch was kriegt der Frosch, der sich nur lieben läßt? Sein Töpfchen wird zwar angefüllt mit Liebe. Doch auf den berauschenden Kick, der im Selber-lieben liegt, verzichtet er. Um den auch noch zu ergattern, müßte er schon selbst aus seiner Froschhaut heraus.

Vielleicht ist es ein Fehler, die Liebe und den geliebten Menschen mit einer Ware zu vergleichen. Der Vergleich mag hinken. Aber wir sind es nun einmal gewohnt, so zu denken. Wenn wir ein Superauto wollen, dann müssen wir für den Luxusschlitten schließlich auch einige Scheinchen lockermachen. Wenn wir die nicht haben, vereinbaren wir eben eine Ratenzahlung. Noch bevor die letzte Rate abbezahlt ist, sind jedoch schon die ersten Reparaturen fällig. Um das Prachtstück ein Leben lang fahrtüchtig zu halten, werden wir immer mehr hineinstecken müssen. Aber dafür wird es auch um so wertvoller und wächst uns immer mehr ans Herz. Auch in der Liebe scheint das Leasen modern zu werden: Nach Gebrauch wird das ausgemusterte Modell zurückgereicht.

Das hört sich alles ganz plausibel an, aber ich weiß, daß mich keine Schuld trifft, wenn mir Liebe, Lust und Leidenschaft abhanden kommen. Das passiert nun einmal. Wie, weiß ich allerdings auch nicht so genau.

Unwissenheit schützt nicht vor Strafe. Wer nicht wissen will, wo es in der Liebe langgeht, der darf sich auch nicht beschweren, wenn er sein Ziel verfehlt. (Wir werden dem Rechthaber in uns niemals das letzte Wort erlauben. Er wird sich darauf gefaßt machen müssen!)

## Es gibt keine Schuldigen, wenn die Lust fehlt

Wenn uns in der Liebe die Erotik über kurz oder lang flöten geht, wenn wir uns in unseren alten Rollen festgefahren haben und nicht mehr neugierig-gespannt auf den anderen sind, dann bleibt uns nichts anderes übrig, als uns an die eigene Nase zu fassen. Ein sehr tröstlicher Gedanke, meine ich, denn in diesem Fall haben wir es wenigstens zur Hälfte selbst in der Hand, welches Schicksal unsere Liebe nehmen wird.

Wirklich schuld hat an der Misere keiner. Nicht sie, nicht er. Schon gar nicht *die* Männer oder *die* Frauen. Ist jemand schuld daran, wenn er einen anderen überfährt, der einfach vors Auto gelaufen ist? Ein wenig so läuft es auch mit der Liebe und der Lust. Das große Ziel vor Augen, diesmal alles anders und besser zu machen als beim letzten Mal, übersehen wir die kleinen und großen Monster, die am Straßenrand lauern und von einem Augenblick zum anderen vor dem Wagen auftauchen, der uns ins Paradies fahren soll. Schließlich hat uns keiner gesagt, daß die Straße ins Paradies nicht frei ist? Aber das stimmt nicht. Wir haben nur nicht gut genug zugehört.

Was haben zum Beispiel unsere Eltern immer wieder über uns gesagt? Überlegen wir einmal kurz, welche Botschaften über uns selbst wir mitbekommen haben. In welchen Situationen haben sie uns gesagt, daß wir frech oder faul, lieb oder brav sind? Welche Erwartungen haben sie an uns gestellt? Was haben sie sich für Hoffnungen für unsere Zukunft gemacht? Was haben sie für unser Leben gefürchtet?

Wer sich diese Botschaften bewußt macht, kann nun vergleichen, welche er bisher in seinen eigenen Augen erfüllt hat. Er wird vielleicht sogar die Feststellung machen, daß er sich selbst immer noch durch die Brille seiner Eltern sieht. Wer mit der Devise aufgewachsen ist: »Erst die Arbeit, dann das Vergnügen«, wird sich auch als Erwachsener noch oft mit einem schlechten Gewissen plagen, wenn sich auf seinem Schreibtisch Unerledigtes häuft, während er im Konzertsaal sitzt. Oder er gönnt sich das Vergnügen des Geschlechtsverkehrs nicht, wenn sein Plansoll an Arbeit nicht erfüllt ist. Daß er nach der Devise seiner Eltern funktioniert, sieht er nicht. Er hat einfach »keine Lust auf Sex«.

*Ob wir automatisch Lust oder Unlust empfinden, entscheidet unser altes Programm – solange, bis wir ein neues kreiert haben.*

Überhaupt ist es erstaunlich, welche Ähnlichkeit unser Sexleben mit unserer Kindheit hat. Schauen wir uns den kleinen Buben an, der Mami alles recht machen wollte und ständig daran gescheitert ist; der es dann irgendwann aufgegeben hat und lieber zu den Leuten gegangen ist, die nett zu ihm waren. Auch heute noch macht er sich aus dem Staub, wenn er nicht das bekommt, was er haben will – erst innerlich; dann packt er endgültig die Koffer oder stellt ihr ihre vor die Tür. Soll und kann man ihm das übelnehmen? Er kann nicht anders. Es ist sein Überlebensprogramm. Nur sollte er sich nicht wundern, daß sein Verhalten nicht so toll bei den Frauen ankommt.

Das kleine Mädchen, das immer meinte, wenn sie sich so richtig durchboxt wie ein Junge, dann wird Papa ihr schon die Anerkennung zollen, die der Bruder gekriegt hat. Nun redet sie nicht nur wie ein Mann, sie läuft und lacht und liebt wie ein Mann. Nur daß sie eben so schnell keinen findet, der das reizvoll an ihr fände. Den einen oder anderen Tip von ihren Freundinnen wischt sie schnell vom Tisch: Himmel, sie ist schließlich eine emanzipierte Frau! Soll sie sich wie ein dusseliges Weibchen benehmen?

Was war das für ein Kind damals mit drei, fünf, sieben, zehn oder zwölf? Wer die Frage beantwortet, weiß, wie es um seine Sexualität bestellt ist. Doch die Monster unserer Biographie taugen nicht als Sündenböcke. Als solche bleiben sie uns erhalten. Ein Schlachtfest der Sündenböcke ist angesagt. Wie lange sollen wir denn jammern, daß soviel schiefgelaufen ist damals, und uns so den Spaß heute und in Zukunft selbst verderben? Mit den giftigen Zwergen in uns anders umgehen, sie entgiften, das könnte eine Möglichkeit sein, doch noch zu Lust und Liebe zu gelangen. Aber wie?

Irgend etwas müssen wir richtig gemacht haben, wenn es in der Verliebtheitsphase nur so knisterte und prickelte. Doch was?

## Übungen

1.

Nehmen Sie sich für diese Übung mindestens zehn Minuten Zeit. Setzen Sie sich entspannt in einen bequemen Sessel, oder legen Sie sich hin und schließen Sie die Augen. Denken Sie an Liebe. Lassen Sie alle Gedanken, alle Bilder einfach in sich aufsteigen, ohne sie abzuwehren. Denken Sie nicht über das nach, was Ihnen einfällt.

Wiederholen Sie diese Übung an verschiedenen Tagen. Sie werden wahrscheinlich feststellen, daß sich mit der Zeit auch unangenehme Assoziationen mit dem Begriff »Liebe« verbinden.

Ihre Bilder und Gedanken werden Ihnen zeigen, welche Definition von »Liebe« Sie bisher unbewußt haben.

Vergleichen Sie die Bilder, die in Ihnen aufgestiegen sind, mit den Definitionen, die Sie bewußt von »Liebe« haben. Sie werden erkennen, daß sich bisher in Ihrem Leben Liebe eher so ereignet hat, wie es Ihrer unbewußten Definition entspricht.

Ihre bildhafte Umschreibung von »Liebe« sagt Ihnen, wie Sie Liebe als Kind erfahren haben. Rechnen Sie damit, daß Ihnen diese Übung weh tun wird und Sie vielleicht weinen müssen. Sie können jedoch sicher sein, daß Sie Ihren Schmerz ertragen werden. Ihr Unbewußtes wird Sie davor schützen, die Erinnerungen hochzuholen, die Sie nicht verkraften könnten.

2.
Welches war Ihr Lieblingsmärchen in der Kindheit?

Lesen Sie dieses Märchen heute und versuchen Sie herauszubekommen, was dieses Märchen mit Ihnen zu tun hat. Wenn das Märchen in Ihnen auch heute noch starke Gefühle wachruft, so ist das ein deutlicher Hinweis darauf, daß Sie sich mit der Hauptfigur identifizieren.

Wenn Sie etwas über die psychologische Deutung Ihres Lieblingsmärchens erfahren wollen, so können Sie in Bibliotheken und Buchhandlungen nachfragen, ob eine Interpretation des Märchens vorliegt.

3.
Denken Sie an sich selbst zurück, als Sie etwa sieben Jahre alt waren. Finden Sie zehn Eigenschaften, die auf dieses Kind passen. Schreiben Sie diese Eigenschaften auf.

Schauen Sie sich an, ob diese Eigenschaften auch heute noch auf Sie zutreffen.

Fragen Sie sich, welche Eigenschaftswörter, die Sie notiert haben, in Ihnen irgendwelche unangenehmen Gefühle auslösen.

Versuchen Sie zu ergründen, warum Sie mit manchen, vielleicht durchaus positiven Eigenschaften unangenehme Gefühle verbinden. Höchstwahrscheinlich steht hinter den Eigenschaften, die zwar positiv von anderen gewertet werden, die bei Ihnen selbst jedoch ein gewisses Unbehagen auslösen, ein großes »Du mußt«. Vielleicht mußten Sie als Kind brav und ordentlich, rücksichtsvoll und fleißig sein. Vielleicht waren das die Eigenschaften, für die Sie gelobt und geliebt wurden. Vielleicht sind Sie deshalb heute braver, ordentlicher, rücksichtsvoller und fleißiger, als Ihnen selbst gut tut.

# III. Teil

## Erotik – Wer die Regeln kennt, kann das spannende Spiel eröffnen

Mithin, sagte ich ein wenig zerstreut,
müßten wir wieder vom Baum
der Erkenntnis essen, um in den Stand
der Unschuld zurückzufallen?
Allerdings, antwortete er;
das ist das letzte Kapitel von der
Geschichte der Welt.

*Heinrich von Kleist,*
*Über das Marionettentheater*

## Ohne Angst keine Spannung – ohne Spannung keine Erotik

Den meisten Menschen erscheint die Zeit ihrer Verliebtheit rückblickend als rosarote Zuckerwolke, die von einer strahlenden Sonne beschienen wurde. Im nachhinein! Wer frisch verliebt ist, der leidet von Zeit zu Zeit auch Höllenqualen. Schlaflose Nächte gehören dazu, Appetitstörungen, Herzklopfen beim Bimmeln des Telefons, als erwartete man am Hörer einen 1000-Volt-Stromschlag. Ganz Sensible oder ganz Junge klagen über Stottern, Erröten, Schweißausbrüche, wenn sie sich dem Objekt ihrer Begierde nähern. Mit dem Horror des Verliebtseins läßt sich für manche höchstens noch das Zittern vor schweren Prüfungen vergleichen. Erst wenn wir den Horror durchgemacht haben, erwischen wir vielleicht einen Zipfel vom Paradies.

Ohne eine gehörige Portion Angst scheint es keine Verliebtheit zu geben. Daß Adrenalin (für die Hormontheoretiker) tatsächlich eine Riesenrolle bei unseren allerzartesten Gefühlen spielt, weiß man längst. Das erstaunlichste Experiment zum Thema: Zwei Gruppen von Männern ließ man über zwei verschiedene Brücken gehen. Die eine führte über einen Abgrund von zwei, drei Metern. Die andere war zehnmal so hoch. Am Ende der Brücke trafen die Männer scheinbar zufällig eine junge Frau, die vorgab, eine Meinungsumfrage zu machen. Wenn sie das Ergebnis der Umfrage wissen wollten, dann könnten sie sie anrufen, versprach die Dame. Fast alle Männer, die später tatsächlich anriefen, waren über die hohe Brücke gegangen.

Das Fazit der Forscher: Wem sowieso – aus welchen Gründen auch immer – Schmetterlinge im Bauch flattern, der hat mehr erotisches Interesse am anderen Geschlecht als einer, der sich absolut sicher fühlt. Angst und Verliebtheit zeigen nun einmal physiologisch ziemlich ähnliche Körperreaktionen. Selbst ein Orgasmus und eine Panikattacke setzen physiologisch mit einem ähnlichen Muster ein: plötzlicher Anstieg der Pulsfrequenz und des Blutdrucks, Hechelatmung und Veränderungen in der Muskelspannung des Körpers. Wen wundert es da noch, daß viele Männer ihren Flattermann mit erotischem Interesse verwechselten, und die Meinungsforscherin ihnen am Ende der hohen Brücke wesentlich attraktiver schien! Wohlgemerkt: Es war nicht die Angst vor der Frau, die bei den Männern erotische Gefühle aufwallen ließ. Die Dame wirkte auf sie eher wie der rettende Engel, sozusagen als Lohn der Angst.

Diese Randbemerkung nur für diejenigen, denen die Idee durchs Hirn blitzte, einem angebeteten Mann tüchtig einen Schreck einzujagen könne das sicherste Aphrodisiakum sein, ihn in Liebe entbrennen zu lassen. In Liebe zu einer anderen, das auf jeden Fall. Vor ihr wird er schnell Reißaus nehmen. Ausgenommen er hat stark masochistische Züge. Die hat er vielleicht dann, wenn seine eigene Mutter ebenfalls mehr Angst als Geborgenheitsgefühle bei ihm auslöste, und er noch voll in der Abhängigkeit von Mama steckt, sprich: nach seinem kindlichen Programm funktioniert. Dann ziehen ihn auch Frauen an, die ihm einen Schreck einjagen. Also: Wer einen Frosch ergattern will, für den ist die Masche mit dem Angsteinjagen durchaus zu empfehlen. Man sollte nur damit rechnen, daß der Masochist in Nullkommanichts zum Sadisten mutieren kann. Denn es bereitet ihm durchaus ein großes Vergnügen, das alte Spiel mit der Mama nun mit vertauschten Rollen zu spielen. Rache ist süß.

Doch eigentlich suchen wir alle nicht die Angst in der Liebe, sondern ihr Gegenteil: Sicherheit, Geborgenheit. Emotionale Geborgenheit wie im Mutterschoß oder in unserer frühen Kindheit – ob wir sie gehabt haben oder nicht – ist unser großes Ziel. Unsere Kosenamen füreinander sprechen Bände. Baby und Hasi, Mausi und Bärli, Zuckerpüppchen und Schmusekatze, Katerchen und Süßer, Spatzi und Schatzi – klein, kleiner, am kleinsten machen wir uns in den zärtlichsten Momenten mit dem geliebten Wesen an unserer Seite.

Doch bei Mausi und Bärli kommt es eigenartigerweise meist nur noch zu Kuschelsex. Wenn es sexuell zur Sache geht, wird die Sprache im Normalfall eine Spur drastischer und aggressiver. Leidenschaftlicher Sex ähnelt mehr einem Kampf, einem Ringen miteinander. Da wird nicht mehr gekost und gebusselt, sondern fest zugepackt. Heißhunger statt zierlichem Knabbern an Appetithäppchen.

Bei leidenschaftlichem Sex ringen wir um die Erlösung im Orgasmus, erkämpfen wir sie uns. Je größer die Widerstände in uns selbst, um so heftiger der Kampf. Was ist der Widerstand anderes als die unbewußte Angst vor der Gefahr, die uns in der Verschmelzung erwartet? Natürlich lauern da Gefahren. Die Gefahr, sich aufzulösen, nicht mehr ganz herauszufinden aus der Verschmelzung, abhängig zu sein. Und dann genau das wieder zu erleben, was uns schon einmal passiert ist in der großen Abhängigkeit von unserer Mutter, unserem Vater: mehr oder weniger schwer enttäuscht oder im Stich gelassen zu werden. Im leidenschaftlichen Sex gehen wir unbewußt das Risiko ein, alle Verletzungen noch einmal durchzumachen. Wir steuern auf unser Ziel, die Verschmelzung, zu, *trotz* aller Angst. Daß wir die Angst bezwingen, darum kämpfen wir beim Sex. Dafür brauchen wir Aggression im Sinne von Durchsetzungskraft. Kraft, um unsere eigene Angst zu überwinden, dem anderen ganz nah zu sein.

Die Aggression, die einem anderen schaden will, führt auf Dauer eher dazu, daß die Leidenschaft sich verflüchtigt. Zwar können Wut und Zorn sich auch sexuell entladen, doch derjenige, gegen den die Aggression gerichtet ist, wird sich irgendwann auch beim Sex genauso schützen, wie er sich sonst vor Aggressionen schützt. Der möglicherweise großen sexuellen Spannung vorher entpricht dann eine sehr mickrige Entspannung, ein Mini-Orgasmus, keineswegs die Erfahrung des zeitweisen Sich-Auflösens im anderen.

Gemeinsam das Leben bewältigen, es zu zweit ein Stückchen einfacher haben als allein, Einsamkeit vertreiben – wir nehmen uns an der Hand, um unsere große Kleinkinderangst, allein gelassen zu werden, endgültig loszuwerden. Doch wir wissen das nicht einmal. Wir denken vielleicht, der Sex hätte uns verliebt gemacht.

Das hat er auch – doch nicht, wenn wir Sex nur als Trieb verstehen. Die Intensität unseres Erlebens hängt von der meist unbewußten symbolischen Bedeutung ab, die der Sex mit einem bestimmten Partner für uns haben kann. Erst diese symbolische Bedeutung ruft die Gefühle in uns wach, die den Sex aufregend machen. Die schlichte Befriedigung des Triebes könnte allein niemals solche dramatischen Gefühle in uns auslösen.

Leidenschaftlicher Sex, wie immer er bei einem individuellen Paar aussehen mag, spült unser Inneres an die Oberfläche. Nie fühlen wir uns wirklicher, vom anderen mehr angenommen als beim leidenschaftlichen Sex. Wie das Liebesspiel auch immer sein mag, es holt die tiefsten, verschüttesten, frühkindlichsten Anteile in uns hoch – die Anteile, die sich wie in unseren ersten Lebensmonaten und vorher schon mit einem anderen Wesen, unserer Mutter, verschmolzen glaubten. Hochgespült werden aber auch Anteile, die Angst auslösten, als wir gewahr wurden, daß unsere Mutter und wir selbst eben nicht ein einziges Wesen sind. Schon damals fürchteten wir die Trennung.

## Erlöse mich von allem Übel!

Natürlich werden wir in einer Liebesbeziehung unsere Kleinkinderangst nicht so einfach los – weil uns gar nicht bewußt ist, daß es sich um eine Kleinkinderangst handelt. Was wir mitbekommen, ist etwas ganz anderes, zum Beispiel: Angst und Bangen, daß er nicht anruft. Der Anruf kommt. Himmelhoch jauchzend tanzen wir mit dem Sofakissen im Arm durch die Wohnung. Ist das nicht der beste Beweis dafür, daß nur er, nur sie uns erlösen kann von allem Übel? So soll es weitergehen. Von diesem Gefühl wollen wir mehr, mehr, mehr.

Und dann die erste Enttäuschung. Sie kommt mit Sicherheit, das wissen wir ja. Mach das nie wieder, bitte, es tut so weh, und dem anderen tut es so leid. Umarmung, Versöhnung, es ist wieder alles beim alten, wir haben uns doch so lieb, wir werden aufpassen, daß wir uns nicht mehr so verletzen. Die zweite Enttäuschung kommt. Ich wollte doch nicht, aber dafür mußt du doch ein bißchen Verständnis haben, ich kann doch nicht immer nur ... Ich habe ja Verständnis, aber verstehe auch mich. Mir tut es weh, was soll ich dagegen tun? Also nimm doch ein bißchen Rücksicht.

Irgendwann können dann beide nicht mehr. Wieder einmal dürfen sie nicht so sein, wie sie sich eigentlich fühlen, weil das sonst die Beziehung kaputt machen würde, meinen sie. Der Sex wird die bittere Wahrheit ans Licht bringen. Wenn einer nicht ganz er selbst sein kann, dann klappt da nichts mehr so, wie es sollte. Dem Sex haben Lügen noch nie gut getan. Die Wahrheit kommt in den erotischen Phantasien ans Licht. Nicht, daß wir alles, was wir da träumen, tatsächlich auch genießen würden, wenn wir es in der Wirklichkeit erlebten. Erotische Phantasien haben auch ihren Symbolgehalt, sind oft erst durch eine Deutung verständlich, die an unsere Biographie anknüpft. Im Unterschied zur Wirklichkeit erzeugen die Phantasien jedoch Lust.

Wir sollten unserer Lustlosigkeit in der Wirklichkeit danken. Sie gibt uns den deutlichsten Hinweis darauf, daß wir nicht wir selbst sind, daß wir beim Sex ein verlogenes Spiel spielen – wie sonst auch. Mit noch soviel Nachdenken wären wir wahrscheinlich niemals darauf gekommen. *Vielleicht* die falsche Frau, *vielleicht* der falsche Mann an unserer Seite. Der und die, die an unserem Selbst nicht interessiert sind, sondern nur an dem, was wir ihnen gezeigt haben: unser Image, unsere Froschrolle. Beim Sex zeigt sich, wieviel wir dem Partner vormachen.

Er ahnt ihre Enttäuschung, die eintreten würde, wenn herauskommt, daß sein Bankkonto nicht ganz so dick ist, wie das Auto vermuten läßt – wenn sie sich tatsächlich in das Bankkonto verliebt hat. Aber was blieb ihr anderes übrig? Schließlich hat der Junge sonst nicht viel erzählt – außer, was er an teuren Hobbies und erlesenem Geschmack zu bieten hat. Damit hat er die Frau angezogen, die sonst nicht viel von ihm will.

Doch tun wir ihr lieber nicht zu voreilig unrecht. Durchaus möglich, daß Geld sogar sexuell-erotische Gefühle in ihr auslöst. Wenn nur ein reicher Mann ihr ihren persönlichen romantischen Traum erfüllen kann, so wird das Bankkonto eine mächtig aphrodisierende Wirkung auf sie haben.

Daß er allerdings insgeheim fürchtet, sie sei in Wirklichkeit nur an seinem Geld interessiert, ist denn doch ein wenig unverfroren. Warum benutzt er seine Kohle, um sich attraktiv zu machen? Natürlich weil er Angst hat, daß er sonst nicht viel zu bieten hat. Seine Angst, die kann sie ihm nicht nehmen. Der muß er sich schon selbst stellen. Er verlangt Beweise, wo sein eigenes Vertrauen gefragt ist. Der einzige Beweis ihrer Liebe wäre: Er würde von heute auf morgen all sein Geld verschenken oder verspielen und sie würde trotzdem weiter zu ihm stehen. Aber wird sie ihn lieben können, wenn er so wenig Vertrauen in ihre Liebe hat? Sie wird sich von ihm verkannt fühlen und traurig über sein mangelndes Vertrauen, seine mangelnde Liebe sein.

## Drum prüfe, an wen du dich bindest

Ein entfernter Bekannter, einst Besitzer einer Jacht, die vor Marbella ankerte, siebte mit einem Trick die Frauen heraus, die es auf ihn und nicht sein Vermögen abgesehen hatten. Wenn er eine kennenlernte, die ihm gefiel, lud er sie am nächsten Tag auf sein Boot ein. Zur verabredeten Zeit am verabredeten Ort erwartete er die Dame in einem Schlauchboot. Nur eine Frau, die diese Prüfung bestanden hatte und deren Interesse an dem Schlauchbootfahrer nicht schlagartig ermüdete, bekam tatsächlich eine Einladung auf die Jacht.

Eine andere Bekannte ließ ihren Mann bis zur bevorstehenden Hochzeit im unklaren darüber, daß sie die Erbin eines schwindelerregenden Vermögens war. Das klappte ganz gut, da sie Ausländerin war. Ihr zukünftiger Mann hatte zwar einiges zu verdauen, als er eines Tages nach einer kilometerlangen Auffahrt das schloßähnliche Anwesen ihrer Familie erblickte, aber sie hat in ihrer Ehe, die nun seit fast zwanzig Jahren hält, keinen einzigen Gedanken daran verschwendet, ob er sie eventuell wegen ihres Geldes geheiratet hat. Sie hat nur sich selbst angeboten – ohne ihre »Accessoires«.

Man mag das mangelnde Vertrauen der Braut beklagen. Aber warum sollte sie es nicht machen wie die Prinzessin im Märchen, die keinen nahm, der nicht vorher auf Herz und Nieren geprüft worden war, sprich: auf seine Fähigkeit, für seine Liebe auch etwas erfolgreich zu *tun*? Nur so hatte sie die Gewißheit, einen echten Prinzen zu ergattern und nicht auf ein Talmi-Exemplar hereinzufallen. Die Märchenprinzessin war schließlich auch immer schon bereit, für ihre Liebe Opfer zu bringen. Immerhin hat sie auf ziemlich viele Typen verzichtet – auf alle, die ihrer nicht wert waren, weil sie ihren eigenen Wert kannte und nur auf diesen setzte. Besser den als gar keinen, war nie das Motto einer Märchenprinzessin. Knall auf Fall hat sie sich nie verliebt. Auf Blender ist sie nie hereingefallen. Sie wußte, was sie wollte.

Wer sich klammheimlich nicht ganz so wertvoll fühlt, wie er vielleicht vorgibt, der geht das Risiko einer Prüfung der Bewerber oder Bewerberinnen um seine Gunst nicht ein. Er lockt mit Accessoires, die seinen Wert erhöhen sollen. Im Bett, da liegt er nun allerdings ganz nackt und ist nichts anderes als ein Mensch wie du und ich. Da kommt die ganze Wahrheit selbst im dunkelsten Schlafzimmer schnell ans Licht.

Aber bevor sich einer der Wahrheit stellt, zieht er es dann vielleicht doch vor, »vernünftig« zu werden und sich in die Schar derer einzureihen, die von Liebe zu Liebe immer ein bißchen kleinlauter, vorsichtiger, bescheidener in ihren Ansprüchen werden, bis sie sich zum resignierten Schluß vielleicht nur noch eine »funktionierende Partnerschaft« wünschen – ein fader Begriff für eine farblose Angelegenheit ohne Feuer, Erotik, Überraschungen.

## Hoffnung kontra Angst

Natürlich kann jeder, der will, sein romantisches Liebesideal aufgeben. Er hätte allerdings auch die Möglichkeit, etwas anderes aufzugeben – die (fast immer falsche) Vorstellung von größtmöglicher Sicherheit in einer Liebesbeziehung. Sicherheit setzen wir unbewußt mit dem Nicht-mehr-Spüren von Angst gleich. Daß uns Angst erspart bleibt, dafür soll der Partner sorgen. Er hat uns unsere Angst am Anfang spüren lassen, er hat sie uns genommen – meinen wir.

Der Rechthaber in uns allen will einfach nicht so schnell einsehen, daß er im Zustand der Verliebtheit selbst ein Stück Angst überwunden hat, indem er seine kleine Hoffnung mit seiner großen Sehnsucht fütterte. So holte er sich für kurze Zeit ein Stück wackeliges Vertrauen, eine schüttere Zuversicht zurück, die ihm längst im Leben abhanden gekommen ist.

Am Anfang der Liebe war der andere noch die weiße Leinwand, die perfekte Projektionsfläche der eigenen Träume und Sehnsüchte. Nun hat die Leinwand ein paar Flecken bekommen – der andere hat sich als nicht so blütenrein entlarvt – und das Bild vom Paradies ist beschmutzt. Worauf sich der Rechthaber auf die Suche nach einer neuen, strahlend-weißen Leinwand begibt, sprich: Er trennt sich und verliebt sich aufs Neue. Was ein waschechter Rechthaber ist, der kommt eben über das Verliebtheitsstadium nie hinaus und hält es für den Gipfel irdischer Freuden.

Sollte seine Rechthaberei weniger ausgeprägt sein, und er trennt sich nicht – aus welchen Gründen auch immer –, sondern steht dem anderen »treu« zur Seite, dann verlangt er jedoch einiges für seine Opfertat. Dankbarkeit ist das mindeste, was ihm seiner Meinung nach zusteht. Darüber hinaus ist er fest davon überzeugt, daß er Revanche verdient hat. Wie die aussehen kann, weiß der Rechthaber genau: Quitt sind wir erst, wenn der andere die Leinwand putzt. Er soll sich bitteschön, das kann man ja für seine Treue erwarten, so verhalten, daß Angst beim Rechthaber gar nicht erst entsteht.

Versprich mir, daß du das und das nie wieder tust, fordert er. Vielleicht bekommt er das Versprechen. Selten wird es gehalten werden. Auch sein Partner reagiert automatisch nach dem alten Programm. Was für ein Ver-sprecher, jemandem etwas zu versprechen. Die Angst vor der Verletzung wird durch Zauberformeln nicht gebannt, sondern nur vergrößert. Mit dem Versprechen haben wir uns noch eine Angst zusätzlich aufgehalst: die, unser Versprechen eines Tages doch zu brechen. Und dann sind wir wirklich schuldig, moralisch unterlegen. Unser schlechtes Gewissen macht uns zu einer wachsweichen Knetmasse in den Händen des Rechthabers, der genauso ein Angsthase ist wie wir selbst.

Sich gegenseitig die Ängste wegnehmen – das klappt nicht so, wie wir uns das vorstellen. Denn nicht der Partner hat uns Angst gemacht, hat uns von der Angst befreit, er hat unsere alten Ängste geweckt, sie uns gezeigt. Und wir selbst haben sie am Anfang der Liebe kraft unserer Sehnsucht überwunden. Er könnte uns noch viel mehr Monster zeigen, die in uns stecken, wenn wir ihn nur ließen. Wenn wir diese Monster dann als die eigenen erkennen könnten und sie zu bannen versuchten, dann wären wir ein gutes Stück in Richtung »Liebesfähigkeit« gegangen. Schön, wenn uns einer bei dem Kampf mit unseren Seelenmonstern zur Seite steht. Stellvertretend kann er nicht für uns kämpfen.

»Ab und zu muß ich mit ihr vernünftig reden. Sie will einfach nicht begreifen, daß eine Frau, die man viermal die Woche sieht, sich ganz schnell abnutzt. Also, Liebling, habe ich zu ihr gesagt, schau doch mal: Wenn wir uns nur zweimal die Woche sehen, dann dauert unsere Beziehung länger. Ist doch eine einfache Rechenaufgabe!« So sprach einer, dem die Angst vor Nähe die Nackenhaare aufstellte und den kalten Schweiß auf die Stirn trieb.

Er stellte seine Freundin vor die Alternative: Entweder sehen wir uns öfter, dann ist es ganz schnell aus mit uns. Oder wir sehen uns seltener, dann ist es etwas langsamer aus mit uns. Damit sie nur ein bißchen Zuwendung von ihm erhaschte, gab sie sich immer wieder scheinbar mit der zweiten Wahl zufrieden. Doch zwischendurch platzte ihr Frust heraus. Es gab eine Szene. Er lächelte milde. So eine Szene verdarb ihm verständlicherweise für eine längere Frist die Lust auf sie. Dafür mußte sie Verständnis haben. Mit der Taktik »Liebesentzug« hatte er sie voll im Griff. Nur daß er ihr tatsächlich nie Liebe gegeben hatte.

»Warum auch?« meinte er cool. »Ich kriege doch alles, was ich will: eine Menge Zuwendung.« Was er tatsächlich bekam, war eine Menge Zuwendungs*verhalten* und ihre verzweifelte Sehnsucht nach mehr Nähe zu ihm. Was mußte er für ein toller Hecht sein, wenn man so hinter ihm her war! Was er nie bekam, war das berauschende und beseligende Gefühl des Verliebtseins in seiner eigenen Seele. Die Angst vor Nähe saß ihm zu tief in den Knochen.

Aber wie kann einer wissen, worauf er verzichtet, wenn er es gar nicht kennt? Einen Menschen, der innerlich so verkümmert ist, weil er selbst nur so kümmerliche Arten von Liebe von klein auf kennengelernt hat, den wird man ins kalte Land der Elfen entlassen müssen, wenn er nichts anderes *will*.

Erotische Spannung kommt mit so einem Menschen selten auf. Eher eine nervöse Spannung, die dann im Bett abgeführt wird.

## Liebe ist Nähe

Erotische Spannung entsteht immer aus einem Defizit. Liebe kann das Defizit füllen, denn Liebe ist Nähe. Je näher sich zwei Menschen kommen können, um so mehr lieben sie sich. Manchmal wird die Liebe, die Nähe zu einer herzlichen Beziehung führen. Daß noch mehr Nähe, körperliche Nähe beim Sex, möglich wäre, dazu mag es freiwillig nicht mehr kommen. Wer mehr will, wird in der Regel leidenschaftlich darum kämpfen müssen – mit sich selbst. Daß Liebe Nähe ist, diese Definition von Liebe muß man nicht teilen. Sie stammt von dem Psychotherapeuten und Reich-Schüler Alexander Lowen. Schauen wir einmal an einem Beispiel, ob die Definition dazu taugt, Liebe zu erfahren.

Der Säugling hat noch keinen Begriff von »Liebe«, doch wenn er nach seiner Mutter die Ärmchen ausstreckt, fühlt sich diese geliebt. Eine Illusion ihrerseits, da sich ihr Baby ihr auf der vegetativen Stufe – *unwillkürlich* – zuwendet. Wenn man so will, ist das Baby »verliebt« in seine Mutter. Schon vom zweiten Tag seines jungen Lebens an unterscheidet es die Mutter von anderen Personen, erkennt sie am Geruch wieder und wendet sich mit Vorliebe diesem Geruch zu. Es sucht die Nähe vorzugsweise zur Mutter.

Dieses Beispiel zeigt, daß wir mit der Bereitschaft geboren werden, einem anderen Menschen ganz nah zu sein. Daß diese Bereitschaft nicht automatisch zur Liebe führt, sehen wir, wenn wir das Baby weiter beobachten. Wenn es in der Nähe zur Mutter sehr viele unangenehme Erfahrungen macht, so wird es sich nämlich von der Mutter abwenden, *unwillkürlich,* ohne Einschaltung seines Willens. Nun ist es nicht mehr »verliebt«.

Wann wird aus dem Baby, aus dem Kind, ein Mensch, der zu Liebe fähig ist? Erst in dem Augenblick, in dem der Wille die automatischen Lust-Unlust-Reaktionen beherrschen kann. Nehmen wir an, das Kind bekommt zu seinem sechsten Geburtstag einen Hund geschenkt, um den es sich selbständig kümmern will. Das Kind wird nicht immer Lust haben, an kalten Wintermorgen mit dem Hund Gassi zu gehen. Es wird auch nicht immer Spaß daran haben, den Hund zu striegeln oder zu baden. Doch es nimmt diese Tätigkeiten auf sich, weil es seinen Hund liebt und für ihn sorgen will. Daß die Eltern meist mehr als einmal erinnernd und ermahnend eingreifen, soll nicht verschwiegen werden. Liebesfähigkeit muß man lernen wie viele andere Dinge auch.

*Liebe ist Nähe, haben wir definiert. Die Nähe entsteht, wenn wir den anderen mit seinen wirklichen Bedürfnissen erkennen, diese achten und unseren Beitrag dafür leisten, daß seine Bedürfnisse befriedigt werden, ohne daß wir uns selbst dabei verraten.*

So nah, intim miteinander wie einst mit der Mutter können wir als Erwachsene nur noch beim Sex sein. *Der Wunsch, einem anderen ganz nahe zu sein, ist die Sehnsucht nach Liebe.* Wo dieses Verlangen fehlt, wird sich auch Liebe nicht erleben lassen.

*Doch die Sehnsucht allein macht einen Menschen noch nicht liebesfähig. Ob er liebt, wird man daran sehen, wieviel er zu tun bereit ist, um größtmögliche Nähe zu erreichen. Der erste und wichtigste Schritt dazu, Nähe zu erreichen, besteht darin, sich ungeschminkt zu zeigen. Dafür muß man sich selbst aber erst einmal kennen. Wer nur nach dem Lust-Unlust-Mechanismus funktioniert, der kennt sich selbst nicht, sondern folgt seinem alten Überlebensprogramm.*

Würden wir einer Mutter glauben, daß sie ihr Baby liebt, wenn sie nur dann etwas für ihr Kind tut, wenn sie gerade einmal Lust darauf hat, es zu wickeln oder zu füttern? Wer annimmt, daß der Instinkt schon dafür sorgt, daß sie tatsächlich fünf- bis sechsmal am Tag *lustvoll* Windeln wechselt und sich mindestens eine halbe Stunde Zeit nimmt, bis das Baby gefüttert ist, der sollte sich einmal mit jungen Müttern unterhalten. Sie tun es gern für ihr Baby, weil sie es lieben, aber die meisten sind sehr dankbar, wenn ihnen die Arbeit auch einmal abgenommen wird.

Wenn die Kinderpflege an sich so ein Riesenvergnügen wäre, dann würde niemand darauf verzichten wollen, oder? Vielleicht versöhnt uns dieser Gedanke mit der vielleicht verqueren Liebe unserer Eltern. Sie haben sich alle um uns gekümmert, sie haben ihre Liebe bewiesen, indem sie *soviel wie ihnen möglich* für uns getan haben. Wieviel tun wir für unseren Partner? Vor allem: Was? Tun wir das, was er braucht? Oder das, was wir für uns brauchen? Oder das, was wir uns wünschen?

Ob ein Liebesgefühl Bestand haben wird, erprobt sich erst in der Nähe. Wieviel Nähe suchen wir da? Wieviel kann der andere – oder wir selbst – überhaupt vertragen, ohne in Panik zu geraten? Welche kleinen Fluchten erfinden wir beim Sex, um die ganz große Nähe, die Verschmelzung, zu vermeiden? Es gibt viele Möglichkeiten, auch der größten körperlichen Nähe zu entkommen: den Blickkontakt vermeiden zum Beispiel. Er schaut sie nur dann an, wenn sie die Augen schließt. Sie hält es genauso. Der Nähe kann man auch entkommen, indem man in Phantasien flüchtet oder sich gegenseitig mißbraucht – als lebendige Befriedigungsmaschinen.

Manche erreichen die Nähe beim Sex nur mit Menschen, die sie nicht lieben. Nähe auf allen Ebenen, das halten sie schwer aus. Die Lösung könnte für sie sein: die herzliche Beziehung mit dem Ehepartner, immer wieder einmal eine Affäre außerhalb.

Der Rechthaber in uns mag sich für einen »guten Liebhaber« halten, die Rechthaberin für eine Frau, die »gut im Bett« ist. Wir wissen, daß das für jeden etwas anderes bedeuten kann. Doch immer werden diejenigen sich von ihren sexuellen Qualitäten gegenseitig am meisten überzeugen, die dem anderen genau das Quantum an Nähe oder Distanz geben und erlauben, das für ihn lustvoll ist. Nur bei großer beidseitiger Liebesfähigkeit könnten wir definieren:

*Ein guter, leidenschaftlicher Liebhaber ist ein Mann, der gut liebt, das heißt: der größtmögliche Nähe sucht, findet und genießt. Vice versa gilt für eine leidenschaftliche Frau das gleiche.*

Frauen suchen meist mehr Nähe als Männer. Der gute Liebhaber ermöglicht ihnen das Erlebnis von Liebe und Nähe, nach dem sie sich sehnen, das sie satt macht und voll befriedigt. Eine Frau, die nach dem ersten Höhepunkt noch den zweiten, dritten oder gar achten will, ist deshalb unersättlich, weil sie noch nicht satt ist. Auch Frauen können Orgasmen haben, die sie voll befriedigen und nach denen sie nur noch wohlig und kuschelig mit ihrem Liebhaber einschlafen möchten.

Die unersättliche Geliebte, der unersättliche Liebhaber sind die, die keine Orgasmen haben, die sie wirklich voll und ganz befriedigen. Nouvelle cuisine im Bett. Auf großen Tellern dekorierte Häppchen, die nichts als Gaumenkitzler sind. Ein Sieben-Gänge-Menü ist da mühelos zu schaffen. Bei großem Hunger – und der ist bekanntlich der beste Koch – ist ein deftiges Essen die größere Befriedigung. Leidenschaftlicher Sex ist eine tolle Sache. Eins jedoch ist er ganz sicherlich nicht: raffiniert. Je mehr Raffinesse notwendig ist, um den Appetit anzuregen, weil der Hunger nicht da ist, um so schaler wird auf die Dauer der Sex.

Die fehlende erotische Spannung durch Tricks – wie getrennte Betten, getrennten Urlaub und andere Methoden – künstlich wiederzubeleben funktioniert nur bei denen, die überhaupt nur ein Minimum an Nähe aushalten können. Ein berauschendes Wiedersehen im Bett, leidenschaftlich wie nie zuvor, wird sich bei ihnen aber auch nicht einstellen.

*Erotische Spannung entsteht aus der Sehnsucht heraus, einem Menschen seelisch und körperlich ganz nahe zu kommen. Wenn wir einem anderen nicht ganz nahe kommen können oder wollen, wird auch die Spannung gering sein. In diesem Fall wird die Distanz sehr groß sein müssen, um erotische Spannung wieder herzustellen. Die Distanz, die man selbst braucht, um erotische Spannung zu empfinden, ist ein Gradmesser der eigenen Liebesfähigkeit.*

Wenn der Hunger, die Lust auf Nähe nicht groß genug ist, wird es auch nicht viel erotische Spannung geben. Und keinen leidenschaftlichen Sex. Wo es nicht viel in Schach zu halten gibt, wird man auf die Explosion vergeblich warten. Wer der Nähe aus dem Weg geht, geht so der Liebe aus dem Weg. Wer der Liebe aus dem Weg geht, beschränkt die Lust.

Nicht lieben können, Nähe nicht aushalten können, aber darauf warten, daß im Bett die Post abgeht – das ist gerade so, als wenn wir mit einem Mofa ein Formel-1-Rennen gewinnen wollten.

Manche Mofafahrer halten bei diesem Rennen sogar manchmal ganz gut mit. Sie wissen nicht, daß ein Formel-1-Fahrer sie im Schlepptau hat. Diese Art Mofafahrer erkennt man sofort daran, daß sie eine lange Pause brauchen, um ihr Mofa wieder auf Vordermann zu bringen. Die Reifen haben schlapp gemacht, das Getriebe ist überdreht worden – nun ist erst einmal eine lange Regenerationsphase angesagt. Der Formel-1-Fahrer – oder die Fahrerin – wundert sich, warum die Mofafahrer so schnell die Flucht ergreifen. Es war schlicht zuviel für sie. Jetzt brauchen sie in ihrer Abgeschiedenheit erst einmal Ruhe, um ihre Einzelteile zu sortieren und sich wieder als ganzer Mensch zu fühlen. Irgend etwas macht ihnen Angst in der Leidenschaft, in der großen Nähe. Irgend etwas ist da früher einmal passiert, das ihnen gar nicht gut bekommen ist. Nun schrillen die Alarmglocken. Sie wollen sich schützen – eine durchaus gesunde Reaktion des alten Überlebensprogramms, das einmal sehr nützlich war.

Verschmelzung und Distanz sind nun einmal Gegensätze. Im Moment der Verschmelzung wird aus zweien ein neues Wesen. Das Gefühl der neuen Ganzheit ist der Orgasmus in seiner stärksten, tiefsten Qualität. Solche Orgasmen hat niemand mit jedem Partner, und auch mit dem Partner, mit dem man sie schon erlebt hat, sind sie nicht immer möglich. Für manche mag ein Orgasmus nicht mehr sein als das Abführen der Triebspannung. Besser als gar nichts, aber mit leidenschaftlichem Sex hat das nicht viel zu tun.

Nein, mein Freund, du Rechthaber, die erotische Spannung wird sich in ein Nichts auflösen und läßt sich durch künstlich geschaffene Defizite nicht am Leben erhalten, wenn die Verschmelzung, die volle Befriedigung nicht möglich ist. Wie oft geht der Mensch in ein Restaurant, in dem er regelmäßig nicht satt wird und trotzdem eine hohe Rechnung serviert bekommt? Aber wenn es das einzige Restaurant ist, das man kennt? Man wird sich auf die Suche machen müssen nach einem anderen Eßlokal.

Dort stehen nun die überbordend gefüllten Schüsseln auf dem Tisch, und wer weiß, vielleicht wird einem ja gleich übel bei der Überfülle des Angebots. Es liegt soviel auf dem Teller, daß es einem den Appetit verdirbt. Iß, Kind, iß, damit du groß und stark wirst. Aber das Essen schmeckt mir nicht. Ich mag nicht. Das ist nicht das, was ich wirklich will. Stopf mich doch nicht so voll. Das ist nicht das, was ich brauche. Ich weiß selbst nicht, was ich brauche. Ach, laßt mich doch in Ruhe, ihr tut mir nicht gut.

Der Kinderprotest meldet sich zu Wort. Nein, deine Liebe ist falsch. Aber sie ist die einzige, die ich bekomme. Trotzdem schmeckt sie mir nicht. Mir wird übel davon. Ich bekomme keinen Bissen mehr davon herunter. Das hast du jetzt davon. Ich verhungere lieber, als daß ich noch etwas von dir und deinen falschen Gefühlen annehmen würde. Wieviel Schreckliches muß einem in der mütterlichen oder väterlichen Nähe widerfahren sein, daß es einem so vor Nähe grausen kann!

Wer nicht einsehen will, daß das, was ihm einst widerfahren ist und nun im Dunkel des Unbewußten verschollen ist, nicht automatisch immer wieder passieren muß, der wird immer wieder nur die böse Mutter im Partner finden.

Die Weltmeister auf der Matratze, die so stolz darauf sind, daß sie es stundenlang treiben können, das sind die, die keine Erlösung finden. Wie gern würden wir ihnen zurufen: Hört auf damit, uns gefallen zu wollen! Wir lieben euch genauso, wie ihr seid! Würden sie es uns glauben? (Hand aufs Herz: Würden wir es ihnen glauben, wenn sie uns das gleiche zuriefen?) Wer hat ihnen erzählt, daß Frauen ihnen für ihre vermeintlichen Meisterleistungen einen Orden um den Hals hängen werden? Ein Mann, der stundenlang nicht zum Orgasmus kommt, weckt in mir nur das Gefühl, daß er mir nicht etwas geben, sondern höchstens sich beweisen will. Soll ich ihm Applaus dafür zollen, daß er mir genau das verweigert, was ich von ihm will? Nichts läßt meine Lust schneller schwinden als einer, der sich Mühe gibt, mir zu gefallen. Sind andere Frauen da so anders?

Stundenlang nicht zum Orgasmus zu kommen ist keine sexuelle Meisterleistung des Mannes, sondern schlicht eine Orgasmushemmung, derjenigen der Frau vergleichbar, die sich nicht hingeben kann. Dahinter steht auch beim Mann die nackte Angst, zuviel von sich selbst zu geben und nichts dafür zurückzubekommen. Kann ich den anderen in dieser seiner Angst auch annehmen? Oder verachte ich ihn dafür? Wenn ich ihn dafür verachten sollte, dann wird er mir nie geben, was ich von ihm will – seine Gefühle, seine Seele.

Erotik entsteht immer dann, wenn die Angst vor Enttäuschung noch nicht die Vorfreude auf die emotionale Geborgenheit zerstören kann. Zuviel Angst – und wir werden gehemmt, verklemmt, selbstunsicher. Angst kann beim Sex zu Impotenz, vorzeitigem Samenerguß oder verzögertem Orgasmus beim Mann führen, zur Frigidität und Orgasmusunfähigkeit bei der Frau. Anders formuliert:

*Erotische Spannung kann ein Paar immer wieder nur dann miteinander erleben, wenn die Liebesfähigkeit beider, ihr Vermögen, dem anderen nahe zu sein, größer ist als ihre Angst. Das Geheimnis der Liebesfähigkeit ist die Überwindung der Angst bei sich selbst.*

Zurück zum Märchen vom Froschkönig, das wir auch noch etwas anders lesen können, als wir es bisher getan haben. Und das in der ausführlichen Lesart genauso viel Wahrheit über die Liebe enthält wie die modernen Märchen aus Hollywood.

## Der Froschkönig

*In alten Zeiten, wo das Wünschen noch geholfen hat, lebte ein König, dessen Töchter waren alle schön; aber die jüngste war so schön, daß die Sonne selbst, die doch so vieles gesehen hat, sich freute, sooft sie ihr ins Gesicht schien. Nahe bei dem Schloß des Königs lag ein großer, dunkler Wald, und in dem Wald unter einer alten Linde war ein Brunnen. Wenn nun der Tag sehr heiß war, ging das Königskind hinaus in den Wald und setzte sich an den Rand des kühlen Brunnens. Wenn die Kleine Langeweile hatte, nahm sie eine goldene Kugel, warf sie in die Höhe und fing sie wieder auf; und das war ihr liebstes Spielwerk.*

*Nun trug es sich einmal zu, daß die goldene Kugel der Königstochter nicht in ihr Händchen fiel, das sie in die Höhe gehalten hatte, sondern vorbei auf die Erde schlug und geradezu ins Wasser rollte. Die Königstochter folgte ihr mit den Augen, aber die Kugel verschwand, und der Brunnen war tief, so tief, daß man keinen Grund sah. Da fing sie an zu weinen und weinte immer lauter und konnte sich gar nicht trösten. Und wie sie so klagte, rief ihr jemand zu: »Was hast du, Königstochter? Du weinst ja, daß sich ein Stein erbarmen möchte.«*

*Sie sah sich um, woher die Stimme käme, da erblickte sie einen Frosch, der seinen dicken, häßlichen Kopf aus dem Wasser streckte.*

*»Ach, du bist's, alter Wasserpatscher?« sagte sie. »Ich weine über meine goldene Kugel, die mir in den Brunnen hinabgefallen ist.«*

*»Sei still und weine nicht«, antwortete der Frosch, »ich kann dir helfen. Aber was gibst du mir, wenn ich dein Spielzeug wieder heraufhole?«*

*»Was du haben willst, lieber Frosch«, sagte sie, »meine Kleider, meine Perlen und Edelsteine, auch noch die goldene Krone, die ich trage.«*

*Der Frosch antwortete: »Deine Kleider, deine Perlen und Edelsteine und deine goldene Krone, die mag ich nicht; aber wenn du mich liebhaben willst, und ich soll dein Geselle und Spielkamerad sein, an deinem Tischlein neben dir sitzen, von deinem goldenen Tellerlein essen, aus deinem Becherlein trinken, in deinem Bettlein schlafen. Wenn du mir das versprichst, so will ich hinuntersteigen und dir die goldene Kugel wieder heraufholen.«*

*»Ach ja«, sagte sie, »ich verspreche dir alles, was du willst, wenn du mir nur die Kugel wiederbringst!« Sie dachte aber: Was der einfältige Frosch schwätzt! Der sitzt im Wasser bei seinesgleichen und quakt und kann keines Menschen Kamerad sein.*

*Als der Frosch die Zusage erhalten hatte, tauchte er seinen Kopf unter, sank hinab, und bald kam er wieder heraufgeschwommen, hatte die Kugel im Maul und warf sie ins Gras. Die Königstochter war voll Freude, als sie ihr schönes Spielzeug wieder erblickte, hob es auf und sprang damit fort.*

*»Warte, warte«, rief der Frosch, »nimm mich mit, ich kann nicht so laufen wie du!« Aber was half es ihm, daß er ihr sein »Quak, quak« so laut nachschrie, wie er nur konnte! Sie hörte nicht darauf, eilte nach Hause und hatte bald den armen Frosch vergessen, der wieder in seinen Brunnen hinabsteigen mußte.*

*Am andern Tag, als sie sich mit dem König und allen Hofleuten zur Tafel gesetzt hatte und von ihrem goldenen Tellerlein aß, da kam, plitsch, platsch – plitsch, platsch, etwas die Marmortreppe heraufgekrochen. Als es oben angelangt war, klopfte es an die Tür und rief: »Königstochter, jüngste, mach mir auf!«*

*Sie lief und wollte sehen, wer draußen wäre; als sie aber aufmachte, saß der Frosch davor. Da warf sie die Tür rasch zu, setzte sich wieder an den Tisch, und sie bekam Angst.*

*Der König sah wohl, daß ihr das Herz gewaltig klopfte, und sprach: »Mein Kind, was fürchtest du dich? Steht etwa ein Riese vor der Tür und will dich holen?«*

*»Ach nein«, antwortete sie, »es ist kein Riese, sondern ein garstiger Frosch.«*

*»Was will der Frosch von dir?«*

*Da erzählte sie ihm von ihrem Versprechen.*

*Da sagte der König: »Was du versprochen hast, das mußt du auch halten; geh nur und mach ihm auf!«*

*Sie öffnete die Tür; der Frosch hüpfte herein, ihr immer auf dem Fuße nach, bis zu ihrem Stuhl. Da saß er und rief: »Heb mich hinauf zu dir!«*

*Sie zauderte, bis es endlich der König befahl.*

*Als der Frosch auf dem Stuhl war, wollte er auf den Tisch, und als er da saß, sprach er: »Nun schieb mir dein goldenes Tellerchen näher, damit wir zusammen essen!« Das tat die Königstochter zwar, aber man merkte wohl, daß sie's nicht gerne tat. Der Frosch ließ sich's gut schmecken, aber ihr blieb fast jedes Bißlein im Halse stecken.*

*Endlich sprach er: »Ich habe mich sattgegessen und bin müde, nun trag mich in dein Kämmerlein und mach dein seiden Bettlein zurecht, da wollen wir uns schlafenlegen.«*

*Die Königstochter fing an zu weinen und fürchtete sich vor dem kalten Frosch, den sie sich nicht anzurühren getraute und der nun in ihrem schönen, reinen Bettlein schlafen sollte. Der König aber wurde zornig und befahl: »Wer dir geholfen hat, als du in der Not warst, den sollst du hernach nicht verachten!«*

*Da packte sie den Frosch mit zwei Fingern, trug ihn hinauf und setzte ihn in eine Ecke. Als sie aber im Bett lag, kam er gekrochen und sprach: »Ich bin müde, ich will schlafen, so gut wie du. Heb mich hinauf, oder ich sag's deinem Vater!«*

*Da wurde sie bitterböse, holte ihn herauf und warf ihn mit aller Kraft gegen die Wand: »Nun wirst du Ruhe geben, du garstiger Frosch!«*

*Als er aber herabfiel, war er kein Frosch mehr, sondern ein Königssohn mit schönen, freundlichen Augen. Der war nun nach ihres Vaters Willen ihr lieber Kamerad und Gemahl. Gleich erzählte er ihr, er wäre von einer bösen Hexe verwünscht worden, und niemand hätte ihn aus dem Brunnen erlösen können als sie allein, und morgen wollten sie zusammen in sein Reich gehen. Dann schliefen beide ein, und am andern Morgen, als die Sonne sie aufweckte, kam ein Wagen herangefahren, mit sechs weißen Pferden bespannt, die hatten weiße Straußenfedern auf dem Kopf und zogen an goldenen Ketten; hinten stand der Diener des Königssohnes, das war der treue Heinrich.*

*Der treue Heinrich war so betrübt gewesen, als sein Herr in einen Frosch verwandelt worden war, daß er sich drei eiserne Reifen hatte um sein Herz legen lassen, damit es ihm nicht vor Weh und Traurigkeit zerspränge. Der Wagen aber sollte den Königssohn in sein Reich abholen; der treue Heinrich half beiden einsteigen, stellte sich wieder hinten auf und war voller Freude über die Erlösung.*

*Als sie ein Stück Weges gefahren waren, hörte der Königssohn, daß es hinter ihnen krachte, als wäre etwas gebrochen. Da drehte er sich um und rief:*

*»Heinrich, der Wagen bricht!«*

*»Nein, Herr, der Wagen nicht,*
*es ist ein Band von meinem Herzen,*
*das da lag in großen Schmerzen,*
*als Ihr in dem Brunnen gelegen,*
*und noch ein Frosch gewesen.«*

*Noch einmal und noch einmal krachte es, und der Königssohn meinte jedesmal, der Wagen bräche, und es waren doch nur die Bande, die vom Herzen des treuen Heinrich absprangen, weil nun sein Herr erlöst und glücklich war.*

(aus: Gebrüder Grimm: Kinder- und Hausmärchen)

Der große, dunkle Wald im Märchen steht immer für das Unbewußte, genau wie der Brunnen, aus dessen Tiefe der Frosch aufsteigt. Der Frosch ist ein Symbol für das Männerbild, das die Prinzessin unbewußt hat. Ein Mann löst in ihr noch Ekel und Abscheu aus. Doch ohne einen Mann wird sie nie zu Glück und Liebe kommen. Nur wenn sie erkennt, daß ihr eigenes, inneres Bild vom Mann an die Wand geworfen gehört, daß dieses innere Bild verabscheuenswürdig und angsterregend zugleich ist, wird sie den Prinzen im Frosch erkennen können und reif sein für die Liebe. Solange sie Angst hat vor einem Mann, wie sie Angst hat vor ihrem gütigen, aber auch strengen Vater, solange sie sich insgeheim vor Männern ekelt, sie verachtet und meint, sie gehörten zu ihresgleichen – zu anderen Männern – und nicht zu Prinzessinnen, solange ist sie eine gehorsame Vater-Tochter, aber noch keine reife, liebende Frau. Auf Ermahnen ihres Vaters verpflichtet sich die Prinzessin jedoch immer ein Stückchen mehr. Und siehe da: Aus dem Frosch wird ein Prinz, der ihr zeigt, daß es keinerlei Grund gibt, vor ihm Angst und Abscheu zu empfinden.

Aber bis dahin hat sie einige Prüfungen zu bestehen. Die Hilfe des Frosches nimmt sie zwar in Anspruch, bietet ihm als Gegenleistung jedoch nur Besitztümer an, die ihre Rolle als Prinzessin äußerlich dokumentieren – sich selbst verweigert sie. Sie will verschenken, was sie hat, nicht, was sie ist, sich selbst. Doch der Frosch will sie selbst, will von ihr liebgehabt und nicht mit Gütern beschenkt werden.

Dieses Dilemma läßt die Prinzessin nicht los. Der Frosch folgt ihr, jagt ihr Angst ein. Ihr Herz pochte immerhin so laut, daß selbst der König das mitbekam. Das Versprechen, das sie gegeben hatte, erfüllte sie nur widerwillig. Erst in dem Augenblick, in dem sie ganz offen ihre Gefühle zeigt und zugibt, daß sie in dem Mann, der ihr Liebe geben kann, nur den Frosch sieht, den Frosch sogar einen »garstigen Frosch« nennt und ihn an die Wand wirft, wird aus dem Frosch der Prinz. Das erste ehrliche Gefühl der Prinzessin macht aus dem Frosch einen liebevollen Prinzen.

Die Diskrepanz zwischen ihrem Denken und Fühlen einerseits und ihrem Tun andererseits machte den Frosch jedoch immer furchterregender für die Prinzessin. Das erste ehrliche Gefühl, das sie ausdrückt, erlöst auch den Prinzen von seiner Lüge, seiner bösen Verzauberung.

Der Weg zur Liebe, den die Prinzessin geht, vollzieht sich im Märchen in mehreren Schritten:

1. *Die Angst erkennen*

Die Prinzessin hat Angst, daß sie die wertvolle goldene Kugel, das Symbol ihrer Weiblichkeit, ihrer psychischen Ganzheit, nicht wiederbekommt.

2. *Die Angst als Helfer akzeptieren*

Mit dem Frosch, dem Mann, kann sie ihre psychische Ganzheit, ihre Weiblichkeit wiedererlangen. Die Prinzessin geht auf diese Bedingung ein – wenn auch nur als Lippenbekenntnis.

3. *Sich verpflichten, die Angst nicht wieder in das Unbewußte hinabzudrängen, sondern sie nah an sich heranzulassen. Sonst wird die Angst von selbst wieder auftauchen wie der Frosch im Märchen.*

Die Prinzessin gehorcht ihrem Vater, im übertragenen Sinn: ihren persönlichen Moralvorstellungen, ihrer Verpflichtung.

4. *Die Angst offen zugeben*

Die Prinzessin gesteht ihre wahren Gefühle.

5. *In diesem Augenblick verwandelt sich die Angst in den »Prinzen«, einen wertvollen Begleiter, den man nun nicht mehr fürchten muß, sondern lieben kann.*

Die wahren Gefühle der Prinzessin erlösen auch alle anderen Menschen um sie herum. Dem treuen Heinrich springen die Bande von seinem Herzen.

Aus der kindlichen, unreifen Prinzessin ist eine reife, liebesfähige Prinzessin geworden, indem sie sich verpflichtet hat, ihrer Angst nicht auszuweichen.

Der Frosch wäre immer ein Frosch geblieben, wenn die Prinzessin nicht ihrer *Pflicht* nachgegangen wäre. Aus der Verpflichtung erwächst die Liebe – nicht umgekehrt. Oder wie es der amerikanische Autor und Humorist Kin Hubbard in den zwanziger Jahren formulierte: »Marriages are made in heaven, and very few of them ever get back to the factory.« Ehen werden im Himmel geschlossen, aber nur wenige kehren in diese Fabrik je wieder zurück. »Beziehungsarbeit«, dieses modisch-abgegriffene Wort, kann immer nur Arbeit an sich selbst sein. Wir müssen unsere eigenen Probleme be-arbeiten, nicht die des Partners. Das ist seine ureigenste Angelegenheit. Die Prinzessin im Märchen vom Froschkönig macht es uns vor.

Wir können erst wirklich lieben, wenn wir uns selbst dazu verpflichten, die Monster in unserem eigenen Abgrund nahe an uns herankommen zu lassen. Sie werden sowieso nicht lockerlassen. Sie sind so beharrlich wie der Frosch.

Wer sie nicht an sich herankommen läßt, für den wird es keinen Prinzen, keine Prinzessin geben. Der wird immer nur Frösche küssen müssen.

Doch immer, wenn wir ein Stück Angst überwunden haben, werden wir euphorisch – wie frischverliebt. Leute, die am Bungeeseil hundert Meter und mehr in den Abgrund gestürzt sind, berichten von dieser Euphorie, wenn sie wohlbehalten am Boden angekommen sind. Der gesamte Jahrmarktsbetrieb ist zum großen Teil für nichts anderes da, als uns auf Achterbahn und Riesenrad und all den anderen abenteuerlichen Karussells den angenehmen Nervenkitzel zu verpassen, der uns so beschwingt – wenn der Kitzel nicht zu heftig war.

## Der Nervenkitzel in der Liebe

Wo könnte nun der Nervenkitzel in der Liebe liegen? Ganz gewiß liegt er nicht ausschließlich auf der Ebene der sinnlichen, körperlichen Reize. »Als ich noch in ihn verliebt war, hielt ich ihn für eine Zweitausgabe von Jean-Paul Belmondo«, meinte eine Freundin einmal. »Als ich nicht mehr verliebt war, sah er für mich nur noch aus wie ein behaartes Frettchen.« Wir finden schön, was wir lieben. Und wir lieben, was wir schön finden. Was zuerst da war, läßt sich genauso wenig entscheiden wie die oft zitierte Frage nach der Henne und dem Ei.

Außerdem weiß jedes Kind heutzutage, daß ein ständig wiederholter Reiz monoton wird – wir nehmen ihn kaum noch wahr. Die schönste Frau mit dem hübschesten Popo kann auf die Dauer genauso langweilig werden wie jeden Morgen ein Richard-Gere-Verschnitt auf der anderen Bettseite. Was die Ebene der rein körperlichen Reize angeht, können wir gegen diese Art der Gewöhnung gar nichts tun. Keine neue Frisur hat je eine abgestorbene Leidenschaft wiedererweckt, keine Diät hat das je geschafft und auch die sündhaft teuren Strapse fachen kein Feuer mehr an, das längst erloschen ist.

Wer sich nur auf der Ebene der körperlichen Reize »verliebt« – und solche Menschen soll es geben, obwohl ich es nicht ganz glauben kann –, der hat in der Regel nach ein paar Wochen, höchstens Monaten genug davon genossen und wechselt das Menü. Wer mag schon jeden Tag das gleiche auf dem Teller?

Doch die allermeisten Menschen verlieben sich mit Gefühl, genauer: mit recht gemischten Gefühlen. Angst und Hoffnung, Sehnsucht nach Geborgenheit und glückselige Momente der emotionalen Sicherheit, Begeisterung und durchaus auch eine Prise Unbehagen – all das und noch einiges mehr macht den erregenden Gefühlscocktail aus. Doch bewahrt werden soll nur das Positive, die Geborgenheit, die Begeisterung, die Liebe.

Wir lieben uns doch – da hat Angst keinen Platz. Da ist kein Raum für Aggressionen, Langeweile oder gar Ekel. »Du brauchst im Dunkeln keine Angst zu haben«, haben uns unsere Eltern erzählt. »Ich bin doch bei dir«, haben sie uns getröstet. Das Dunkel sind sie nicht mit uns abgegangen, um uns zu überzeugen, daß unsere Angst unbegründet ist. Wer wird denn an Gespenster glauben, so ein großer Junge doch nicht, so ein großes Mädchen doch nicht. Es gibt sie, die Gespenster. Sie werden uns wie der Frosch im Märchen nachlaufen, wenn wir uns nicht um sie kümmern.

Oft sitzen wir ein Leben lang unserem magischen Kinderglauben auf: Wenn einer bei uns ist, der uns liebt, dann braucht man keine Angst zu haben. Dann ist Angst ein falsches Gefühl.

Den Umkehrschluß formuliert unsere logische Seele sofort: Wenn ich trotzdem Angst habe, dann werde ich eben nicht geliebt. Wir mögen nicht so denken. Aber vielleicht fühlen wir so. Es gab soviele Gefühle in unserer Kindheit, die verboten waren – Aggressionen gegen die eigenen Eltern zum Beispiel, wenn diese eine Definition von »Liebe« hatten, in der Aggression keinen Platz hatte. In den Definitionen anderer schließen sich »Langeweile« und »Liebe« aus, oder »Traurigkeit« paßt nicht mit hinein in den Liebesbegriff.

Daß wir unsere Eltern liebten, das haben sie fast alle von uns erwartet. Von irgendwoher mußten sich auch unsere Eltern ein Stück Liebe in ihr Leben holen. Warum nicht von ihren Kindern, wenn sie sich gegenseitig nicht genügend Liebe geben konnten? Lieben *müssen*, nicht aggressiv sein dürfen, der lasche Sex der allzu lieben Leute – natürlich fehlt der Pfeffer. Wo soll die Leidenschaft herkommen, wenn wir so klebrig-süß zueinander sind und uns ganz tief in unserer Seele am Ende gar gegenseitig den Tod an den Hals wünschen?

Das darf natürlich nicht einmal gedacht werden. Aber wo kommen diese Phantasien der allzu Besorgten denn sonst her? Bei jeder Verspätung des anderen stellen sie sich gleich vor, er liege mit gebrochenem Genick im Straßengraben. Sich Sorgen zu machen, das ist immer noch anständiger als Aggressionen zu haben, oder etwa nicht?

Dabei wäre es ja gar nicht so schlimm, daß wir uns tatsächlich am gebrochenen Genick des anderen auch noch ergötzen würden. Die

Seele bevorzugt nun einmal drastische Bilder und ist darin genauso grausam wie Grimmsche Märchen. Besser man läßt die Bilder hochkommen und ist nicht allzu erschreckt ob ihrer groben Metaphorik. Es sind Bilder, deren Bedeutung entschlüsselt werden muß, Sinnbilder für vorhandene Aggressionen, nicht mehr und nicht weniger.

Wir werden nicht zum Mörder, indem wir uns die Bilder anschauen. Wir werden zum Mörder, wenn wir uns unsere Wut *nicht* anschauen, sie uns nicht eingestehen. Dann kommt es zum »Totschlag im Affekt«. Ein tödlicher Schuß oder zwei, da war der Täter wahrscheinlich ein Unbekannter oder ein ausnahmsweise sehr kaltblütiger Nahestehender. Ein Dutzend Messerstiche – da vermutet die Polizei sofort: Da mußte soviel Wut und Haß heraus, die hat keiner, der nur ans Geld will.

Es muß offensichtlich viel Wut aus vielen heraus. Auf der letzten Spielwarenmesse in Nürnberg wurden Miniaturfolterkammern vorgestellt. Höchst filigran gearbeitete nackte Frauen, gefesselt und geknebelt, mit Ketten an Händen und Füßen und auf Pritschen gespannt, warten darauf, was der Folterer, ein finsterer Geselle, so alles mit den kleinen Folterwerkzeugnachbildungen an ihnen zu vollbringen gedenkt. »Die Leute kaufen es«, entschuldigte sich der Hersteller.

Und die ganz normalen Prostituierten klagen schon, daß mit »französisch«, »griechisch« oder einer fingerfertigen lokalen Massage kaum noch eine müde Mark zu verdienen sei. Nur wer als Domina sein täglich Brot verdient und seine Kunden mit Peitschen, Nadeln, Einläufen und vielen verbalen Demütungen »verwöhnt«, könne es in dem Gewerbe noch zu etwas bringen, hörte ich vor kurzem in *Boulevard Bio*, der Talkshow mit Alfred Biolek. Wieso zahlt einer viel Geld dafür, gefoltert zu werden? So pervers das klingen mag: Die Lust liegt unter anderem darin, daß der Kunde seine Herrin nicht berühren darf. Tut er's, kriegt er was auf den Hosenboden.

Das soll entspannend sein? Jawohl – wenn man sich bei der Ehefrau zum Verkehr verpflichtet fühlt, wenn man dort berühren *muß*, befriedigen *soll*. Welche Wonne, von diesem Muß befreit zu sein! Schon für normale Prostituierte ist ein Orgasmus mit einem Freier eine Art Betriebsunfall, der besser nicht vorkommt. Ich kann mir sehr gut vorstellen, welche Erleichterung es für einen Mann sein kann, einmal ganz entspannt im Hier und Jetzt Sex haben zu dürfen, ohne den Druck, einer Frau einen Orgasmus verschaffen zu *müssen*. Und welcher Genuß, auch einmal schwach sein zu dürfen! Die Klientel der Dominas soll, so hört man, vor allem aus Männern bestehen, bei denen andere sofort den Griffel fallen lassen, wenn sie nur mit der Wimper zucken. Sie sind die Rolle des starken Mannes so leid. Um heimlich auch einmal ein Stückchen Schwäche herauszulassen, zahlen sie gern.

Fortgeschrittene spielen Sado-Maso-Spielchen zu Hause. Sie läßt sich den Po versohlen, den einst Mama ihm verhauen hat. Rache tut gut! Doch sie genießt's, weil Papa da auch mal kräftig hingelangt hat. So fühlt sich Liebe an. Diese Lektion haben beide gut gelernt. Doch das Techtelmechtel macht auch nicht lange Spaß, wenn er im Grunde seiner Seele sich auf den Typ »netter Junge von nebenan« hat einschwören lassen. Und sie ihm im Alltag jeden Wunsch von den Augen abliest und sowieso nach der Pfeife ihres Herrn und Gebieter tanzt. Dann gibt es einfach keinen triftigen Grund, ihr den Allerwertesten zu polieren.

Papa und Mama haben sie sich seinerzeit wenigstens ab und zu noch widersetzt. Aber heute, wir sind schließlich erwachsen, läßt sich doch über alles miteinander sprechen. Unsere kleinen Reibereien, die schaffen wir schon aus der Welt. Der Klügere gibt nach. Bis zur Selbstaufgabe. Und plötzlich ist der Reiz der Haue wie weggeblasen. Dann probieren wir eben etwas Neues. Wir sind so frei, uns im Pornoshop ein neues Spielzeug auszusuchen.

## Die echten Gefühle ausgraben

Soviele falsche Gefühle, soviele jämmerliche Versuche, sich darüber hinwegzutäuschen. Das bißchen Mut, zu seinen wirklichen Gefühlen zu stehen, und so wieder Pfeffer ins Leben zu zweit zu bringen – das fehlt. Doch die wirklichen Gefühle muß man erst einmal entdecken, herausgraben aus dem Schutt und der Asche der falschen Gefühle, der Images und Rollen. Ich liebe dich, sagen wir. Ich habe Angst, das behalten wir für uns. Vielleicht spüren wir die Angst nicht einmal. Der andere spürt sie und fühlt sich nicht geliebt und in seiner Angst allein gelassen. Diesen ganzen Dreck und Mist auf der Seele, soll man den wirklich hochholen?

Wer wagt das schon? Wer weiß, was man bei der Suche findet? *Das Bewußtsein seines Selbst, sein Selbstbewußtsein, nicht mehr und nicht weniger.* Der Dreck und Mist, das sind nicht wir selbst. Das sind unsere falschen Programme, die nicht mehr funktionieren, wenn wir mehr erreichen wollen als das Rechthaben, daß Frauen und Männer oder du und ich nun einmal »so« sind. Wobei »so« meist nichts anderes heißt als »ziemlich enttäuschend«. Irgendwie nicht kompatibel mit dem anderen Geschlecht.

Da soll die Natur also eine Spezies geschaffen haben, die sich per angeborenem DNS-Code auf die Dauer selbst die Lust darauf nimmt, sich zu vermehren? Wohl kaum. Den Spaß vermiesen wir uns schon selbst.

Ja, aber. Es ist doch eine Tatsache, daß Männer in Frauen und Frauen in Männern immer die miesesten Seiten wecken! Sonst sind sie doch auch nicht so, die Männer und die Frauen. Schaut ihn an, was für ein netter Kerl, wenn er mit seinen Freunden zusammen ist. Unterhaltsam, aufmerksam, fröhlich, ein wahrer Schatz. Und zu Hause immer öfter dieses mürrische Gesicht. Wenn sie mal mit ihm reden will, dann kneift er. Man könnte ja gleich an eine Wand reden. Oder wie er sich manchmal aufspielt – ein Macho reinsten Wassers.

Und sie – sie sprüht nur so vor Charme, flirtet auf Teufel komm raus. Mit anderen! Zu Hause kommt sie einem wie eine Gebetsmühle vor, predigt ständig das gleiche, alte Lied, das er schon in- und auswendig kennt. Manchmal kann sie ja richtig nett und süß sein. Aber das kommt leider immer seltener vor. Ständig findet sie irgend etwas, was ihr nicht paßt. Das hält doch kein Mensch aus. Da bleibt man doch besser gleich allein.

Mit sich selbst allein kann man sich ja so wohl fühlen. Da gelingt es einfach viel besser, das wunderbare Bild, das man von sich im Kopf hat, zu bewahren. Je näher einem ein anderer kommt, um so mehr entdeckt er das Würstchen, das da in einem steckt. (Das fürchtet der Rechthaber in uns, der sein altes Programm mal wieder mit dem Messer zwischen den Zähnen verteidigt.) Als vermeintliches Würstchen fühlt sich jeder einfach mies. Wer tut sich so etwas schon freiwillig an? Das wäre ja der reinste Masochismus. Ist doch klar, daß sich jeder Mensch lieber mit Leuten abgibt, die ihn schätzen.

Wir antworten dem Rechthaber: Unser ganzer Glamour, das fabelhafte Image ist nichts als ein Haufen Mist, den wir für das pure Gold halten. Mit jeder Schaufel Angst, die wir abtragen, könnten wir zu unserer wirklichen Goldgrube gelangen: unserem Selbst. Jede Schaufel Angst läßt sich kreativ für unser ganzes Leben inklusive Sex und Erotik nutzen. Weil wieder eine große Belohnung auf uns wartet, wenn wir sie überwunden haben – die Euphorie und Lebenslust, die wir so vermissen und die auch der andere bei uns vermißt.

Wie war's denn damals, als wir noch verliebt waren? Haben wir uns da nicht gegenseitig mit unserer Begeisterung füreinander ständig aufs neue angestachelt? Gefühle teilen sich mit, so oder so. Was teilen unsere Gefühle dem Partner zur Zeit mit? Leiden? Langeweile? Frust? Wie soll ihm das Lust machen? Lust erzeugt Lust, Liebe erzeugt Liebe – wie es in den Wald hineinschallt ...

Erst wenn wir dem anderen mitteilen, was unsere wirklichen Gefühle sind, können wir aus einem Frosch einen Prinzen machen. Was hindert einen daran, mitzuteilen, daß man sich langweilt, verärgert oder gar wütend ist? Natürlich – die Reaktion des Partners, die man erwartet. Die Angst davor, in seinen Augen nicht ganz so gut dazustehen, als wenn man ein paar positivere Gefühle hätte. Die Angst davor, daß die Unmutsäußerung zum Streit führen könnte, zum Liebesentzug, zu noch größerer Distanz. Doch das Gegenteil ist der Fall.

Denn wenn wir mit anderen zusammen sind, so können wir getrost davon ausgehen, daß alle Beteiligten ungefähr das gleiche fühlen – ob sie es nun wissen oder nicht.

## Wie Gefühle sich spiegeln

Die Annahme, daß zwei oder gar mehrere Menschen, die miteinander kommunizieren, automatisch ganz ähnliche Gefühle haben, scheint zunächst gewagt. Bei Momenten höchster Liebesseligkeit, oder wenn zwei sich in die Haare geraten, mag man ja noch spontan zustimmen. Aber Gegenbeispiele sind scheinbar leicht zu finden.

Angenommen, Sie sitzen mit Ihrem Lebensgefährten beim Frühstück. Wie er sich ständig den Zeigefinger leckt, um die Zeitungsseiten umzublättern, das geht Ihnen heute morgen schwer auf die Nerven. Sonst tut er das zwar auch, aber bisher hat es Sie nicht gestört. Heute jedoch würden Sie ihn am liebsten anschreien, daß er diese affige Geste schnellstens aus seinem Repertoire streichen soll, weil sie so widerlich selbstgefällig wirkt. Wahrscheinlich beherrschen Sie sich jedoch und fragen sich viel eher, was eigentlich mit Ihnen los ist. Was macht Sie bloß so aggressiv?

Wenn Sie wüßten, daß Ihr Partner gerade etwas wenig Liebevolles über Sie gedacht hat, dann würden Sie sich nicht mehr wundern, daß Sie seine Aggression mit Ihrer Wut beantwortet haben. Doch Sie wissen es nicht. Und wenn Sie ihn fragen, ist es auch nicht sicher, daß er Ihnen die Wahrheit sagen wird.

Macht nichts. Bleiben Sie ganz bei Ihrem eigenen Gefühl. Das ist goldrichtig und betrügt Sie nicht. Nur mit einem sollten Sie vorsichtig sein: mit der Annahme, daß Ihr Partner als erster einen aggressiven Gedanken gegen Sie hatte. Es könnte durchaus sein, daß Sie sich schon beim Aufstehen insgeheim darüber geärgert haben, daß er seine Wäsche wieder in alle Richtungen verstreut hat, als er sich am vorigen Abend ausgezogen hat.

Also denken Sie im Moment besser nicht darüber nach, wer mit der Aggression angefangen hat. Im Augenblick kommt es nur darauf an, daß Sie ganz Ihren eigenen Gefühlen trauen.

Das heißt auch, daß Sie jetzt nicht wie ein Luchs Ihren Partner beobachten, ob dieser gleich offen aggressiv wird. Lauschen Sie nicht auf eventuelle feindselige Untertöne in seiner Stimme. Sie würden sonst den großen Fehler begehen, ihm nachweisen zu wollen, daß er aggressiv ist. Mit dieser Rechthaber-Masche kommt man niemals weiter.

Sagen Sie lieber, daß Sie im Moment ein aggressives Gefühl gegen ihn haben und sich nicht erklären können, woher es kommt. Wenn Sie es sich erklären können, weil Sie sich tatsächlich über die verstreute Wäsche geärgert haben, dann sagen Sie ihm das. »Ich ärgere mich immer noch, daß deine Sachen überall herumliegen.« Punkt. Mehr müssen Sie zu dem Thema nicht sagen.

Nur, wenn Sie mitteilen, was mit *Ihnen selbst* los ist, gibt es eine Chance, die momentane Störung in der Beziehung beizulegen.

Merken Sie sich das Beziehungsgesetz, das ich von Prof. Ernst Andreas Stadter hier übernehme:

*Wenn etwas stört, wird etwas nicht mitgeteilt. Sei es, daß jemand etwas nicht mitteilen will, sei es, daß es ihm nicht bewußt ist, und er es deshalb gar nicht mitteilen kann.*

Theoretisch brauchte der andere nur zu sagen, was mit ihm tatsächlich los ist. Schon würden wir verstehen, was da eigentlich abläuft. Doch in den meisten Fällen will oder kann er es eben nicht sagen. Der Kollege, der mit seinen ironischen Bemerkungen soviele Lacherfolge erzielt, wird kaum eingestehen, daß eigene Isolationsgefühle der Hintergrund seiner spitzen Bemerkungen sind.

Die Nachbarin, die uns ohne Punkt und Komma mit ihrem Redeschwall überflutet, so daß wir nach zehn Minuten das Weite suchen, wird ebenfalls nicht ausgerechnet uns beichten, daß sie selbst unter der ungeheuren Angst leidet, von anderen nicht gemocht zu werden und diesen Druck nun unbeabsichtigt an uns weitergibt, so daß wir uns in ihrer Gegenwart selbst an die Wand gedrückt fühlen.

Wir alle tarnen unsere inneren Verletzlichkeiten, unsere wirklichen Gedanken und Gefühle aus verschiedenen Gründen. Weil wir uns mit unseren Schwächen dem anderen nicht ausliefern wollen. Weil wir unser Gesicht wahren, unser Image aufrechterhalten wollen. Mehr oder weniger verfahren wir alle nach dem Motto: Wenn der andere wüßte, was wirklich mit mir los ist, dann würde er das gegen mich verwenden. Angst hat uns dieses Motto diktiert. Dabei passiert fast immer genau das Gegenteil, wenn wir mit der Sprache herausrücken: Wir entwaffnen den anderen mit unserer Offenheit.

Wenn der autoritäre Chef zugeben würde, daß er ständig Angst hat, von seinen Mitarbeitern nicht ernst genommen zu werden, wer würde ihn dann noch für einen Stinkstiefel halten? Wenn der dauernd Vorträge haltende Vater eingestehen würde, daß er Schwierigkeiten hat, seine Tochter als erwachsenen Menschen zu sehen, wer würde nicht viel milder auf seine Belehrungen reagieren?

Manchmal spüren wir intuitiv, welche Ängste hinter dem Verhalten eines anderen stecken, und wissen: »Aha, daher weht der Wind«. Und schon fällt es uns ein Stück leichter, mit unseren Mitmenschen großzügiger, liebevoller, verständnisvoller umzugehen.

Es sei denn, wir stecken ganz, ganz tief in der Rechthaber-Rolle und sagen dem anderen auf den Kopf zu, wovor er eigentlich Angst hat. Das sollten wir lieber schön bleiben lassen. Ein wenig Respekt vor dem Angst- und Denksystem des anderen sollte schon da sein. Ganz abgesehen davon, daß es sich nicht auszahlen wird für uns selbst. Der andere wird zurückschlagen, auf welche Weise auch immer. Mit einem ähnlich schweren Geschütz wird er auch uns angreifen. Wie die Kinder, die sich gegenseitig beleidigen: »Du bist doof!« – »Du bist noch viel doofer! Ätschibätsch!« Harmlose, kindliche Vorwürfe. Im Erwachsenenalter sind die Schläge unter die Gürtellinie vorprogrammiert, wenn wir einen anderen allzu lieblos auf seine Schwachstellen aufmerksam machen.

Oft entdecken wir die Schwächen des anderen jedoch nicht. Nicht weil unser Gefühl verkümmert wäre, sondern weil wir nicht mit unseren wahren Gefühlen reagieren, diese Gefühle vielmehr abwehren. Er flirtet zum Beispiel auf einer Party hemmungslos mit anderen Frauen. Sie fühlt sich kurz nach der Geburt ihres gemeinsamen Kindes unattraktiver denn je. Nun denkt sie, daß auch er sie unattraktiver denn je findet und dafür haßt sie ihn ein Stück. Diesen Haß wird sie äußern.

Sie weiß nicht, daß ihr Haß ein selbstgemachter ist. Sie denkt nicht im entferntesten daran, daß möglicherweise er schon längst befürchtet, sie habe kein erotisches Interesse mehr an ihm. Während der Schwangerschaft hielt sie sich sehr zurück. Dafür hatte er ja noch Verständnis. Nun ist das Kind da, körperlich ist sie wieder völlig in Ordnung, doch Lust spürt er keine mehr bei ihr. Sie ist fast nur noch auf das Kind konzentriert. Daß er noch ein begehrenswerter Mann ist – dieses Selbstbewußtsein holt er sich nun ein Stück bei anderen. Beide fühlen und denken so ziemlich das gleiche, doch sie sehen nur die eine Deutung ihrer Gefühle, nämlich die, die ihrem eigenen geringen Selbstwertgefühl entspricht. So schaukeln sich die Aggressionen hoch, der Machtkampf, die Eifersucht – was immer es an störenden Gefühlen in einer Beziehung geben mag.

Analysieren wir unsere Gefühle nämlich nicht genau genug, schauen wir uns nicht klar genug an, was in uns selbst vorgeht, so verfallen wir fast automatisch in unseren alten Schutzmechanismus. Der kann zum Beispiel in Rückzug bestehen. In Partnerschaften ist das der Moment, in dem Türen knallen, einer die Wohnung verläßt oder gleich seinen Krempel zusammenpackt – bis er wieder vor der Tür steht. Weil das schlechte Gefühl ja nicht dadurch verschwindet, daß man den anderen nicht mehr sieht. Es ist eben das eigene Gefühl, das man überallhin mitnimmt.

Manchmal wäre so eine Beziehungsstörung schnell aufzulösen, wenn wir nicht solche kleinen Feiglinge und Angsthasen wären. Stadter erzählt von dem Beispiel eines Paares, bei dem die Frau an einem angeblichen Eifersuchtswahn litt. Ihr Mann hatte nämlich vor kurzem seine Ex-Freundin wiedergetroffen. Seine Versicherung, daß nichts zwischen den beiden vorgefallen war, konnte sie einfach nicht glauben. Mittlerweile meinte sie selbst, krankhaft eifersüchtig zu sein.

In der Therapie kam jedoch heraus, daß der Mann zwar nicht gelogen, doch eine Kleinigkeit verschwiegen hatte. Seine Ex-Freundin hatte nämlich durchaus versucht, ihn zu verführen. Er hatte aber keine Erektion bekommen. Als die Frau das erfuhr, war ihre Eifersucht wie weggeblasen. Die Informationslücke zwischen ihrem Gefühl und der Halbwahrheit ihres Mannes war durch die vollständige Darstellung der Begegnung geschlossen.

Dieses Beispiel ist aber nicht so zu verstehen, daß die eigene Eifersucht *immer* aktuell begründet sein muß. Es kann durchaus passieren – und es passiert oft! –, daß die momentane Eifersucht auch nur eine Art bedingter Reflex ist. Das heißt: Wer sich in einer Situation befindet, die ihn unbewußt an eine andere erinnert, in der er Grund zur Eifersucht hatte, reagiert auf den Reiz der aktuellen Situation wieder mit der alten Eifersucht. Doch was immer so war, muß nicht immer so sein.

In Stadters Therapiebeispiel wollte der Mann nicht mitteilen, was wirklich los gewesen ist, um seiner eifersüchtigen Frau verletzende Details zu ersparen. Fataler läuft so ein Beziehungskonflikt jedoch ab, wenn einer von beiden Partnern gar nicht mitteilen *kann*, was mit ihm los ist, weil es ihm selbst nicht bewußt ist. Besonders, was unsere Sexualität angeht, haben wir meist ziemlich große blinde Flecken.

Da ist zum Beispiel ein Paar davon überzeugt, daß die Frau eine Libidostörung hat, sprich: Sie hat fast nie Lust auf Sex. Sie glaubt sogar von sich selbst, daß sie als Frau nicht ganz richtig tickt. Überall liest sie, daß Frauen erst nach einem langen Vorspiel richtig in Fahrt kommen. Doch sie empfindet die Zärtlichkeiten ihres Partners eher als lästige Fummeleien. So richtig Spaß macht ihr eigentlich nur ein Quickie, ohne langes »Getue« vorher, wie sie das heimlich nennt. Beide Partner sehen die Ursache für ihr meist ödes Sexleben bei ihr.

Tatsächlich läuft jedoch etwas ganz anderes ab. Für ihren Mann ist Sex unbewußt auch eine Methode, sich selbst von seinem eigenen inneren Gefühl der Leere abzulenken. So wie manche Menschen automatisch den Kühlschrank plündern, wenn sie sich innerlich unausgefüllt fühlen, kompensiert er seine innerliche Leere mit Sex. Doch das weiß er nicht. Seine Frau spürt jedoch unbewußt, daß seine Lust nicht echt ist, und spiegelt nur seine wahren Gefühle. In den Momenten, in denen sein Begehren echt ist, ist auch ihre Lust da.

Unsere Gefühle sind logischer, als wir oft vermuten. Unser Innenleben bleibt jedoch solange chaotisch, wie wir es nicht mit unserer Gefühlslogik strukturieren und zu einem stimmigen Puzzle zusammenfügen. Gefühlslogik heißt nichts anderes, als zu seinen wahren Gefühlen zu stehen und nicht gegen sie zu handeln.

Da begegnet uns zum Beispiel einer mit Reserviertheit und eisiger Kälte. Wir sind verletzt. Doch statt uns selbst einzugestehen, wie verletzt wir sind, und daß wir eigentlich gerade von diesem Menschen sehr gern gemocht würden, drängen wir dieses Gefühl weg, weil das Sich-verletzt-Fühlen unangenehm ist. Um uns vor diesem Gefühl zu drücken, denken wir »arroganter Schnösel« oder sonst etwas Abwertendes. Hätten wir unser eigenes Gefühl gründlich angeschaut, so hätten wir begriffen, daß auch die Reserviertheit des anderen nur ein Ausdruck seiner eigenen Angst vor Zurückweisung gewesen ist.

Die Zauberformel, um wenigstens in Zukunft nicht mehr an so vielen Möglichkeiten zur Verbesserung unserer Beziehungen vorbeizulaufen, lautet:

*Fühlen und denken – unter konsequenter Nichtbeachtung des Beobachtbaren. Denn wer sich nur das Beobachtbare anschaut, der behält zwar immer recht – weiß aber nie, was wirklich los ist.*

Beobachtbar ist immer der andere, sofort und ohne große Mühe. Sehr schnell haben wir eine Deutung seines Verhaltens zur Hand, die uns – das heißt: in unser altes Programm – paßt. Ob diese Deutung richtig ist oder nicht, werden wir kaum je erfahren. Das einzige, was wirklich und wahr ist, sind unsere eigenen Gefühle. Wer aus Angst vor seinen eigenen unangenehmen Gefühlen diese verbirgt und sich entgegen seinen Gefühlen verhält, aus vermeintlicher Rücksicht auf den anderen oder auf die Beziehung zu ihm, der zerstört die Beziehung, sein wirkliches Selbst und den anderen. Denn:

*Der Nervenkitzel in der Liebe kommt mit jedem Stück Angst zurück, das wir in uns selbst entdecken und überwinden.*

## Die große Angst der Männer

»Lieben bedeutet, bewußt das zu suchen, was uns gefehlt hat, und – meistens unbewußt – das wiederzufinden, was wir schon gekannt haben«, schreibt die französische Psychoanalytikerin Christiane Olivier in ihrem Buch »Jokastes Kinder«.

Gefehlt hat uns allen ein kleines oder größeres Stück emotionale Geborgenheit. Niemand kann wohl behaupten, daß er die perfekten Eltern gehabt hätte, die immer so für ihn da waren, wie er es gerade gebraucht hätte. So sind unsere frühen Ängste entstanden, die wir vielleicht ein Leben lang mit uns herumschleppen.

Die Verliebtheit ist der Zustand, in dem wir darauf hoffen, daß der andere uns für unsere früheren Verletzungen entschädigt. Doch schon nach dieser ersten Phase der Beziehung erweist sich oft, daß

Mann und Frau in unserer Zivilisation zwei völlig gegensätzliche Traumata haben, die sich gegenseitig höchst unbekömmlich für beide verstärken können.

Jeder kennt sie, die Männer, die Angst vor einer Beziehung haben, die ewigen Junggesellen. Nicht wenige bleiben trotz Ehe Junggesellen – in den Augen ihrer Frauen. Sie halten sich ihre Frauen zwar nicht gänzlich vom Leib, doch so auf Distanz, daß diese das Gefühl bekommen, am ausgestreckten Arm emotional zu verhungern. Sie bauen Mauern, machen die Schotten dicht, verfallen in das große Schweigen. Oder sie feuern schwere Abwehrraketen ab, damit die Frau, die mühsam versucht, das Rätsel »Mann« zu lösen, ihm sein Geheimnis nicht entringen kann. Sie kann schmeicheln, schreien, Erpressungsversuche starten – er sagt es ihr nicht.

Soll er ihr etwa sagen, daß er Angst vor ihr hat, Angst vor ihrer Emotionalität, vor ihrer Unberechenbarkeit, vor ihren Forderungen, vor ihren Versuchen, ihm seine Freiheit zu beschneiden? Wie stünde er bei diesem Eingeständnis als Mann da? Angst haben in seinen Augen – und in denen nicht weniger Frauen – nur Muttersöhnchen und Waschlappen.

Ach nein, so einer ist er nicht. Er spürt seine Angst ja nicht einmal. Er hat sogar Angst vor dieser Angst, die ihn in Nullkommanichts als Schwächling entlarven würde. Nerv mich doch nicht so, sei doch mal still, das ist alles, was er noch herausbringt. Eine, die so ein Theater wegen nichts macht, die ist doch wirklich unerträglich. Schau dich doch mal an, wie du aussiehst, wenn du so keifst! Meinst du, das finde ich attraktiv?

Einer in meiner Nachbarschaft hat sich mal eine Videokamera geschnappt, um seine Frau zu filmen, als diese ihm eine Szene machte. Der Beweis für ihn, daß sie verrückt war und nicht er, war so auf Magnetband gebannt. Daß sie ihm deshalb dann gleich noch eine Szene extra nachlieferte, das war dann doch die Höhe, fand er. Er wollte doch nur, daß sie endlich einmal (ein)sieht, wie grauenhaft ihr Theater ist. Er hat es ja so gut gemeint. Gut gemeint ist meistens falsch. Das sollte man sich merken. Daß ihn die Angst vor der vereinnahmenden Frau genauso trieb wie sie die Angst vor dem unzugänglichen Mann, das haben beide nicht gesehen. (Ihre Ehe hielt übrigens gerade mal ein Jahr.)

Christiane Olivier sieht diese Angst vor einer nahen Bindung an eine Frau als ein Charakteristikum (fast) jeden Mannes. Die Ursachen dafür liegen in seiner Beziehung zur Mutter. Fast jede Mutter hat unbewußt Schwierigkeiten, auf das einzige männliche Wesen zu verzichten, das sie je wirklich bei sich gehabt hat: ihren Sohn. Ihr Vater war in der Regel ein abwesender Vater und ihr Mann ist sehr oft auch nicht so für sie und mit ihr da, wie sie es sich wünscht.

Wer jetzt aufschreit: »Schon wieder sollen die Mütter an allem schuld sein, Protest!«, dem sei gesagt, daß Mann und Frau bei diesem Spiel verteufelt gut aufeinander eingespielt sind. Ein liebesfähiger Mann würde seine Frau nicht in die Arme ihres Sohnes treiben. Eine liebesfähige Frau wäre in der Lage, das Beste aus ihrem Mann herauszulieben und sich nicht bei ihrem Sohn für entgangene Liebe schadlos halten. So hätten es Sohnemann und Töchterchen wenigstens in der nächsten Generation ein wenig leichter mit dem anderen Geschlecht.

Doch auch in unserer angeblich so aufgeklärten Zeit bleibt der kleine Junge länger in der Symbiose mit der Mutter als das Mädchen. Ein Zeichen dafür ist, daß er in der Regel später zu sprechen und zu laufen beginnt als das Mädchen. (Bis in die Pubertät hinein sind Mädchen deutlich reifer als gleichaltrige Jungen.) Der Junge empfindet sich länger als Einheit mit der Mutter, wird länger in dieser Einheit gehalten. Lange versteht er sich wortlos mit ihr.

Sprachliche Kommunikation ist erst dann nötig, wenn man Distanz überbrücken will. Deshalb sprechen Mädchen eher. Doch irgendwann will auch der kleine Junge ein Stück Unabhängigkeit erlangen. Er muß sie sich gegen seine Mutter schwer erkämpfen, die ihn nicht so leicht loslassen will.

Je emotional unbefriedigender die Beziehung seiner Mutter zu seinem Vater ist, je mehr allein gelassen sie sich durch ihren Mann fühlt oder als alleinerziehende Mutter tatsächlich ist, um so stärker wird ihre Bindung an den Sohn sein, um so schwieriger die Ablösung für beide. Daß sich die Sehnsucht nach einem Mann, der ihr gehört, auf mehrere Söhne verteilen und damit entschärfen könnte, kommt heute sowieso nicht sehr häufig vor.

Jungen reagieren auf verschiedene Weise gegen die festhaltende Mutter. Manche ziehen sich völlig in sich selbst zurück, äußern sich weder in der Schule noch zu Hause. Oder sie sind draußen unter den Gleichaltrigen sogar die Wortführer und Anführer, während sie sich in der Nähe mit der Mutter ausschweigen. Sie werden auch später mit Schweigen reagieren, wenn ihre Frau Ansprüche an sie stellt.

Andere werden aggressiv, gegen alle und jeden. Wenn sie als erwachsene Männer wieder in eine Situation kommen, in der eine Frau etwas von ihnen fordert, neigen sie meist immer noch dazu, mit Aggressionen zu reagieren.

Seltsamerweise kommen viele Frauen mit den aggressiven Männern – sofern diese nicht übertreiben – oft besser zurecht als mit den schweigenden Mannsbildern. Ein Mann, der sich wehrt, wird einfach als männlicher wahrgenommen. Einer, der sich ergeben in sein Schicksal fügt, daß Frauen nun einmal unberechenbar sind, und das – zwar mißbilligend, aber ohne lauten Protest – in Kauf nimmt, der ist in den Augen nicht weniger Frauen schnell ein Schlappschwanz und Muttersöhnchen. An dem kann sie sich die Zähne ausbeißen. Bis der mal wie ein Mann reagiert und sie in ihre Schranken weist, da muß sie schon schweres Geschütz auffahren. Aber weiß man, ob sie ihn mit der großen Kanone nicht gänzlich in die Flucht schlägt? Auch Männer können sehr sensibel sein.

Die zärtlichste aller Lieben wird so für den Mann gefolgt vom längsten aller Kriege: dem gegen seine eigene Mutter, den er mit seiner Frau fortsetzt – bis er, vom Kampf ermüdet, in die Arme einer anderen sinkt. Doch oft wird bald auch bei der anderen das Schlachtgeheul erklingen und seinen Rückzug oder Trotz ankündigen. Daß Frauen auch immer so klammern müssen!

Von der Mutter können sich nur wenige Söhne wirklich lösen. Abrechnen werden sie für ihre Übergriffe unbewußt mit der späteren Partnerin. Aus Angst davor, sie könne ihn wieder so beherrschen wollen wie seinerzeit die Mutter, wird er sich entweder von ihr fernhalten oder sie beherrschen wollen. Oft gelingt ihm beides gleichzeitig. Denn indem er seine Frau auf Distanz hält, hat er unbewußt die wirkungsvollste Waffe gegen sie gefunden. Liebesentzug als Disziplinierungsmaßnahme für die fordernde Frau – diese Methode erspart es ihm und ihr, den offenen Kampf miteinander auszutragen.

Auf eine oder gar viele Frauen braucht er deshalb noch lange nicht zu verzichten. Sie laufen ihm ja praktisch hinterher, um so mehr, je mehr er sich entzieht. Das sollte sich die mal angucken, die ihn verlassen hat. Naja, sie hat einfach nicht gesehen, was für ein Goldstück er war. Die anderen, die kennen seinen Wert.

Das gaukelt er sich vielleicht vor, um sich innerlich über die Runden zu retten. »Why do always the right words come out of the wrong mouth?« formulierte einer meiner Freunde. Die zärtlichen, liebenden, begehrenden Worte, die wünscht sich der Mann von der Frau, die unerreichbar für ihn ist. So unerreichbar wie einst seine Mutter.

Der Mann, den wir lieben, bekommt von uns Frauen tatsächlich oft böse Worte zu hören – nicht die, nach denen er sich sehnt. Daß seine Mutterbeziehung an dem ganzen Elend schuld ist, das wissen wir schließlich. So therapieren wir mit viel vermeintlichem Verständnis an ihm herum, wollen ihn mit aller Macht ändern. Doch der Junge wehrt sich – mit Recht. Warum schauen wir uns so wenig unsere eigene Beziehung zu unserer Mutter, unserem Vater an? Wer hat uns gesagt, daß Frauen die besseren Menschen sind? Sie sind es nicht. Der Mann, den wir insgeheim oder offen abwerten, dient uns dazu, uns über ihn zu erheben, damit unser leicht störbares seelisches Gleichgewicht wenigstens stabilisiert wird.

Bei ihm wollen wir unser Defizit an Liebe füllen und haben doch selbst oft so wenig anzubieten. Wir geben ihm die Illusion von »Liebe« oder was wir auch immer für Liebe halten. Er bekommt wieder einmal nur das eine mit: So wie du bist, bist du nicht in Ordnung. »Ändere dich!« – das kennt er schon von seiner Mutter. Warum wundern wir uns noch, wenn ihm weibliche Versuche, seine Seele zu manipulieren, langsam aber sicher zum Hals heraushängen?

Das Spiel, das wir »Liebe« nennen, funktioniert jedoch immer wieder eine Zeitlang, weil er uns gar nicht so nahe an sich heran läßt, daß die Wahrheit an den Tag kommen könnte. Und wir ihn nicht an uns. Keiner sieht beim anderen den beinahe leeren Topf. Von weitem kann man nun einmal nicht über den Topfrand in das Innere hineinschauen. Doch beide hoffen, daß der Topf des anderen voll ist und daß sie mit ein paar Löffelchen vom leckeren Liebesbreichen gefüttert werden.

## Die große Angst der Frauen

Während die Liebe der Mutter zu ihrem Sohn immer auch erotisch gefärbt ist, ist es ihre Liebe zur Tochter nicht. Da auch das kleine Mädchen fast ausschließlich von Frauen, in erster Linie von der Mutter, großgezogen wird, fehlt ihm von Anfang an die mit Begehren versetzte Liebe. Es empfindet sich zwar nicht unbedingt als geschlechtsloses Wesen, aber es hat das Gefühl, seine Weiblichkeit an sich sei nicht ausreichend. Kleine Mädchen tun alles mögliche, um ihre Geschlechtszugehörigkeit zu betonen. Sie schmücken sich, latschen in den Schuhen der Mutter herum, tragen Handtäschchen und probieren heimlich die Unterwäsche der Mutter an. Sie werden erst als Mädchen anerkannt, wenn sie hübsch und niedlich aussehen. Ein Junge ist immer ein Junge.

Die Abwesenheit des Vaters und die zu seltene Erfahrung seiner zärtlichen Liebe legen so den Grundstein dafür, daß das Mädchen sein ganzes Leben lang dem Begehren des Mannes hinterherjagen wird, und wie einst in der Mutter unbewußt in allen Frauen Konkurrentinnen sehen wird.

War die Liebe des Vaters zur Tochter jedoch irgendwann allzu sehr erotisch gefärbt, wie das häufig geschieht, wenn das Mädchen in die Pubertät kommt, so wird die Frau später hin- und hergerissen sein zwischen dem Wunsch nach einem begehrenden Mann und ihrer Ablehnung seines Begehrens.

Solange die Scheidungsziffern weiter steigen, solange kleine Mädchen immer mehr auf die Anwesenheit des Vaters verzichten müssen, um so mehr werden sie nachträglich unter dem Verlust leiden, um so eifriger werden sie dem Begehren des Mannes hinterherjagen. Und um so schärfer wird ihr Konkurrenzkampf untereinander werden.

So treffen Frauen, die immer dringlicher Nähe, Intimität und Begehrtwerden ersehnen, auf Männer, die diese Forderungen immer weniger aushalten können.

Die Aussichten sind nicht gerade rosig, daß sich dieser Trend aufhalten ließe. Von diesem Standpunkt aus gesehen werden es Männer und Frauen in Zukunft noch schwerer haben, miteinander gut auszukommen. Von selbst wird sich jedoch daran nichts ändern.

## Die kurze Illusion

Ihr Leben lang ist eine Frau auf der Suche nach dem Begehren des Mannes. Sein Leben lang versucht der Mann, sich vor dem allzu großen Begehren der Frau zu schützen. Nur ganz am Anfang der Liebe, da läuft es so, wie beide es sich erträumen. Ihm wird traditionell – und daran scheint sich nicht so schrecklich viel geändert zu haben – der erste Schritt überlassen. (Wenn eine Frau den Heiratsantrag macht, dann ähnelt das auch heutzutage noch eher einem Ultimatum.) Er ist der Begehrende, sie die Begehrte. Wie wunderbar!

Der Mann, der ihr nachläuft, sie mit kleinen Geschenken überrascht, der sich etwas einfallen läßt für die gemeinsame Freizeit und eine zauberhafte Atmosphäre für die Liebe zu arrangieren weiß, der ist für eine Frau der Inbegriff ihrer romantischen Träume. Keine Frau wird so schnell müde, Komplimente zu hören, die ihr laufend bestätigen, daß sie die schönste, tollste, begehrenswerteste Frau unter der Sonne ist. Das hat sie in ihrer frühen Kindheit vermißt. Endlich geht sie im Wettbewerb um den Mann als Siegerin hervor. Denn in einer gesunden Familie hat sie die Konkurrenz mit der Mutter um den Vater verloren.

Als scheinbar aktiver Part im zärtlichen Gerangel – wir wissen längst, daß der Mann auf die Aufforderungssignale der Frau reagiert –, glaubt sich der Mann zunächst in Sicherheit. Bei dieser Frau braucht er nicht zu fürchten, daß sie ihm so auf die Pelle rückt wie einst die Mutter. Wenn er der Eroberer ist, für den er sich hält, dann hat er dadurch schließlich bewiesen, daß er der Stärkere ist. Ihre Angst, nicht genug begehrt zu werden, seine Angst, zu sehr begehrt zu werden, scheint besiegt. Beide glauben gefunden zu haben, was sie suchten, und können nun getrost heiraten oder sich auf andere Art und Weise enger zusammentun.

Doch von da an geht's bergab. Leider gilt das für immer mehr Beziehungen. Kurz nachdem beide sich für eine knappe trügerische Spanne in Sicherheit wiegten, passiert meist etwas ganz Schreckliches: Der Mann läßt in seinem Werben für die Frau nach. Warum sollte er auch werben, er hat sie doch schon.

Die Frau erwacht wie aus einem bösen Traum. Sie findet sich in genau der gleichen Situation wieder wie seinerzeit als kleines Mädchen. Sie läuft dem Mann hinterher. Und dieser fühlt sich genauso unbehaglich verfolgt wie seinerzeit von der Mutter. Ein Schema in unendlichen Variationen, das jeder aus bitterer eigener Erfahrung und aus der seiner Mitmenschen kennt.

Nicht er muß allerdings der Auslöser für den Anfang vom Ende sein. Oft genug ist es die Frau. Was macht sie heute für ein unglückliches Gesicht? Er ist doch bei ihr und nett zu ihr. Wie kann sie da unglücklich sein? Schwupp, steigt die erste Welle des Unbehagens in ihm auf. Sie wird doch nicht so sein wie seine Mutter? Die war irgendwie auch oft unglücklich, und meist kam's so heraus, daß er dran schuld war. Komm, mach doch nicht so ein Gesicht! Was ist denn los? Ist doch so ein schöner Tag heute. Den wollen wir uns doch nicht vermiesen lassen. Nichts wirkt. Ihr Lächeln wirkt ranzig. Ihr Bemühen gequält.

Er hat nicht die Macht, sie zu erheitern. Er ist ohnmächtig. Und sie fühlt sich mies, weil sie denkt, sie sei miesgelaunt einfach nicht erwünscht. Er liebt mich auch nur, wenn ich hübsch und gutgelaunt bin. Wie alle Männer. Oh je! Aus lauter Angst, daß ihre Liebe hops gehen könnte, mühen sich beide eifrig, ihre Sonntagsgesichter zu zeigen. Oder kramen nun extra – zum Trotz – ihr miesestes, fiesestes Gesicht hervor. Schaun wir mal, wie weit es mit deiner Liebe her ist. Siehst du, wie du erschrickst, du verlogener Wicht – keine Liebe sehe ich mehr bei dir. Jetzt kommt deine wahre Natur zum Vorschein. Welche Wut du auf mich hast, weil ich mal nicht so bin, wie du dir das wünschst.

Kleinkindertrotz gegen Kleinkindertrotz – aber immerhin ein echtes Gefühl. Seltsam, daß es uns so scharf aufeinander macht, wenn wir uns so richtig in den Haaren liegen. Das Unbewußte wird sich diese Reiz-Reaktions-Verbindung genau merken, wenn sie nur ein paarmal wiederholt wurde. Es hat gelernt: Wenn man einen anderen mal wieder so richtig auf Touren bringen will, dann zettelt man am besten einen Streit an, der sich gewaschen hat. Bewußt erkennen wir meist nicht, wie und was wir bei unseren trotzigen Streitigkeiten gelernt haben. Wir wollen den Streit eigentlich nicht, wir fühlen uns erst einmal unwohl dabei. Wieder ein Unbehagen, das im Bett abgeführt wird.

Lange klappt dieses Spiel deshalb leider auch nicht. Pfeffer in die Wunden des anderen zu streuen ist auf Dauer keine sonderlich erfolgreiche Methode, die Erotik lebendig zu erhalten. Irgendwann verblutet die Liebe dabei. Wo der Sex nicht von Liebe gefüttert wird, erschöpft er sich schnell.

Und dann? Dann geht die große Angst der Männer und Frauen meist den Weg des geringsten Widerstands: Sie sucht sich einen neuen Angstabnehmer. Denn als nicht mehr genügend Umworbene findet sich die Frau irgendwann selbst reizlos. Bald wird es auch ihr angetrauter Bettgenosse tun. Wer sich zuerst aushäusig mit einem Schuß Erotik und Sex bedienen wird, darauf können nun Wetten abgeschlossen zu werden.

## Untreue ohne Reue?

Mit fortschreitender Emanzipation ziehen die Frauen mit den Männern auf den unterschiedlichsten Gebieten gleich. Davon konnte auch der Seitensprung, das außereheliche Verhältnis, nicht ausgenommen sein. Daß Frauen jedoch ausgerechnet auf diesem Feld Männer mittlerweile sogar überrunden, wie die Amerikanerin Carol Botwin in ihrem Buch »Tempted Women« (Ebury Press) behauptet, überrascht dann doch. Jedenfalls gilt dies für verheiratete Frauen bis dreißig in den USA und in England. Unwahrscheinlich, daß ausgerechnet deutsche Frauen die große Ausnahme sind. Manche Fachleute schätzen, daß die Frauen hierzulande sogar Vorreiter des Trends waren.

Nie waren wir so treu wie heute, jubeln demgegenüber die hiesigen Medien seit ein paar Jahren in regelmäßigen Abständen. Die Zahlen, die den Trend zur Treue dokumentieren sollen, scheinen auf den ersten Blick überzeugend. Immerhin 80 Prozent der deutschen Frauen und 82 Prozent der Männer fordern vom Partner »unbedingte Treue«, wie das Institut für Demoskopie in Allensbach 1993 feststellte. 1976 waren es nur 67 Prozent der Frauen und 68 Prozent der Männer, die vom Partner oder der Partnerin sexuelle Ausschließlichkeit verlangten.

Wer die vertrackte Psyche von uns Menschen kennt, der sollte allerdings wissen, daß Wünsche um so heftiger werden, je weniger sie in der Realität erfüllt werden. Wir wünschen uns Sonnenschein, wenn es regnet. Wer an einem Karibikstrand schmort, sehnt sich dagegen nach einer *Frozen Margerita* oder wenigstens einem eiskalten Cola. Und wer einen treuen Partner hat, der fordert im Normalfall nicht das von ihm, was er sowieso schon freiwillig leistet. So lassen sich die Zahlen für uns angeblich so treue Deutsche auch ganz anders lesen.

Offensichtlich *fehlt* den allermeisten Treue fürs Beziehungsglück. Weil sie tatsächlich untreu sind. Im Durchschnitt aller Altersgruppen geben denn auch 40 bis 50 Prozent der deutschen Frauen zu, ihren Partner schon einmal betrogen zu haben. Bei den Männern sind es im Schnitt 70 Prozent – noch ... Nach Botwin dauert es in den USA heutzutage gerade mal fünf Jahre, bis eine Frau ihren Ehemann zum erstenmal betrügt. Frauen, die vor 1960 geheiratet haben, ließen immerhin eine Anstandsfrist von vierzehn Jahren vergehen, bis sie den Seitensprung wagten. Aus wohlinformierten Kreisen (Psychotherapeuten) verlautet, daß deutsche Frauen nicht fünf, sondern nur durchschnittlich drei Jahre warten, bis sie sich einen Liebhaber neben dem Ehemann angeln.

Am Traualtar glaubt jedoch noch so gut wie jede Braut, daß sie ihrem Ehemann in Zukunft absolut treu sein wird. Zwar nicht mehr, bis daß der Tod sie scheidet, jedoch wenigstens für die Dauer der Ehe. Trotzdem setzt irgendwann das typische Beziehungsmuster weiblicher Affären ein:

Ein Mann, den sie schon lange kennt, ein Kollege vielleicht oder auch ein Freund des Ehemannes, höchstwahrscheinlich selbst verheiratet, rückt in den Mittelpunkt ihrer romantischen Träume. Meist baut sich eine erotische Spannung über Monate auf, manchmal sogar über Jahre. Und diese Spannung wird auch während der Affäre aufrechterhalten. Denn die meisten »Ehebrecherinnen« modernen Typs haben relativ wenig Sex mit ihrem Liebhaber. Alle zwei, drei Wochen oder sogar alle paar Monate sind eher die Regel als die Ausnahme. Der Feind der Leidenschaft, die Routine, ist gebannt. Entsprechend lang dauern die Affären: bis zu fünfzehn Jahren!

*Das Profil der »Ehebrecherin« in den neunziger Jahren:*

Was ist das für eine Frau, die ihren Mann schon nach kurzer Ehedauer betrügt und das nicht einmal aus Rache, um dem untreuen Gatten eins auszuwischen? Die vielmehr einfach den Weg des geringsten Widerstands geht, wenn ihr Romantik in der Ehe fehlt. Botwin nennt folgende Charakteristika, die eine Frau anfällig für Untreue machen:

1. Sie ist berufstätig. 57 Prozent der berufstätigen Frauen haben ihren Liebhaber am Arbeitsplatz kennengelernt. Wer in einer ausgesprochenen Männerdomäne arbeitet, für den ist es noch wahrscheinlicher, daß es funkt.

2. Die Gelegenheit ist gerade günstig. 40 Prozent der jungen »Ehebrecherinnen« meinten, ohne die günstige Gelegenheit wäre es nicht zu der Affäre gekommen. (Nach dem altbekannten Motto »Wer sucht, der findet« kann man bei dieser Selbstauskunft allerdings davon ausgehen, daß es sich um einen kleinen Selbstbetrug handelt.)

3. Je höher die Anzahl der Sex-Partner vor der Ehe, um so größer die Wahrscheinlichkeit, daß eine Frau ihren Mann betrügen wird.

4. Mit dem Mann verbindet sie schon länger eine besondere Freundschaft. Freundschaft ist der Ausgangspunkt der meisten außerehelichen Beziehungen. (Hatte Harry doch recht, als er im Film »Harry und Sally« behauptete, Männer und Frauen könnten nicht miteinander befreundet sein, der Sex stünde immer zwischen ihnen?)

5. Die Frau hat schon lange vor dem Seitensprung über eine Affäre nachgedacht. Vom Gedanken zur Tat dauert es allerdings oft Monate bis Jahre. (Fast 60 Prozent aller deutschen Frauen haben bereits mit dem Gedanken gespielt, eine Affäre zu beginnen!)

6. In der Ehe ihrer Eltern hat es Affären gegeben, gleichgültig, ob Vater oder Mutter den anderen betrogen haben. Familiäre Beziehungsmuster neigen immer dazu, sich zu wiederholen.

7. Die Frau ist dominierend in der Ehe. Frauen, die häufiger in der Beziehung Entscheidungen fällen als ihr Partner, oder auch die, die beim Sex öfter die Initiative ergreifen als er, neigen eher zum Seitensprung als Frauen in Beziehungen, in denen er der Dominante ist.

Dieser Grund leuchtet ein. Sie ist gewohnt zu bekommen, was sie will. Allerdings sei die Zwischenfrage erlaubt: Wieso gelingt es ihr nicht, erotisches Interesse bei ihrem Mann zu wecken? Richtig: Weil man Lust eben nicht befehlen kann. In diesem Fall verflüchtigt sie sich in Windeseile.

8. Sie liebt sich selbst mehr als ihren Ehemann, stellt ihre ganz persönlichen Interessen höher als seine. Vor dem »Wir« steht das »Ich«.

9. Sie verbringt viel Zeit ohne ihren Partner. Ob Geschäftsreise, unterschiedliche Arbeitszeiten, verschiedene Freizeitinteressen oder getrennte Ferien: Je weniger sie den Ehemann sieht, um so eher betrügt sie ihn. (Das hatten wir auch schon vermutet, daß freiwillige Trennungen die Lust auf Sex mit dem Partner nicht ankurbeln.)

10. Die Frau hat eine höhere Bildung als ihr Ehemann. In diesem Fall betrügt sie ihn sogar überdurchschnittlich oft und mit einer größeren Anzahl verschiedener Liebhaber.

Diesen Punkt können wir auch so lesen: Von dem traditionellen Muster, daß eine Frau zu ihrem Mann aufschauen sollte, hat sie sich bisher noch nicht getrennt.

11. Die Frau hat eine Freundin, die ebenfalls ihren Mann betrügt. (Was andere auch tun, kann so schlimm schließlich nicht sein.)

## Die Sehnsucht nach Romantik

Die meisten jungen Frauen, die ihre Männer betrügen, behaupten, sie seien in ihren Ehen zufrieden bis glücklich. Ganz unglaubwürdig scheint das nicht. Eine in ihrer Ehe total unglückliche Frau reagiert oft mit Depressionen auf die Beziehungsmisere. Und Depressionen sind nicht gerade die beste Voraussetzung für eine heiße Affäre. Was diese Frauen jedoch in ihren »glücklichen« Ehen vermissen, sind Romantik, Erotik, Leidenschaft.

Sie vermissen es offensichtlich schmerzlich. Wenn praktisch alle Bräute mit dem Ideal absoluter Treue antreten, dann braucht es schon einen triftigen Grund, um sein eigenes Ideal nach relativ kurzer Zeit zu verraten. »Mehr Frauen als Männer«, so behauptet auch die amerikanische Autorin Dalma Heyn, »haben schon nach wenigen Ehejahren dieses glanzlose, schlappe Gefühl.« Männer sehen nach Heyn in der Ehe immer noch eher eine praktische Versorgungseinrichtung. Diese Erwartung erfüllt sich für sie meist, mit dem Resultat, daß sie mit ihrer Ehe recht zufrieden sind. Frauen dagegen erwarten von der Ehe die seelische und erotische Erfüllung – und sind bald enttäuscht.

Statt darüber zu jammern oder sich resigniert in ihr Schicksal zu fügen, wie es vielleicht noch ihre Mutter und Großmutter getan haben, sucht die moderne Frau zielsicher nach Alternativen. Zunächst nur in ihren Gedanken spielt sie mit dem Feuer. In der Phantasie erlaubt sie sich erotische Ausschweifungen. Manchmal mit einem gesichtslosen Fremden. Öfter mit einem netten Mann, den sie schon lange kennt. Warum auch nicht? Schließlich hat sie seit Jahren gelesen, daß erotische Phantasien wichtig sind für eine erfüllte Sexualität.

Das sind sie auch, doch die Macht unserer Gedanken ist stärker, als wir meist glauben. In die tatsächliche Beziehung zu dem Mann ihrer Träume, der meist gar nicht ihr Traummann ist, bringen sie genau das lang vermißte erotische Knistern. Irgend etwas hat der Typ, das sie fasziniert, ihren Puls schneller schlagen läßt, ihr eine leichte Gänsehaut verschafft, wenn er sie berührt. Natürlich spürt er das, wenn vielleicht auch nur unbewußt. In der Regel lädt sich über Monate die Atmosphäre so sehr auf, daß es irgendwann bei günstiger Gelegenheit tatsächlich zum Sex kommt.

Und plötzlich ist alles da, was scharfen Sex ausmacht: das Bewußtsein, eine »Sünde« begangen, etwas Verbotenes getan zu haben.

Heimlichkeiten. Die Unmöglichkeit, immer, wenn man Lust hat, auch Sex miteinander zu haben. Warten, Sehnen, Hoffen. Kurz: erotische Spannung, garniert mit dem unvermeidlichen Schuß Angst. Aber auch gleichzeitig das beruhigende Gefühl, daß man ja mit diesem Mann nicht sein Leben verbringen will. Dafür hat man ja einen zu Hause. Einen, den man liebt, der einem emotionale Sicherheit gibt.

Weil man in seiner Affäre zunächst einmal frei von Verlustängsten ist, kann man natürlich auch sexuell eine Menge ausprobieren, wozu einem beim eigenen Mann entweder der Mut fehlt, oder wofür die richtige Stimmung einfach nicht mehr aufkommen will. In der Ehe sind nach ein paar Jahren auch die sexuellen Rollen festgefahren. Doch es ist eher das Drumherum, weniger der Sex selbst, das eine Affäre für eine Frau interessant macht. Sex auf die Schnelle mit einem beinahe Unbekannten ist immer noch die Ausnahme.

Die wenigsten Frauen leiden bei einer Affäre übrigens unter einem schlechten Gewissen. 59 Prozent aller Frauen finden, daß sie ihre Affäre seelisch gut verkraften. Sie sind sich sicher, daß sie dem Ehemann schließlich nichts wegnehmen. Mit ihm haben sie oft genauso viel Sex wie vorher und von derselben glanzlosen Sorte. Der Liebhaber ist das große Plus in ihrem ganz persönlichen Leben – meinen sie. Schwierig empfinden die meisten allerdings den Termindruck. Beruf, Ehemann, Lover, eventuell auch noch Kinder unter einen Hut zu bringen – das macht für die Ehebrecherin heutzutage den wahren Streß aus.

Was sie natürlich niemals zugeben würde, schon gar nicht in einer Umfrage eines Meinungsforschungsinstitutes, wie ich annehme, ist die klammheimliche Rache, die sie gegen ihren Ehemann ausübt. Wenn du mir nicht gibst, was ich brauche, dann hole ich es mir eben woanders, Ätschibätsch!

Insgeheim gibt sie natürlich doch ihrem Mann die Schuld. Aber warum streiten und alles aufs Spiel setzen? Und warum bei sich selber nachschauen? Als emanzipierte Frau, für die sie sich hält, hat sie das nicht nötig. Andere Männer zeigen ihr, daß sie begehrenswert ist. Also muß es doch an ihrem Mann daheim liegen, wenn es nicht mehr so funktioniert wie früher.

Es ist ja sicher schon ein kleiner Fortschritt, wenn eine Frau sich selbst vom Leben holt, was sie braucht und nicht nur darauf wartet, daß ein Märchenprinz ihr jeden Wunsch von den Augen abliest. Zum Glück findet sie den Jeden-Wunsch-von-den-Augen-Ableser nicht, sie würde ihn wahrscheinlich sowieso zur Tür hinausjagen, diesen Langweiler, der vor ihr kriecht und einfach kein richtiger Mann ist.

Mit »Liebe« hat das ganze Spiel nur nicht so schrecklich viel zu tun. Mit Lust auch nicht soviel, wie man denken könnte. Ihr kommt es ja gar nicht wirklich auf den Sex an. Daß sie den gar nicht so oft braucht, wie sie vorgibt, davon sprechen ihre Romanzen eine beredte Sprache. Die Heimlichkeit genießt sie, das verbotene Spiel mit dem Feuer. Sex alle paar Wochen einmal war für die meisten Frauen genug, die Botwin Rede und Antwort standen. Wie praktisch. Denn meist ist auch der Liebhaber ein verheirateter Mann mit knapper Freizeit.

## Warum für Frauen Romantik so wichtig ist

Daß eine Affäre der pure Balsam für das angeschlagene Selbstwertgefühl einer Frau sein kann, ist nicht neu. Deshalb hat man es einer betrogenen Frau schon immer leicht verziehen, wenn sie sich aus einem Rachegelüst heraus einen Liebhaber nahm. Wenn ihr Ehemann sie schon lange betrog, dann tat sie in den Augen der meisten durchaus das Richtige, wenn sie nach dem Motto »Wie du mir, so ich dir« verfuhr. Immerhin 18 Prozent aller deutschen Frauen geben diesen Grund für ihre außereheliche Beziehung an. Rache dafür, daß der Mann selbst untreu war – das darf man denn gerade noch eingestehen.

Was Frauen jedoch global mit dem Wunsch nach mehr Romantik und Erotik umschreiben, zielt tatsächlich in die gleiche Richtung. Für ihr Selbstwertgefühl ist es ungemein wichtig, daß eine Frau sich erotisch begehrt fühlt. Daß ihr Ehemann regelmäßig mit ihr Sex hat, gibt ihr das Gefühl des Begehrtwerdens jedoch noch lange nicht.

Von sieben Nächten in der Woche schläft er heute vier, fünf oder gar sechs mit einem Gutenachtkuß einfach neben ihr ein. Am Anfang der Beziehung hätte er ohne Sex kein Auge zugemacht. Sie nackt unter der Dusche zu sehen war für ihn einmal ein Ereignis – nach ein paar Jahren nur noch belangloser Alltag. Erotische Spannung stellt sich nicht mehr einfach von ganz allein ein. Sie muß schon ein bißchen in die Trickkiste greifen, um diese Spannung wieder herzustellen, meint sie oft. Was für sie im Klartext heißt: Sie allein ist nicht mehr Reiz genug für ihn.

Männer verstehen selten, was Frauen in einer Beziehung unzufrieden machen kann. Sie werden geliebt, der Mann ist ihnen treu, der

Sex ist für beide gut, na, sagen wir: zufriedenstellend (da wird's doch hoffentlich keine Beschwerden geben?) – ja, was will sie denn eigentlich? Sie will begehrt werden, hundertprozentig.

Die Frau, die es aufgegeben hat, dem Begehren ihres eigenen Ehemannes nachzujagen, tut vielleicht das Klügste, was sie in Anbetracht ihrer Möglichkeiten tun kann. Statt zu jammern und zu klagen und von ihm Erotik und Romantik einzufordern, was ihn nur noch weiter in die Flucht schlagen würde, weil das seine Ängste, sie wolle ihn mit Haut und Haar besitzen, nur verstärken würde, läßt sie ihn ein Stück los. Aber sie tut es leider nicht, weil sie ihre eigene Angst selbst nicht überwunden hat, nicht genug begehrt zu werden. Sie betäubt sie nur mit dem neuen Lover, mildert sie ab.

Damit entfernt sie sich ein Stück von ihrem Ehemann. Das kann zwar dazu führen, daß sie so wieder interessanter für ihn wird. Wenn er sie unbedingt halten will, dann wird er sich anstrengen müssen. Und das genießt sie ungemein. Jetzt ist er wieder ganz der alte, in den sie sich verliebt hat. Nach einer Untersuchung des Instituts für Rationelle Psychologie in München gaben denn auch 29 Prozent der Frauen an, ihr Seitensprung oder ihre Affäre hätte der Beziehung zum Lebenspartner ausgesprochen gut getan!

Oft genug jedoch führt die Liaison dazu, daß beide Partner auf Dauer Sex aus ihrer Beziehung ausklammern und fortan die körperliche Liebe mit anderen erleben. Wer damit als Paar glücklich wird, für den kann das eine gute Sache sein. Doch meist dürfte solch ein Arrangement aus Angst zustande kommen: Angst, den Partner ganz zu verlieren, wenn man auf diese Bedingung nicht eingeht. Und Angst war noch nie ein guter Ratgeber für eine Entscheidung.

Im Regelfall ist der Beziehungsofen aus, wenn er sich innerlich von ihr verabschiedet hat. Nach neuesten amerikanischen Studien zerbrechen die Beziehungen am leichtesten, in denen sich der Mann zurückzieht, sich nicht mehr um die Beziehung bemüht. Sie kann tun, was sie will, stellten die Forscher fest, auf Dauer läßt sich die Liebe nicht retten. Wir haben es schon gesagt: Sich lieben lassen, das funktioniert selten. Es wird dem, der lieben läßt, schnell langweilig.

Da kann sie noch so sehr ins kümmerliche Flämmchen ihrer fast erloschenen Liebe blasen, ihr wird über kurz oder lang die Puste ausgehen. Sollte er sich also nur noch dazu herablassen, sich gnädig ab und an verführen zu lassen, dann wäre sie gut damit beraten, ihre Strapse ins Köfferchen zu packen. Wenn sie kann! Wenn »Hinterherlaufen« ihr altes Liebesprogramm ist, so wird sie schwer davon loskommen. Doch die Beziehungen, in denen er ihr hinterherrennen muß, sind haltbarer. (Wie schafft das Biest das bloß, sich solange einen Typen warmzuhalten?)

Für die Frauen selbst allerdings wäre es gut, nicht ganz so schnell frustriert zu sein, wenn das Verlangen des Mannes einmal oder auch öfter nicht ganz so heiß ist wie erwünscht, sondern ihn eine Weile in Ruhe zu lassen und sich stattdessen um sich selbst zu kümmern. Das fällt jedoch vielen schwer. Den Männern würde es ebenfalls nicht schaden, die Gefühle, die die Frau an ihrer Seite weckt, nicht allzu vorschnell und besinnungslos mit denen zu verwechseln, die einst ihre Mutter in ihnen auslöste. Sie mal in Ruhe zu lassen mit seiner Abwehr und sich stattdessen um sich selbst zu kümmern.

Aber tut er nicht genau das: sie in Ruhe lassen und sich um sich selbst kümmern? Nein. Wenn sein Abwehrmechanismus der innere und äußere Rückzug von der Frau ist, dann fährt er sehr schwere Geschütze auf, wenn er sie immer weiter in Ruhe läßt. Seine Angst und Abwehr würde er eher überwinden, wenn er trotzdem ein Stück auf sie zukäme – gerade dann, wenn sie ihn nervt.

Was wäre das Liebesleben schön, wenn wir aufhören könnten, die Watschenmänner und -frauen für die Forderungen und Erwartungen zu sein, die seinerzeit unsere Eltern an uns gerichtet haben! Doch wie schwer ist das. Spätestens beim Sex zeigt sich, wie schwierig es tatsächlich ist.

Vielleicht ist es ja ganz vorbei mit seiner Lust, wenn ihm erst einmal klar wird, daß er im Grunde mit einem Double seiner Mutter liiert ist. Nun hat er womöglich beim Sex immer die Originalausgabe vor Augen. Wie soll da noch etwas laufen, wenn Mama auf der Bettkante hockt? Ein Parfum, das ich mal benutzte, löste einen schockierend erschlaffenden Effekt bei einem Mann aus. Es war das Parfum seiner Mutter. Zum Glück wußte der Mann, woran seine Unlust lag, zum Glück für mich mußte ich nicht eine ganze Flasche opfern, denn es handelte sich nur um eine Probe.

Und sie? Wenn sie sich erst einmal klar darüber ist, daß auch bei ihr Papa und Mama auf dem Laken mitmischen, soll ihr da nicht die Lust vergehen? Sieht das nicht alles ein bißchen nach Inzest aus? Die Bilder, die da hochkommen, die können schon erschrecken, wenn wir sie nicht richtig zu deuten wissen.

Wir sollten nicht vergessen, daß wir auch als Kinder schon sexuelle Wesen waren. Natürlich haben uns unsere Eltern auch erotisch interessiert. Natürlich hatten wir als Kinder nicht die genitale Erotik der Erwachsenen. Und natürlich vermischen sich Kindheitswünsche mit den erwachsenen Möglichkeiten und Fähigkeiten. Kein Grund also, sich zu erschrecken.

Aber mit den damals zum Teil unerfüllt gebliebenen oder falsch erfüllten Wünschen ging auch ein großes kindliches Unbehagen einher. Und das lauert mit auf der Matratze.

Dieses Unbehagen wird immer größer, wenn wir nichts unternehmen.

## Übungen

1.
Denken Sie an eine Situation aus der letzten Zeit zurück, in der Sie sich jemand anderem gegenüber liebevoll verhalten haben, dieser aber durch Ihre Zuwendung unangenehm berührt schien.

Erinnern Sie sich ganz genau daran, was Sie außer Liebe noch gefühlt haben, als Sie die Zuwendungsgeste machten.

Vielleicht wollten Sie den anderen durch Ihre liebevolle Geste dazu bringen, auch Ihnen seine Liebe zu zeigen?

Sollte es so gewesen sein, so haben Sie ihm wahrscheinlich mehr Ihr Mißtrauen offenbart als Ihre Liebe.

Was immer es auch gewesen ist, gehen Sie davon aus, daß Sie das Gefühl übermittelt haben, das Ihrem Verhalten wirklich zugrunde lag.

Wenn Sie nicht herausbekommen sollten, welches Gefühl Ihrer Liebe beigemischt war, so erinnern Sie sich daran, wie der andere genau auf Sie gewirkt hat. Sie können überzeugt sein, daß der andere Ihr tatsächliches Gefühl gespiegelt hat.

2.
Denken Sie an eine Situation aus der letzten Zeit zurück, in der es zum Streit gekommen ist.

Fragen Sie sich, welches Gefühl Sie ganz genau während dieses Streits hatten. Haben Sie sich vielleicht gedemütigt, minderwertig, vereinnahmt oder traurig gefühlt?

Vergleichen Sie Ihr wirkliches Gefühl bei dem Streit mit dem Gefühl, das der andere aus Ihrem Verhalten schließen konnte.

Wahrscheinlich werden Sie feststellen müssen, daß Sie nicht Ihr eigentliches Gefühl mitgeteilt haben, sondern ein ganz anderes.

So könnte es zum Beispiel sein, daß Sie Ihre Traurigkeit hinter Wut verstecken, oder Ihre eigenen Minderwertigkeitsgefühle hinter abwertenden Äußerungen über den anderen. Auf diese Weise schützen Sie sich davor, den Schmerz der Traurigkeit oder des Gefühls, nicht viel wert zu sein, zu spüren.

Machen Sie sich klar, daß Ihr Schutzmechanismus dazu führen wird, daß sich zum Beispiel Ihre Traurigkeit oder Ihr Minderwertigkeitsgefühl verstärkt. Wenn Sie Wut statt Traurigkeit zeigen, so wird der andere ebenfalls aggressiv auf Sie reagieren. Sie werden ein Stück einsamer sein und im Grunde noch trauriger. Wenn Sie diese noch größere Traurigkeit hinter noch mehr Wut verstecken, so wird sich die Spirale weiter hochschrauben. Wer diesen Mechanismus nicht bei sich selbst durchbricht, der steht am Ende verbittert und einsam da – und hat nicht einmal mehr jemanden, auf den er wütend sein kann.

Seien Sie Ihrem Schutzmechanismus dankbar, daß er Sie schon solange im Leben davor bewahrt hat, sehr schmerzhafte Gefühle zu spüren.

Nun können Sie sich von ihm verabschieden. Jeden Tag aufs neue. Denn jeder Schutzmechanismus ist hartnäckig und wird Sie automatisch immer wieder schützen wollen.

3.
Wenn Ihr Schutzmechanismus Sie wieder einmal automatisch geschützt hat, sagen Sie zu sich selbst: Stop! Dann spüren Sie nach, was Ihr wirkliches Gefühl ist. Teilen Sie dieses Gefühl mit, sonst nichts.

Sie werden feststellen, daß Sie auf diese Weise jede stressige Situation mit einem anderen Menschen entschärfen können.

Ihr wirkliches Gefühl, das ist der Prinz, die Prinzessin in Ihnen. Werfen Sie also den Frosch an die Wand! Sie werden sich selbst erlöst vorkommen.

# IV. Teil

# Leidenschaftlich lieben lernen

Aber laßt Raum zwischen euch.
Und laßt die Winde des Himmels
zwischen euch tanzen …
Und steht zusammen, doch nicht zu nah:
Denn die Säulen des Tempels
stehen für sich, und die Eiche und die Zypresse
wachsen nicht im Schatten der anderen.

*Khalil Gibran, Der Prophet*

## Die Geschichte von Rosi und Richard

Sie lernten sich im Flugzeug von Berlin nach Frankfurt kennen. Es war kurz vor Weihnachten. Er wollte seine Eltern über die Feiertage besuchen. Sie hatte einen Geschäftstermin in Frankfurt. Richard war 32, Rosi 30. Und es war Liebe auf den ersten Blick. Rosi – bei dem Sender, bei dem sie arbeitete, gerade zur Filmproduzentin aufgestiegen – gefiel an Richard, dem Fotografen, vor allem seine sanfte, sensible Art. Er war so ganz anders als die Erfolgstypen um sie herum mit ihren BMWs, BOSS-Anzügen und der Bräune aus dem Sonnenstudio.

Richard war fasziniert von Rosis Selbstbewußtsein, ihrer Fröhlichkeit und praktischen Ader. Als sie in Frankfurt aus dem Flieger ausstiegen, hatten beide das Gefühl, sich schon ein Leben lang zu kennen. Sie tauschten ihre Telefonnummern aus und trafen sich noch im alten Jahr in Berlin wieder.

Richard gehörte nicht gerade zu den Männern, die es gewohnt waren, Frauen »aufzureißen«. Er war zwar in Rosi sichtlich verliebt, wie sie deutlich spürte, doch auch nach der fünften Verabredung machte er noch keinerlei Anstalten, endlich die Frage zu stellen: »Gehn wir zu mir oder zu dir?« Rosi dauerte das zu lange.

Als er sie eines Abends vor der Haustür absetzte, wurde deshalb Rosi initiativ. »Du hast jetzt zwei Möglichkeiten: Entweder du fährst nach Hause oder du kommst mit zu mir hoch.« Richard ging mit zu ihr. Sechs Wochen später beschlossen die beiden zu heiraten. Im Freundeskreis nannte man sie nur noch die »Turteltäubchen«. Sie konnten keine Sekunde voneinander lassen. Alle waren überzeugt: So eine große Liebe hat es schon lange nicht mehr gegeben. Die Ehe der zwei wird ein Traum werden.

Noch im selben Jahr heirateten sie. Ein großes, wunderschönes Fest auf dem Land mit kleiner Kirche, großem Feuerwerk, weinenden Müttern und einer in Tränen aufgelösten Braut. Richard und Rosi, das Traumpaar. Die praktische und intelligente Rosi wußte allerdings von vornherein, von welcher Seite möglicherweise irgendwann einmal dunkle Wolken aufziehen konnten.

Richard war ein talentierter, aber noch kein sehr erfolgreicher Fotograf. Neue Kunden aufzutun war nicht gerade seine Stärke. Nein,

Rosi wollte nicht diejenige sein, die bis in fernere Zukunft für das gemeinsame Budget verantwortlich war. Sie wollte auch nicht, daß ihr Mann eventuell irgendwann einmal darunter litt, daß sie erfolgreicher war als er. Also beschloß sie, Richard zu managen.

Sie verschaffte ihm Kontakte, machte gewissermaßen als seine Sekretärin Vorstellungstermine für ihn aus, sie baute ihn psychisch auf, stärkte sein Selbstvertrauen. Bald nahm sie einen Kredit auf, damit sich Richard ein eigenes Studio einrichten konnte. Denn nur mit einem eigenen Studio würde er als Fotograf ernst genommen werden.

Richard war glücklich. Mit Rosi hatte er die Frau geheiratet, die ihn tatkräftig unterstützte, bei der sich der lange schmerzlich vermißte Erfolg einstellte. Rosi war ebenfalls glücklich. Nur sie hatte Richards Qualitäten von vornherein erkannt. Sein Erfolg zeigte ihr, wie recht sie gehabt hatte. Er war tatsächlich ein hervorragender Fotograf. Daß sich ein richtiger Künstler meist nicht gut selbst vermarkten kann, das nahm sie ihm überhaupt nicht übel. Dafür hatte er ja sie. Sie schienen wirklich das perfekte Team zu sein.

Die ersten beiden Jahre ihrer Ehe waren so rosarot, wie sie nur sein konnten. Jeder weitere kleine Schritt auf Richards Weg nach oben wurde mit Champagner begossen und endete in zärtlichem Gerangel. Rosi liebte Richards Körper. Sie massierte ihn oft mit Öl, ließ ihm das Bad ein, wusch ihm die Haare. Am Anfang ihrer Beziehung nur manchmal, später so gut wie immer. Warum auch nicht? Richard mochte es sehr, von Rosi so verwöhnt zu werden. Und für Rosi war es immer wieder eine Bestätigung, zu sehen, wie er es genoß, von ihr gebadet und abgetrocknet zu werden. Daß er sie niemals so zärtlich verwöhnte, das vermißte sie nicht. Rosi war einfach nicht der Typ, der sich gern wie ein Baby betütteln ließ.

Zärtlichkeiten bekam sie von Richard schließlich mehr als ausreichend im Bett. Er war ein besonders verschmuster Ehemann. Rauhere Varianten des Liebesspiels mochte er nicht. Von Zeit zu Zeit hätte es Rosi ganz gern gehabt, ihn ein wenig stürmischer und leidenschaftlicher zu erleben. Aber verglichen mit so manch anderer Freundin, die darüber klagte, daß ihr Mann einfach immer zu schnell mit dem Sex fertig war, fühlte sie sich eigentlich beneidenswert.

Im Laufe der Zeit allerdings bekam Rosi den Eindruck, daß es ohne ihre Initiative eigentlich höchst selten zu Sex kam. Sie zog sich ein bißchen zurück, wollte Richard die Gelegenheit geben, auch auf sie zuzukommen. Doch da passierte wenig. Immer häufiger war er abends sehr schnell müde, schlief im Bett nach einem flüchtigen Gute-Nacht-Kuß meist gleich ein.

Nun ja, Erfolg hat seinen Preis. Wer soviel arbeitet wie Richard, der ist eben öfter mal müde, ausgelaugt, dachte sich Rosi. Sie kannte das. Schließlich war sie selbst berufstätig. Doch langsam, ganz langsam wurde sie immer reizbarer und ungeduldiger. Irgendwie war er doch ein bißchen eine Memme, einfach kein richtiger Mann, fand sie. Aber sie wischte solche Gedanken schnell beiseite. Schließlich wollte sie eine liebevolle Ehefrau sein. Vielleicht würde Richard als Vater erwachsener, männlicher werden.

Doch noch war es zu früh für ein Kind. Erst müßte sich Richard so etabliert haben, daß man auch zu dritt von seinem Verdienst leben und eine Wohnung oder ein Haus kaufen konnte. Ganz so weit war es noch nicht. Schließlich war ja noch der Kredit abzubezahlen.

Noch ein, zwei Jahre warten, damit war Richard einverstanden. Doch es kam nicht mehr dazu, daß die beiden ein Kind bekamen. Langsam aber sicher hatte sich ihr Sexleben auf den Nullpunkt zubewegt. Nicht am Sonntagmorgen, nicht im Urlaub, auch nicht mehr nach einer Flasche Champagner ließ sich noch ein bißchen Lust ankurbeln. Richard wollte auch nicht mehr, daß Rosi ihn badete und ihm die Haare wusch. Eigentlich redeten sie nur noch über seine Arbeit oder ihre Arbeit. Aber selbst bei diesem Thema mußte Rosi ihm die Worte fast wie Würmer aus der Nase ziehen.

Ihre seltenen Annäherungsversuche wehrte er ab. Wenn sie darüber reden wollte, daß sie in ihrer Beziehung Sex vermißte, ließ sich Richard kaum auf das Thema ein. Er schaute aus wie ein schuldbewußter kleiner Junge, der die von ihm geforderte Leistung nicht erbracht hatte. Manchmal platzte Rosi, wenn sie ihn so in sich zusammengesunken sah. Sie schrie ihn an, sie habe keine Lust, eine vertrocknete alte Jungfer zu werden. Wenn er so weitermachte, würde sie sich bald einen Liebhaber nehmen.

Lange konnte es so tatsächlich nicht mehr weitergehen. Rosi war frustriert, hatte aber keine Ahnung, wie sie mit ihrem Frust umgehen sollte. Bis auf ihre gelegentlichen aggressiven Ausbrüche versuchte sie, weiterhin so lieb wie möglich zu sein. Doch alles, was sie sonst getan hatte, um Richard zu erfreuen, ihn zu unterstützen, schien plötzlich ins Gegenteil umzuschlagen. Die Sachen, die sie ihm kaufte, zog er nicht gleich an wie früher, sondern fand ständig etwas zu mäkeln. Wenn sie ihm Tips gab, lobte er sie nicht mehr für ihre gute Ideen, sondern würgte sie mit einem knappen Kommentar ab. Wenn er nicht mehr übersehen konnte, daß er sie verletzte, tat es ihm leid. Er entschuldigte sich, murmelte irgend etwas von »weiß auch nicht, was mit mir los ist«. Aber in den Arm nahm er sie nicht mehr. Eigentlich hatte er sie noch nie getröstet, fiel Rosi auf. Aber sie mußte ja auch früher nicht getröstet werden, weil es da lange einfach nichts zu trösten gab.

Richard wich Rosi mehr und mehr aus. Meist kam er erst nach Hause, wenn sie schon längst im Bett war. Wo er gewesen war, sagte er ihr nicht mehr. Bei einem heftigen Streit kam es dann endlich heraus: Richard hatte schon seit ein paar Monaten eine Geliebte. Er wollte sich von Rosi trennen. Ein paar Tage später zog er tatsächlich aus. Heute sind Rosi und Richard längst geschieden.

## Was lief falsch bei Richard und Rosi?

Haben Richard und Rosi in ihrer Beziehung etwas falsch gemacht? Hätte es auf jeden Fall zur Trennung kommen müssen? Hätte es zu irgendeinem Zeitpunkt eine Möglichkeit gegeben, den Teufelskreis zu durchbrechen, in dem sich beide verfangen hatten? Wer von beiden trägt die Hauptschuld an der verfahrenen Situation, die sich offensichtlich nicht mehr lösen ließ? Solche Fragen stellen sich die meisten Menschen nach einer gescheiterten Beziehung, ob sie nun miteinander verheiratet waren oder nicht.

Selbst wenn sich die Uhr nicht mehr zurückdrehen läßt und einmal gemachte Fehler nicht wieder gutzumachen sind, so sind solche Fragen durchaus sinnvoll. Die Antworten helfen zu klären, welche psychischen Mechanismen bei beiden Partnern in den Teufelskreis geführt haben. Rosis leise Befürchtung, ein schwacher und erfolgloser Richard könne nicht auf Dauer der Ehepartner sein, den sie sich wünschte, trifft ein Dilemma ihrer Beziehung im Kern.

Als älteste Tochter mit zwei jüngeren Geschwistern und einem schon früh gebrechlichen Vater hatte Rosi in ihrer Kindheit und Jugend ihre Mutter tatkräftig unterstützt. Dabei waren einerseits ihre eigenen Bedürfnisse nach Anlehnung und Beschütztwerden viel zu wenig befriedigt worden. Andererseits jedoch bekam Rosi eine Menge Bestätigung dafür, daß sie schon in sehr jungen Jahren so verantwortungsbewußt, praktisch und tüchtig war.

Sie fühlte sich in ihrer Rolle als ältere Schwester und Zweitmutter für ihre Geschwister teilweise durchaus wohl, genoß die Anerkennung. Schon immer hatte es Rosi deshalb zu Männern hingezogen, die sie ein wenig bemuttern konnte, Männern, die Rosi brauchten, die ihr eigenes Bedürfnis nach Anlehnung und Beschütztwerden stellvertretend für sie auslebten. In die Sensibilität und Weichheit dieser Männer verliebte sich Rosi.

So auch bei Richard. Richard war ein Einzelkind. Seine Mutter, eine strenge, männlich wirkende Frau, führte zu Hause das Regiment. Der Vater war ein sanfter Typ, der sich gegen seine Frau kaum durchsetzen konnte und alle Versuche in dieser Richtung früh aufgegeben hatte. Schon Richards Mutter hatte die Schwäche ihres Ehemannes immer gehaßt. Als Richard ähnliche Charakterzüge zeigte wie sein Vater, übertrug sie ihre Aggressionen auf ihn.

Richards Vater hatte sich innerlich dem Zugriff seiner Frau längst entzogen, ging in seinen einsamen Hobbys auf und wollte von der Familie so wenig wie möglich belästigt werden. Um so mehr klammerte sich die Mutter an ihren Sohn. Ihre größte Angst war, daß auch Richard sich eines Tages so von ihr abkapseln könnte wie ihr Mann. Wie meist im Leben tritt genau das ein, wovor wir uns am meisten fürchten. Das galt natürlich auch für Richards Mutter. Je mehr sie ihn in die Richtung drängen wollte, in der sie ihn haben wollte, um so stärker wich er vor ihr zurück und kapselte sich ab.

Für ihn war das die einzige Möglichkeit, sich vor den widersprüchlichen Aufträgen zu schützen, die seine Mutter von ihm erfüllt sehen wollte. Die Aufträge lauteten: »Werde bloß ein richtiger Mann, nicht so ein Schlappschwanz wie dein Vater.« Ein Mann, der seiner Mutter gehorcht, ist aber kein richtiger Mann. Richard steckte in einem Dilemma, das sich kaum lösen ließ.

Ein wichtiges Kriterium für »Männlichkeit« war für Richards Mutter beruflicher Erfolg. So trimmte sie Richard auf Leistung. Brachte er nicht die besten Zensuren nach Hause, war sie unzufrieden, machte ihm Vorwürfe. Unbewußt wollte sie sich durch Richard an ihrem Mann rächen. Richard sollte diesem zeigen, wie ein »echter« Mann ist: stark und erfolgreich. Doch mit Beginn der Pubertät widersetzte sich Richard vehement den Wünschen seiner Mutter. Er wurde ein schlechter Schüler, lehnte es ab, Medizin oder Jura zu studieren, wie seine Mutter wünschte. Er wählte einen Beruf, in dem Erfolg eine schwer zu kalkulierende Größe ist.

Sein Interesse für Ästhetik galt in den Augen seiner Mutter sowieso als weibisch. Erst in seinem »Ungehorsam« gegenüber seiner Mutter entwickelte Richard jedoch eine männliche Qualität, ein Stück Unabhängigkeit.

Als Richard Rosi kennenlernte, schien sie ihm ganz anders zu sein als seine Mutter. Rosi schätzte seinen Beruf, nahm ihm seine bisherige relative Erfolglosigkeit nicht übel. Im Gegenteil: Sie bestärkte ihn, auf dem einmal eingeschlagenen Weg weiterzumachen, sie gab ihm Selbstvertrauen. Damit kam sie Richards kaum bewußtem Wunsch entgegen, es seiner Mutter doch noch zu zeigen, daß aus ihm ein erfolgreicher Mann werden könnte.

Denn irgendwo steckte auch in Richard noch der kleine Junge, der seiner Mutter beweisen wollte, daß er ihre Liebe verdient hat, die er viel zu selten gespürt hat. Wie jedes kleine Kind glaubte auch der kleine Richard, daß irgendein Fehler seinerseits schuld daran war, daß ihm seine Mutter nicht die Liebe gegeben hatte, die er brauchte. Diesen »Fehler« an sich wollte er unbewußt wiedergutmachen.

Rosi war zwar einerseits wirklich wesentlich unterstützender und liebevoller als Richards Mutter. Andererseits hatte sie jedoch ganz genau das gleiche mit Richard vor wie dessen Mutter: Sie wollte ihn erfolgreich sehen. Das einzige Mal in seinem Leben, als Richard sich männlich und stark fühlte, in seiner Berufswahl, hatte er sich gegen die Erwartung einer Frau durchgesetzt. Je mehr er die Erwartungen einer Frau erfüllte, um so unmännlicher stand er vor sich selbst da. Völlige Erfolglosigkeit wäre ihm allerdings genauso unmännlich erschienen. Richard befand sich in einer echten Zwickmühle.

Je mehr Rosi für Richard tat, um so deutlicher spürte auch Richard, daß es eigentlich nicht nur sein Verdienst war, wenn er jetzt häufig als Fotograf für renommierte Verlage gebucht wurde. Sollte er das kurzfristig vergessen haben, so erinnerte ihn Rosi schon daran. Denn natürlich brauchte auch sie die Anerkennung für ihre Managertätigkeit. Ohne Bestätigung machte ihr ihre alte Rolle als Zweitmutter ebenfalls wenig Spaß.

Rosis Botschaft an Richard war: Ich liebe dich und unterstütze dich gern. Aber vergiß nie, wie sehr du mich brauchst. Nur wenn du auf mich hörst, wirst du ein Mann sein, den ich voll anerkennen kann, weil er erfolgreich ist. Ein Mann, der mir gehorcht, ist allerdings auch kein richtiger Mann für mich.

Richards unbewußte Botschaft an Rosi war: Ich liebe dich und finde es toll, daß du mir zur Seite stehst. Aber wie kann ich ein richtiger Mann werden, wenn ich das befohlen bekomme? Ich habe keine Chance. Wenn ich dir immer nur gehorche, habe ich nicht das Gefühl, ein richtiger Mann zu sein. Also laß mich in Ruhe!

Weil sie ihn nicht in Ruhe ließ, ließ er sie in Ruhe. Nicht mit böser

Absicht, im Gegenteil: Heimlich machte er sich Vorwürfe, daß nun tatsächlich – beim Sex – herauskam, daß er kein richtiger Mann war. In Rosis Nähe bekam er einfach keine Erektionen mehr.

Je mehr Rosi Richard unterstüzte, um so mehr schwächte sie ihn. Je mehr sich Richard von Rosi unterstützen ließ, um so stärker schien ihm Rosi, um so abhängiger fühlte er sich von ihr. Bis er sich von Rosi so abhängig fühlte wie von seiner Mutter.

Seine eigene Mutter hatte er nicht hassen dürfen. So übertrug er die alten Aggressionen auf seine Mutter nun auf Rosi. Doch Richard war nicht der Mann, der offen mit seiner Wut umgehen konnte. Er zog sich wie sein Vater innerlich zurück. Vor so einer fordernden Frau kann man sich nur im Rückzug schützen, das hatte sein Vater ihm vorgelebt. Im Sex zog sich Richard am schnellsten zurück. Da war Rosi schon von Anfang an die Aktivere gewesen, die ihn eigentlich ständig verführte. Die große Zärtlichkeit am Anfang hatte das nur etwas verschleiert.

Auch wenn Rosi oberflächlich diejenige zu sein schien, die stärker auf Richard zuging – innerlich hatte auch sie sich schon bald nach der ersten rosaroten Phase immer mehr verschlossen. Sie liebte Richard. Aber sie wurde auch gelegentlich ungeduldig, wenn sie beobachtete, wie er Anrufe verschob, die ihm unangenehm waren, wie er sich vor Verlags- und Redaktionsbesuchen drücken wollte, wo er sich und seine Arbeit hätte vorstellen sollen. Sie drang solange auf ihn ein, bis er dann endlich tat, was sie als seine »Managerin« für wichtig hielt. Ihre unreflektierte und widersprüchliche Definition, wie ein »richtiger« Mann zu sein hatte, erschwerte ihr jedoch den Zugang zu ihren eigenen Gefühlen. Ihre heimliche Sehnsucht, sich auch einmal an einen Mann anzulehnen, war verborgen hinter ihrer Abwertung von Richard, hinter ihrem Ärger auf ihn.

Selbst wenn sich Rosi um einen freundlichen, verständnisvollen Ton bemühte – der Druck, der von ihr ausging, war deutlich für Richard spürbar. Er wehrte sich gegen den Druck, wie er sich immer gewehrt hatte: durch Passivität. Das zwang Rosi immer stärker in die aktive Rolle.

Irgendwann hatten sich beide in die Rollen hineinmanövriert, in denen Sex überhaupt nicht mehr möglich ist. Rosi war für Richard wie seine eigene Mutter. Nicht das Inzesttabu stand zwischen ihnen: Dieses stellvertretend mit dem Partner zu durchbrechen, kann manchmal das Geheimnis größter Lust sein. Seine eigenen Versagensängste hatten Richard in die Zwickmühle gebracht.

Rosis Angst, abgelehnt zu werden, sobald sie nicht gebraucht wird, brachte sie in ihre eigene Zwickmühle, in der sie genauso steckenblieb wie Richard in seiner. Keiner kam aus seiner Haut mehr heraus, *weil beide die Verantwortung für ihr Unbehagen dem anderen in die Schuhe schoben.* Doch der andere war jeweils nur der Spiegel ihrer wirklichen Gefühle. Richard lebte Rosis Anlehnungsbedürfnis. Rosi lebte Richards Durchsetzungsvermögen.

Aus dem wunderbaren Team war ein Paar geworden, das sich aneinander aufrieb. Richard war zum Schluß für Rosi nichts anderes mehr als ein nerviges kleines Geschwisterchen. Denn in ihrer Kindheit und Jugend hatte sie durchaus insgeheim ihre beiden kleineren Geschwister auch beneidet und gehaßt, die so unbeschwert und kindlich sein durften wie sie selbst nie. Ihr Traum, aus Richard einen Mann zu machen, der auch ihr manchmal eine starke Schulter bieten konnte, war gescheitert. Er mußte scheitern.

Richards Erfolg war zum großen Teil Rosis Werk. Und das vergaß Richard nicht. Das ließ Rosi ihn nicht vergessen. Da sie sehr an ihm hing, meinte sie, ihre einzige Chance sei es, weiter von ihm gebraucht zu werden. Nur so würde er sie nicht verlassen. Doch ein Mann, dem von einer Frau befohlen wird, ein Mann zu sein, der ist keiner. Auch nicht nach Rosis Definition.

Wenn sich Rosi mehr zurückgenommen hätte, hätte Richard vielleicht eine Chance gehabt, sich aus eigener Kraft weiterzuentwickeln. Vielleicht. Tatsächlich traute sich Richard nicht einmal, Rosi einzugestehen, worunter er in der Ehe am meisten gelitten hatte: nämlich daran, daß seine »starke« Frau ihm ständig das Gefühl gab, ein Schwächling zu sein.

Er fühlte sich in ihrer Schuld. Sie hatte ja sogar einen Kredit für ihn aufgenommen, der ihm allein nie bewilligt worden wäre. Seine Aggressionen machten sich ganz anders Luft. Er platzte in seiner Wut irgendwann einmal damit heraus, daß Rosi für ihn die unerotischste Frau sei, die er je kennengelernt hätte, daß er im Grunde nie wirklich scharf auf sie gewesen sei – eine Verletzung, die Rosi lange nicht verdaute. So rächte er sich für seine Erektionsschwäche bei ihr.

## Die Lösung

*Die falsche Lösung: Mehr desselben*

Beide haben in ihrer Ehe den Fehler gemacht, den fast alle Menschen machen, wenn sie ein Problem lösen wollen: Sie tun mehr desselben. Rosi wurde immer aktiver, Richard immer passiver. Mit dieser Strategie des Mehr-desselben ähneln wir den Eltern, die ihr Kind immer öfter, immer heftiger schlagen, weil es so verbockt ist. Die Eltern sehen nicht, daß ihr Kind verbockt ist, weil sie es schlagen.

Insofern tragen Richard und Rosi gleichermaßen Verantwortung. Mit immer größerer Passivität versuchte Richard, sich Rosis Bevormundung zu entziehen und provozierte durch sein Verhalten, daß Rosi immer aktiver wurde. Mit immer mehr Druck auf Richard versuchte Rosi, ihn aus seiner Passivität herauszuholen, und übersah, daß ein Herausholen durch jemand anderen den Passiven in seiner passiven Rolle läßt.

*Die mögliche Lösung*

Wenn es überhaupt eine Lösung für Richard und Rosi gegeben hätte, sie hätte in ihnen selbst gelegen. Den anderen nicht ändern wollen, sondern sich selbst ändern, das wäre es – wie immer – gewesen. Doch wer mag das schon noch hören. Deshalb sagen wir lieber: sich selbst entwickeln, sein Selbst entwickeln – dann kommen Veränderungen automatisch.

Doch wie hätte die Selbstentwicklung von Richard und Rosi aussehen können?

Rosi und Richard haben sich nun einmal ineinander verliebt. Hätte Rosi gleich sagen sollen: »nein, danke«, weil Richard nicht ganz ihren Wunschvorstellungen entsprach? Hätte ihr Spiel am Ende gar endlos weitergehen können, wenn Richard nicht erfolgreich geworden wäre? Zweimal nein.

Wir haben es kaum in der Hand, in wen wir uns verlieben. Warum auch? In jeder Verliebtheit liegt eine riesengroße Chance. Weil uns unsere Sehnsucht nach Liebe das stärkste Motiv dafür geben kann, uns selbst zu erkennen, automatisch das Beste aus uns selbst herauszulieben.

Der andere spiegelt uns, unsere Gefühle nur – es liegt an uns selbst, unseren alten Schutzmechanismus aufzugeben und den Prinzen, die

Prinzessin aus uns und dem anderen hervorzulocken. Nur daß wir uns scheuen, das auch nur annäherungsweise so zu sehen, sondern glauben, daß sich das Spiegelbild verändern wird, wenn sich der andere ändert. Ein Spiegel ist immer ehrlich. Das mußte auch schon Schneewittchens böse Stiefmutter lernen.

An dieser Stelle meldet sich der altbekannte Rechthaber wieder. Er meint: Rosi und Richard hätten ihr Spiel doch endlos spielen können, wenn es bei der einmal eingeübten Rollenverteilung geblieben wäre und sich da nicht einer aus dem Staub gemacht hätte. Recht hat er, der Rechthaber. Beide bleiben bei der Lieblingsstrategie der Menschen, der Strategie des Mehr-desselben, wenn sich ihre Wünsche und Erwartungen nicht erfüllen. Noch mehr Prügel für das bockige Kind, es wird schon noch windelweich.

Und noch mehr Schwäche bei Richard. So wird dann der schwache Mann immer kränklicher, braucht Pflege, endet mit lädiertem Rückgrat gar im Rollstuhl. Oder er beginnt, sich die Hucke vollzusaufen. Irgend etwas wird er schon finden, das ihn auf allen Ebenen völlig abhängig von ihr macht und Rosi immer stärker erscheinen läßt. So sichern sie sich gegenseitig ab. »Abhängigkeit« ist das Gegenteil von »Liebe«. In der Abhängigkeit gibt es kein erotisches Knistern mehr.

Niemand hat schließlich soviel Sex-Appeal wie ein Mann, der sich nach einer Zechtour lallend auf die Matratze wirft und seinen Rausch ausschnarcht. Niemand soviel erotische Verführungskraft wie die Frau, die das Bad wischt, das er mit Erbrochenem verschmutzt hat. Der Rechthaber hat recht: Das Spiel läßt sich endlos weiterspielen. Liebe, Lust und Leidenschaft sind allerdings bei diesem Spiel nicht mehr vorgesehen.

*Wie wir unsere Probleme miteinander zu lösen versuchen, das ist das größte Problem, das wir haben.*

Wer so vermessen ist, auch noch auf ein Liebesleben zu hoffen – wobei es uns stutzig machen sollte, daß wir beim Wort »Liebesleben« ganz selbstverständlich an Sex inklusive denken –, dem bleibt gar nichts anderes übrig, als mit seinem alten Spiel aufzuhören. Die einzige Chance von Rosi und Richard hätte darin gelegen, die eigene Falle zu erkennen und nicht wieder hineinzutappen. Rosis Falle war: gebraucht zu werden. Richards Falle war: den Applaus einer Frau zu brauchen, um sich als Mann zu fühlen.

Solche Fallen sind wie eine Sucht. Sie uns abzugewöhnen ist für die

Seele genauso schlimm wie ein Entzug für den Fixer. Wir glauben oft, wir könnten es kaum aushalten, wenn wir uns schon einmal bemühen, uns anders zu verhalten. In Ruhe zuschauen, wie ein ungeübter Mann kocht und dabei die ganze Küche verwüstet? Das kann eine Superhausfrau so kribbelig machen, daß sie lieber gleich alles selbst macht, bevor sie platzt. Es geht schließlich nicht, daß ihre picobello Küche so verdreckt wird.

Es löst ein riesengroßes Behagen in uns selbst aus, wenn wir uns so verhalten, wie wir es immer getan haben. So sind wir eben. Wir können und wollen aus unserer Haut nicht heraus. Rechthaben ist einfach zu schön. Was bleibt von uns denn noch übrig, wenn wir uns überall den Wünschen der anderen anpassen?

Aha, darum geht es also: Trotz. So nennen wir das natürlich nicht, weil wir erwachsen sind. Da schmücken wir uns mit etwas angemesseneren Begriffen: Stolz, Vernunft, Wahrheit, Recht usw. Das klingt besser. Aber das war es dann auch schon. Um eine – vielleicht ganz und gar neue, auf jeden Fall aber schöne – Erfahrung haben wir uns mit Sicherheit gebracht: mal ein liebevoll zubereitetes Essen vorgesetzt zu bekommen, ein Stück verwöhnt zu werden. Ja, aber wer macht nun hinterher die Küche sauber? Ist das so wichtig? Warum dem anderen nicht mal die Freude gönnen, uns zu verwöhnen, und sich von dieser Freude anstecken lassen?

Warum nicht ihr die kleine Marotte lassen, eine Geschichte mit erfundenen Details auszuschmücken? Wer weiß, wie heiter sie von der Party gemeinsam zurückkehren werden? Wer weiß, was dann noch alles so passieren kann? Ach so, bisher hat es immer Streit gegeben, wenn man gemeinsam aus war? Und das soll nun zum Gesetz erhoben werden, weil's immer so war? Einen Vorteil hat das böse Spiel der Rechthaber: Man weiß, was auf einen zukommt und wird nicht mehr enttäuscht, nur immer hoffnungsloser. Eine herzerfrischende Aussicht, nicht wahr?

Und Rosi? Und Richard? Der Himmel weiß, daß es für Rosi keine leichte Übung ist, einem anderen von dem reichen Schatz ihrer praktischen Erfahrungen nichts abzugeben und ihm *nicht* hilfreich unter die Arme zu greifen. Nein, mein Schatz, ich kann und will für dich nicht anrufen. Du hast deinen Job, ich habe meinen. So würde ich es machen, wenn ich deinen Job hätte. Aber ich weiß nicht, ob das für dich richtig ist. Das mußt du schon selbst entscheiden.

Ja, aber wenn er sich nun im Stich gelassen fühlt von mir? Wenn er nun denkt, ich nehme keinen Anteil an seiner Arbeit? Am Ende gar, daß ich ihn nicht liebe? Ich bin immer geliebt worden für das, was ich für andere getan habe. Soll ich etwa riskieren, daß er mich nicht liebt? Das ist zuviel verlangt! Und schon schreit die kleine Kinderseele in uns wieder: Verlaß mich nicht! Und Mama und Papa antworten: Wenn du ein liebes Kind bist, dann haben wir dich auch lieb. Liebsein, das sieht nach meiner Definition so und so aus, sagt die Mama. Und nach meiner so und so, sagt der Papa.

Es klappt nicht, daß wir uns »einfach« anders verhalten, uns »einfach« ändern. Da müssen wir uns schon selbst genau zuhören, unsere automatischen Gedanken überprüfen, recherchieren, wo wir sie vielleicht gelernt haben könnten, unterscheiden lernen zwischen dem, was wirklich ist und dem, was wir uns aus dem reichen Schatz unserer einseitigen Erfahrungen selbst als Wahrheit zurechtbasteln. Erst dann haben wir eine kleine Chance, daß sich mit diesen Erkenntnissen auch die begleitenden Gefühle ändern.

Sich selbst mal anlehnungsbedürftig zeigen, das ist für Menschen wie Rosi noch viel schwerer, als sich ihre klugen Ratschläge zu verbeißen. Hätte sie das wirklich gekonnt? Die Sehnsucht nach dem starken Mann war da. Den schwachen hat sie sich genommen, weil sie es eben noch nicht konnte.

Hätte Richard im Falle eines Falles die Schulter zum Anlehnen gehabt? Wer weiß das so genau – die Chance, das überhaupt herauszukriegen, ist verpaßt. Es gibt keinen Garantieschein dafür, daß wir mit einem anderen Verhalten tatsächlich eine Änderung auch im Gegenüber bewirken. Wer diesen Garantieschein haben will, der würde Selbsterkenntnis und Änderung nur als Trick benutzen, um letztendlich zu seinem Ziel zu kommen, daß der andere sich ändert. Der andere wird die Absicht spüren und verstimmt sein. Er spiegelt uns. Wenn wir nicht stimmig sind, ist auch der andere verstimmt.

Der andere hat das Recht dazu, sein altes Spiel weiterzuspielen. Genauso wie wir uns lange genug dieses Recht herausgenommen haben. In diesem Fall gibt es immer noch zwei Möglichkeiten: durchatmen und dabeibleiben, wenn man den anderen liebt – oder gehen, wenn man auf Liebe und Nähe nicht verzichten will. Der andere hat sich entschieden, bei seinem alten Spiel zu bleiben. Er hat Respekt verdient. Wir haben vielleicht erkannt, was sein Spiel ist. Wir verstehen ihn.

*Doch Verstehen ist der Trostpreis im Leben.*

Das Verständnis für ihn, der da bibbernd am Strand hockt und auf den Ozean nicht hinauswill, bremst uns selbst. Wollen wir uns weiter bremsen lassen? Oder nach einem suchen, mit dem wir uns gegenseitig Mut zur Liebe machen? Das wiederum ist unsere eigene Entscheidung. Doch das Gute an einer selbst-bewußten Trennung ist: Man hat wenigstens kapiert, was bei einem selbst im argen liegt. Und das erhöht die Chancen enorm, einen Partner zu finden, der einem nun das bieten kann, was man auch zu bieten bereit ist.

Wenn Rosi und Richard statt eines Trostpreises den Hauptpreis hätten gewinnen wollen, hätte auch Richard über seinen Schatten springen müssen. Sich gegen Rosis Bevormundung zu wehren, das hätte allerdings bedeutet, daß Richard selbstbewußt seine eigenen Angelegenheiten in die Hand nimmt, daß er sich selbst managt.

Doch Richard hat sich über dreißig Jahre lang lieber die Zunge abgebissen, als einer Frau zu sagen, welche Gefühle ihr Verhalten bei ihm auslöst. Hätte er es gesagt, so wäre dadurch auch noch nicht viel verändert worden. Wer sich managen läßt und seine eigene Angst, von einem möglichen Auftraggeber abgelehnt zu werden, nicht selbst überwindet, der spürt mit Recht, daß er sich nicht auch noch beschweren darf, wenn ein anderer ihm schwere Aufgaben abnimmt.

Der Rechthaber in Richard merkt nicht einmal, welche klammheimliche Abwertung seiner Frau eigentlich dahintersteckt, wenn er sie als eine behandelt, der man nicht die Wahrheit sagen kann. Die Wahrheit wäre: Ich würde alles das, was du für mich tust, gern selbst tun. Doch ich habe Angst davor. Angst davor, daß ich wie ein kleinlautes Bürschchen wirke, wenn ich meine Arbeit in Redaktionen und Agenturen präsentiere. Angst davor, daß du beleidigt bist, wenn ich mein Leben selbst in die Hand nehme und dich nicht mehr so brauche wie früher. Richard ist auch nur angst und bang, daß Rosi ihm die volle Flasche ihrer Zuneigung entziehen könnte, wenn er mit der Wahrheit herausrückte. In diesem Fall geht es ihm genauso wie Rosi.

Mami soll bei ihm bleiben, auch wenn Mami böse ist. Dem Rechthaber-Feigling, der eine magere Vorstellung als Mann abgibt, wird sie jedoch auf Dauer ihre Zuneigung und ihr Verständnis entziehen. Rosi sieht nicht, daß sie Richard immer weiter in seine Schwäche hineintreibt. Sie macht ihn zum Frosch. Schwächen hat jeder Mann, jede Frau. Rosi und Richard »lieben« die schlechtesten Seiten aus sich heraus, weil sie beide ihre eigenen Ängste nicht überwinden.

*Die Umkehrung des Märchens à la Hollywood. Während im Liebesfilm mit Happy-end die Zuneigung und das Verständnis füreinander erhalten bleiben, jedoch das Risiko der Trennung selbst-bewußt eingegangen und diese oft auch vollzogen wird, bevor es zum glücklichen Ausgang kommt, so passiert in der nicht selbst-bewußten Liebe das genaue Gegenteil: Die Zuneigung und das Verständnis füreinander bleiben auf der Strecke. Doch man trennt sich nicht, weil man sich braucht.*

In der nicht selbst-bewußten Liebe stecken beide Partner in ihrer Falle, festgepappt durch ihre Angst. Und keiner kann sich vorstellen, daß der andere ihn noch liebt, wenn er mal etwas ganz anderes wagt. Hat er sich nicht in mich verliebt, weil ich immer so verständnisvoll und unterstützend war? Hat sie sich nicht in mich verliebt, weil ich so ein sanfter Kuschelhase war? Klar. Wir verlieben uns immer auch in die Eigenschaften, die bei uns selbst nur notdürftig, wenn überhaupt, entwickelt sind. Unsere große Sehnsucht nach Ganzheit wollen wir so stillen, doch das gelingt selten.

Denn daß die Eigenschaften in uns selbst nicht so zum Zuge kommen, das hat seinen Grund, und der liegt natürlich in unserer Biographie. Die Eigenschaften, die wir am anderen bewundern, in die wir uns verlieben, die haben wir aus irgendwelchen Gründen nicht genügend in unserer Kindheit leben dürfen. Später haben unsere eigenen Abwehrmechanismen und unser falsches Bild von selbst dafür gesorgt, daß diese Eigenschaften in uns verschüttet wurden.

Das klammheimliche Verbot unserer Kindheit, uns so zu zeigen, wie wir wirklich waren, hat eine Menge Aggressionen zurückgelassen, die wir damals als Kinder schwer äußern konnten und durften. Die kleinen fiesen Monster – unsere Aggressionen – tauchen eins nach dem anderen nun aus unserer Seele wieder auf, mit jedem Mal, wo wir selbst uns ganz und gar so verhalten, wie wir es immer gewohnt waren. Automatisch, reflexhaft kommt bei Rosi auf den Reiz »Schwäche« die Reaktion »Helfen, helfen«. Bei ihr. Bei anderen muß das nicht so sein. Daß es bei anderen nicht so ist, sollte uns zeigen, daß es eine andere Möglichkeit, sich zu verhalten, gibt.

Bedingte Reflexe können gelöscht werden. Was bei einem Pawlowschen Hund gelingt und vielen anderen Viechern mehr, das sollten auch wir schaffen können. Wobei nicht verschwiegen werden soll, daß so ein Köter oder anderes Getier in diesem Falle recht träge ist und mit einiger Verwirrung und Streß reagiert, wenn die Welt nicht in der Ordnung ist, die man ihm einst beigebracht hatte. Uns wird es da nicht besser ergehen.

Manche sind jedoch bereits so blind, daß sie glauben, ihre Reaktion sei die einzig richtige, wahre, allgemein menschliche eben. Da muß man doch wütend werden! Muß man nicht. Ich tue es vielleicht. Den Reiz, der mich dazu brachte, wütend zu werden, kann ich nicht verändern. Oft gelingt es nicht einmal, die spontane Reaktion zu verändern.

Doch ich kann sehen, was ich da tue. *Ich kann der Zeuge meines Verhaltens sein.* Unter anderem dafür haben wir ein recht funktionstüchtiges Gehirn. Wir können über uns selbst nachdenken, und das hat einen riesengroßen Vorteil. Versuche ich nämlich, wenn ich nicht selbst-bewußt bin, den Reiz zu verändern, also den anderen, werde ich mich ein Leben lang ohnmächtig fühlen. Versuche ich den Automatismus meiner Reaktionen zu durchschauen, ist zwar harte Arbeit angesagt, aber ich habe in diesem Augenblick ein Stück Macht über mich selbst gewonnen.

Das Fatale ist, daß wir zunächst fast immer im anderen den Verursacher allen Übels sehen. Wenn Richard nur ein wenig tougher wäre, wäre ich total zufrieden, meinte Rosi. Wenn Rosi mich nicht ständig bevormunden würde, könnte man wirklich gut mit ihr leben, meinte Richard. Wir kaprizieren uns auf die tatsächlichen oder vermeintlichen Fehler des anderen und sehen nicht den berühmten Balken im eigenen Auge.

*Sich auf den anderen zu konzentrieren ist die allerbeste Methode, sich nicht mit sich selbst beschäftigen zu müssen.*

*Indem wir den Partner unsere verschütteten Seiten leben lassen, trennen wir uns von den Anteilen in uns, die wir zu wenig entwickelt haben. So leiten wir die Trennung in der Beziehung ein.*

*Indem wir unsere wirklichen Gefühle und Bedürfnisse kennenlernen und zeigen, entwickeln wir uns selbst und schaffen die Voraussetzung dafür, daß sich wieder erotische Spannung einstellen kann.*

## Distanz und Nähe oder Clinch

Wir haben gesehen, wie sich Richards und Rosis Rollenmuster so ineinander verhakt haben, daß keinerlei Änderung mehr möglich schien, außer einer noch stärkeren Verhakelung. Die beiden befanden sich im *Clinch* miteinander. Diese Art der Nähe ist keine *freiwillige* mehr, sondern eine höchst unbekömmliche, die jeder Mann, jede Frau als bedrängend und beklemmend erlebt. Im Clinch entfernen sich die Partner seelisch voneinander, sie verlieren ihre Zuneigung zueinander. Zuneigen kann man sich niemandem mehr, mit dem man im Clinch ist.

*Der Clinch ist das Gegenteil von liebevoller Nähe, er ist haßvolle Nähe im Kampf gegeneinander.*

Zuneigen kann man sich nur aus einer Entfernung, aus der Distanz heraus. Diese Distanz durch künstliche Trennungen herzustellen, ist ein wenig erfolgversprechendes Manöver, um langfristig erotische Spannung wiederkehren zu lassen, wie wir gesehen haben.

Die einzige Chance, Liebe, Lust und Erotik lebendig zu erhalten, liegt in der Selbst-entwicklung. Die Selbst-entwicklung führt automatisch zu der Distanz vom Partner, in der es leicht gelingt, sich ihm wieder zuzuneigen, seine Zuneigung anzunehmen.

Als ich einer Freundin das noch nicht fertige Manuskript dieses Buches zu lesen gab, schrieb sie an einigen Stellen, in denen es um Nähe und Liebesfähigkeit ging, an den Rand: Jetzt wird es aber eng! Allein schon der Begriff »Nähe« ist bei ihr mit sovielen negativen Gefühlen verbunden, daß es sie schon beim Lesen des Wortes schauderte. Es ist nicht schwer zu erraten, daß sie Nähe bisher immer nur als erstickenden, bedrohenden Clinch erlebt hat. Und das seit ihrer frühesten Kindheit. Doch liebevolle Nähe kann man erst dann leben, wenn man dem Clinch entronnen ist – nicht durch Flucht, sondern durch die Einsicht in die eigenen Mechanismen, die dazu führen, daß man sich in einen Clinch verwickelt.

Damit niemand den Eindruck bekommt, ich würde nur andere Menschen in diesem Buch vorführen, die es falsch machen, und wüßte selber alles besser, zur Abwechslung einmal eine Geschichte aus dem eigenen Nähkästchen. Denn selbstverständlich weiß ich aus eigener Erfahrung am besten, wie sich Schutzmechanismen automatisch abspulen. Also: Ich sitze da eines Abends auf einem Sofa mit einem Mann, in den ich verliebt bin und, wie ich mit einiger Sicherheit vermuten kann, er auch in mich. Ich weiß nicht mehr, was er gesagt hat. Ich erinnere mich nur noch daran, daß ich verletzt war. Ich frage ihn, warum er das und das zu mir gesagt hat. Er reagiert verdutzt, antwortet mir, daß ich wohl nicht genau zugehört hätte. Was ich ihm da vorwerfen würde, hätte er mit Sicherheit nicht gesagt.

Ich beharre darauf, mich nicht verhört zu haben. Ich spüre, wie er langsam aber sicher verzweifelt. Aber ich will recht behalten. Er faßt mich an den Schultern, fest, aber nicht brutal, und bittet mich inständig, ihm in die Augen zu sehen und zu wiederholen, was er angeblich gesagt haben soll. Ich tue es nicht. Obwohl ich genau *gespürt* habe, daß, was immer er gesagt haben mag, er dies nicht so gemeint hat, wie ich es verstanden habe, habe ich meinem Gefühl nicht vertraut. Mein Schutzmechanismus, der »Besserwisser«, war leider stärker – und der schöne Abend gründlich verdorben.

Alte Schutzmechanismen aufzugeben und so ganz und gar lebendig, vollständig zu werden, das ist das Ziel. Da es keinen elementareren Lebensausdruck als Sex gibt, wird so ganz von selbst Lust und Freude auf den Sex, beim Sex wiederkehren.

Doch ohne Leiden werden wir nicht ganz und gar lebendig und gesund. Es mag schon sein, daß dem einen oder anderen scheint, er leide wahrlich schon jetzt genug. Irrtum. Im Normalfall drücken wir uns vor dem Leiden wie vor der Pest – und landen in Depressionen.

Aber wer sich vor dem Leiden drückt, wird keine Leidenschaft erleben. Denn was ist das eigentliche Leiden in der Leidenschaft? Daß wir das Ziel unserer Leidenschaft niemals erreichen werden. Kaum meinen wir, wir seien angekommen, tut sich hinter dem Horizont noch ein Stück und noch ein Stück auf. Das ist bei jeder Leidenschaft so und das macht sie so schmerzhaft, aber auch so spannend – und auch so beglückend, wenn ein Etappenziel erreicht ist. Der Weg zu unserem Ziel bringt die Freude. Der Weg ist das Ziel.

## Was ist Leidenschaft?

Wer an »Leidenschaft« denkt, denkt fast immer sofort auch an »Liebe«. Doch Leidenschaften gibt es in allen Lebensbereichen. Und vielleicht ist ihr Wesen dort klarer erkennbar als ausgerechnet in der Liebe, die sowieso schon so schwer zu definieren ist. Es muß ja niemand die Definition teilen, daß Liebe das erfolgreiche Bemühen ist, größtmögliche Nähe zum anderen zu erleben und sich so selbst zu entdecken.

Vor einiger Zeit besuchte ich während einer Pressereise ein Museum. Den ersten Teil der Führung übernahm ein junger Kunsthistoriker, der sichtlich bemüht war, seine Sache gut zu machen. Er war ein sympathischer und sehr sachkundiger junger Mann, doch seine Führung war schlicht langweilig.

Völlig anders dagegen die ältere Dame, die den zweiten Teil der Führung übernahm. Man merkte ihr an, wie sehr sie die Bilder liebte. Mit einer Begeisterung, als träfe sie lang vermißte, hochgeschätzte Freunde wieder, erzählte sie uns von deren Geschichte und Besonderheiten. Es waren nicht nur die interessanten Informationen, die unsere Gruppe plötzlich hellwach machten. Was sich sofort auf uns übertrug, war die Lebendigkeit, Wachheit und Leidenschaft, mit der sie uns durch die Ausstellung führte.

Ihr Gefühl hatte sich uns mitgeteilt. Sie zog uns in ihre eigene Begeisterung hinein. Über die Bilder zeigte sie uns einen wichtigen Teil ihrer Seele, vermittelte sich selbst. Mit einiger Sicherheit hat sie keinen Gedanken daran verschwendet, ob sie auf diese Handvoll deutscher Journalisten einen guten Eindruck machen würde oder nicht. Und gerade das war das Geheimnis ihrer außerordentlichen Ausstrahlung und der Grund für die spontane Sympathie, die wir ihr sofort entgegenbrachten.

Alles, was wir tun, können wir leidenschaftlich tun, d. h. mit Liebe und Hingabe an etwas oder jemanden anderen außerhalb von uns selbst. In leidenschaftlichen Momenten wirkt jeder Mensch absolut authentisch, hat eine enorme Ausstrahlung auf andere. Das gilt für den Eiskunstläufer, der völlig in seiner Kür aufgeht, den während des Vortrags kein Gedanke an seine Plazierung ängstigt und verunsichert, sondern den die Herausforderung beflügelt. Das gilt für den Schreiner, der voller Hingabe an einem Möbel tischlert.

Doch der Rechthaber spricht: Was ist mit dem, der vor Eifersucht rast und dem neuen Liebhaber seiner Ex-Geliebten das Messer zwischen die Rippen jagt? Zeigt nicht auch dieser Wüterich leidenschaftliche Gefühle? Aber sicher. Leidenschaftliche Gefühle der Wut und Eifersucht eben. Aus Liebe jagt keiner einem Nebenbuhler ein Messer zwischen die Rippen.

Welche Gefühle auch immer offenbart werden, sie berühren uns stark. Je leidenschaftlicher der andere, um so weniger können wir uns seinem Bann entziehen, um so mehr fasziniert er uns. Wir sehen die

Echtheit, die Authentizität seiner Gefühle. Ein Messerstecher allerdings mag so schnell keine Frau von der Innigkeit seiner Liebe überzeugen können, wenn »den Nebenbuhler umbringen« für sie nicht zur Definition von »Liebe« gehört.

Manche mögen »Liebe« so definieren und fühlen sich geliebt, wenn ihr Partner jedem anderen möglichen Interessenten eins auf die Nase gibt, der sich ihnen nähert. Sollte der Verteidiger ihres guten Rufs und seiner eigenen Besitzansprüche sie später einsperren, solange er nicht selbst im Hause ist, so lebt er ihre Definition perfekt. Was beschwert sie sich nun, daß sie unkontrolliert keinen Schritt mehr tun kann! Seien wir mal nicht so streng: Sie hat nicht gewußt, daß sie selbst so eine Definition von »Liebe« hat.

Leidenschaftliche Liebe ist in der Lage, Barrieren zwischen Menschen zu überwinden. Sie ist der tiefste und intensivste Kontakt, den ein Mensch aufnehmen kann, weil wir in der Leidenschaft unser innerstes Wesen ausdrücken, ohne Angst, ohne Scham, völlig selbstvergessen.

## Die Sehnsucht nach Leidenschaft

Leidenschaft hebt Getrenntsein auf. In unserer Passion für eine Sache nehmen wir Beziehung zur Welt auf, in unserer Leidenschaft für eine andere Person Beziehung zu einem Menschen. Damit ist das Ziel jeder Leidenschaft intensivste Lebendigkeit und Aufgehobenheit – kurz: Identifikation.

Die Liebe ist ein Kind der Freiheit. Auch die Liebe zu einer Sache. Wievielen Kindern wurde schon das Klavierspielen verleidet, weil sie dazu gezwungen wurden!

Nicht alle sind kleine Tom Sawyers, die Mühe und Zwang einfach umdefinieren. Der durfte nicht mit seinen Freunden spielen, sondern mußte zur Strafe für ein Vergehen einen Zaun streichen. »Ich *darf* den Zaun streichen«, gab er vor seinen Freunden an. Worauf denen der Spott im Halse steckenblieb und sie zaghaft anfragten, ob sie nicht vielleicht auch ein bißchen mitpinseln dürften. Wer freiwillig einen Zaun streicht, dem macht's Spaß. Der liebt das Zäunestreichen. Und braucht es für sein Glück.

Genauso braucht der Kunstliebhaber die Beschäftigung mit der Kunst. Der begeisterte Kreuzworträtsellöser seine Kreuzworträtsel. Sie brauchen Kunst und Kreuzworträtsel, *weil* sie sie lieben. Ob einer den anderen oder seine Leidenschaft braucht, weil er sie liebt. Oder ob er sie »liebt«, weil er sie braucht, das läßt sich an seinem Gesicht ablesen. Im ersten Fall wird er Freude, heitere Gelassenheit oder Begeisterung ausstrahlen. Im zweiten Fall eine gewisse Fiebrigkeit, nervöse Spannung, gar Verzweiflung – oder bloß den schieren Mißmut.

*Das Gegenteil von Leidenschaft ist Beziehungslosigkeit.*

Wer sich nicht mit seiner Arbeit identifiziert, der hat keine Beziehung zu dem, was er da tut. Wer sich nicht mit einem Menschen identifiziert, der hat keine Beziehung zu diesem oder überhaupt einem Menschen – und ist einsam. Das totale Alleinsein erwartet uns im Tod. Je dünner und brüchiger unsere Beziehungen sind, um so abgestorbener sind wir schon im Leben.

Nach mehr Lebendigkeit, nach einer größeren Intensität in ihrem Leben sehnen sich viele Menschen. Da Leidenschaft ein Gefühl ist und es scheint, als sei in der Leidenschaft der Verstand völlig ausgeschaltet, ist die Sehnsucht nach Leidenschaft bei den allermeisten nichts weiter als ein passives Abwarten. Da viele Leidenschaft vor allem in der Liebe suchen, warten sie folglich darauf, daß endlich der Mensch auftaucht, der die Leidenschaft bei ihnen auslöst.

Gefühle, besonders leidenschaftliche Gefühle, verstehen wir schließlich als etwas, was uns passiv trifft, von dem wir überwältigt werden, was uns ergreift, packt, über das wir wenig oder gar keine Kontrolle haben. Gefühle können wir uns nicht vornehmen, so wie wir planen, heute abend ins Kino zu gehen. Wir können uns höchstens vornehmen, uns wie jemand zu verhalten, der ein bestimmtes Gefühl hat, indem wir die Ausdrucksweisen eines Gefühls kopieren.

Wir können ein wütendes Gesicht machen, sogar verliebt »tun«. Und wir können auch so tun, als ob wir Lust auf jemanden hätten. Unsere Phantasien bringen ohne weiteres zustande, was der andere tatsächlich nicht bei uns auslöst: Lust. Die Falschheit wird vom anderen zumindest unterschwellig erkannt werden und als Unlust bei ihm landen. Darüber hilft er sich dann mit seinen Phantasien hinweg. Vielleicht sind wir oft nicht sicher, ob wir geliebt werden oder lieben. Wenn wir leidenschaftlich geliebt werden oder leidenschaftlich lieben, wissen wir das genau.

Es scheint tatsächlich so zu sein, daß wir Leidenschaft in der Liebe, vielleicht auch in anderen Lebensbereichen, immer weniger erleben. Leidenschaft ist ein anspruchsvolles Ziel. Viele wären schon zufrieden, wenn sie in ihrem Sexleben auf die von Luther empfohlenen »in der Woche zwier« kämen. Der Sexualforscher Ernest Borneman vermutete im *Spiegel,* daß in den neunziger Jahren dieses Jahrhunderts »wahrscheinlich weniger koitiert werde als zu irgendeiner anderen Zeit der Menschheitsgeschichte«. Einige sprechen schon von einer »Onanisierung der Gesellschaft«. Leidenschaftliche Ekstase wird so nicht erlebt, sondern in der Phantasie vorgestellt, gewünscht. Die Sehnsucht bleibt.

Nicht ganz zufällig gab es in den letzten Jahren ein paar Erfolgsfilme, deren Thema »Leidenschaft« war, erotische Leidenschaft. Unverzichtbare Zutat der Plots: Mann oder Frau verliebt sich in jemanden *wider alle Vernunft.* Ein Mann verliebt sich in eine Frau, die eine potentielle Mörderin ist – die Rahmenhandlung von »Basic Instinct« und »Sea of Love«. Ein Mann verliebt sich in die Verlobte seines Sohnes – die Geschichte im Louis-Malle-Film »Das Verhängnis«. Ein homosexueller Mann liebt leidenschaftlich und ein Leben lang seinen heterosexuellen Freund und Schauspielerkollegen – Thema des chinesischen Films »Lebe wohl, kleine Konkubine«.

Das Kino hat schon immer die Sehnsüchte der Menschen befriedigt. Die Traumfabrik bietet uns, was wir nicht oder zu wenig haben: Mut zu unseren Gefühlen – wider alle Vernunft oder was wir dafür halten. Kleinmütig verlangen wir höchstens nach einer »funktionierenden Partnerschaft«, als handelte es sich bei der Liebe um eine Geschäftsbeziehung, die bitteschön möglichst reibungslos verlaufen sollte. Der Traum von der großen Liebe wird im Kino geträumt, die Sehnsucht nach wilder, ungezügelter Ekstase in der Pornographie.

Nein, ganz so schlimm ist es noch nicht, wenigstens nicht immer und überall. Aber der Trend geht in diese Richtung. Immer mehr Menschen warten, daß ihnen Leidenschaft im wirklichen Leben begegnet. Viele haben schon resigniert.

## Ist Leidenschaft machbar?

Wenn es wirklich richtig wäre, daß unsere Leidenschaften, unsere Gefühle uns völlig passiv, ohne unser aktives Zutun packten, dann wäre die Frage nach der Machbarkeit von Leidenschaft mit einem klaren Nein schnell beantwortet. Doch die Fähigkeit zu intensiven, leidenschaftlichen Gefühlen hat irgendwann einmal in uns allen gesteckt. Sie ist nur verschüttet unter dem vielen Müll, den uns das

Leben auch serviert hat. Wie war das denn damals, als wir noch Kinder waren? Haben wir nicht leidenschaftlich gemalt zum Beispiel, mit einer Konzentration und Hingabe, die wir später vielleicht nie wieder aufgebracht haben? Haben wir unsere Puppe, unseren Hund nicht inniger geliebt als später so manchen Menschen? Ohne unsere Puppe hätten wir keinen Schritt aus dem Haus getan. Die wollten wir immer ganz nahe bei uns haben. Liebe ist Nähe.

Unseren Zeichnungen, unseren Bauvorhaben mit Lego oder Fischer-Technik haben wir uns so intensiv und lustvoll gewidmet wie in späteren Jahren kaum noch einer Sache.

*Eine Tätigkeit wird dadurch zu einer Leidenschaft, daß man sich ihr widmet. Lieben kann deshalb erst dann leidenschaftlich sein, wenn man sich hingebungsvoll dem Lieben widmet.*

Inwieweit wir bereit sind, uns selbst, das heißt unser wahres Selbst, einem anderen Menschen zu widmen: das wird die Intensität unserer Leidenschaft in der Liebe bestimmen.

*Denn wir sind verantwortlich für unsere Gefühle, nicht nur für deren Ausdruck!*

Schwer zu schlucken, daß wir für unsere Gefühle eine Verantwortung tragen. Und doch ist es so. Daß ein Bekannter einen auf der Straße übersehen hat, ist wahrscheinlich jedem schon einmal passiert. Welches Gefühl hat das in uns ausgelöst? Waren wir ärgerlich, fühlten wir uns zurückgesetzt oder gar amüsiert? Je nach dem, was wir zu dem Vorfall *denken,* wie wir ihn *bewerten,* welche Absichten und Motive wir dem anderen unterstellen, löst dieser Vorfall unterschiedliche gefühlsmäßige Reaktionen in uns aus.

Wir sind ärgerlich, wenn wir meinen, der andere habe nur so getan, als ob er uns nicht sähe, oder er wolle aus unerfindlichen Gründen nichts mit zu uns haben. Wir fühlen uns zurückgesetzt, wenn wir vermuten, wir selbst hätten eine so minimale Ausstrahlung, daß es leicht sei, uns zu übersehen. Wir amüsieren uns, wenn wir den anderen als einen kennen, der ständig in Gedanken versunken ist und seine Umgebung kaum wahrnimmt. Das Wiedererkennen des bekannten Charakterzugs kann sogar liebevolle, verständnisvolle Gefühle in uns wachrufen.

Selbst bei so nebensächlichen Alltagsereignissen wissen wir meist gar nicht, daß wir selbst zu einem großen Anteil der Verursacher unserer eigenen Gefühle sind. Doch unsere Gedanken zu einem äußeren Ereignis und unsere daraus resultierenden Bewertungen des Ereignisses verursachen erst die Art und Weise unserer Gefühle.

*Weil wir die Denker unserer Gedanken sind, tragen wir so auch Verantwortung für unsere Gefühle.*

*Gefühle lassen sich nicht direkt verändern. Das gelingt nur, wenn wir es lernen, aus den äußeren Tatsachen nicht immer automatisch unsere erlernten Gedankenmuster abzuspulen, die die Kluft schließen sollen zwischen dem, was ist, und dem, was sein soll oder dem, was wir erwarten. Wir erwarten immer das, was wir schon kennen.*

Wir haben zum Beispiel gelernt, daß man sich über Geschenke freuen sollte. Wenn einem ein Geschenk nicht gefällt, ist es jedoch vielleicht nicht ganz einfach, sich zu freuen. Wirklich nicht? Unsere Freude wird gespiegelt von der Freude, mit der jemand etwas schenkt. Ansonsten wäre es schwer vorstellbar, daß am Muttertag reihenweise Mütter in ehrliches Entzücken ausbrechen, wenn sie eine geschmacklose, aber liebevoll ausgesuchte Blumenvase von ihren Stöpseln überreicht bekommen.

Manchmal allerdings mag die Absicht des Schenkenden noch so arglos sein, trotzdem erregt das Präsent den Unmut des Beschenkten: wenn er zum Beispiel etwas ganz ähnliches von einer Person bekommen hat, die er nicht ausstehen kann, und nun die Gefühle für diese Person unbewußt auf den unschuldigen Schenkenden überträgt.

*Der eigene Beitrag entscheidet mit darüber, was wir bei einem Ereignis fühlen. Ein Ereignis ist ein Ereignis. Zu einem Erlebnis wird es erst durch unsere Gefühle.*

Ein anderes Beispiel: Da kommt ein Achtjähriger am Abend viel zu spät vom Spielen heim. Seine Mutter hat sich Sorgen gemacht, herumtelefoniert, hat ihn gesucht. Sie hat eine durchaus berechtigte Angst, daß ihrem Sohn etwas zugestoßen sein könnte. Als dieser endlich an der Haustür klingelt, schreit sie ihn an, gibt ihm vielleicht sogar eine Ohrfeige, denn sie ist wütend. Ihre Angst hat sich in Wut verwandelt, weil sie ihren Sohn dafür verantwortlich macht, daß sie Angst hat. Wie kann er mir das antun, der Bengel! Ihre Angst ist zwar begründet, aber es ist *ihre* Angst, die allein durch ihre automatischen Gedanken hervorgerufen wurde.

Indem sie ihr Kind verantwortlich macht für ihre Gedanken und Gefühle, stört sie die Beziehung zu ihm. Vielleicht wird der Knirps das nächste Mal pünktlicher sein, weil er das Donnerwetter vermeiden will. Er wird sich aus Angst anpassen. Lieben wird er seine Mutter nicht dafür. Wenn sie bei ihrem grundlegenden Gefühl der Angst geblieben wäre, ihren Sohn nicht für ihr eigenes Gefühl verantwortlich gemacht hätte, sondern selbst die Verantwortung für ihre Gedanken und Gefühle übernommen hätte, so hätte sie einfach gesagt: »Wie gut, daß du endlich zu Hause bist. Ich bin ganz erleichtert. Ich habe große Angst gehabt, daß dir etwas passiert sein könnte. In Zukunft erwarte ich aber, daß du dich an unsere Vereinbarungen hältst.«

Nur auf diese Weise kann ihr Kind lernen, was es heißt, aus Liebe auf einen anderen Rücksicht zu nehmen. Und daß »Beziehung« bedeutet, Vereinbarungen zu treffen und einzuhalten, sich seinem Selbst und dem anderen zu verpflichten, so wie die Prinzessin im Märchen sich dem Versprechen verpflichtet fühlte, das sie dem Froschkönig gab. Erst dadurch, daß sie ihre Pflicht an dem Frosch tat und nicht ihren Lust-Unlust-Gefühlen nachgab, erlöste sie ihn aus der Verzauberung.

Daß viele heute nach dem Motto »Schaun wir mal, was aus uns beiden wird« verfahren, ist ein Symptom der Beziehungsunfähigkeit. Es wird immer nur soviel passieren, wie beide für die Beziehung *tun*, inwieweit sie sich verpflichten, ihr Selbst, ihre wahren Gefühle mitzuteilen.

*Erst die eigene Selbst-entfaltung wird es ermöglichen, daß auch der Partner sein Selbst entfalten kann.*

Die eigenen Ängste erkennen, sie zu überwinden versuchen, aber sie auch dem anderen mitteilen – das macht es wiederum ihm möglich, offener mit seinen Ängsten umzugehen. Wenn ich auspacke, mein Selbst auspacke, gebe ich damit dem anderen die Chance, das ebenfalls zu tun. Ergreift er seine Chance, so werden beide Partner sich selbst und den anderen Stück für Stück entdecken können. Wie soll da Langeweile aufkommen? Niemand wird sich im Laufe eines Lebens ganz entschlüsseln lassen. Je mehr einer weiß, um so eher weiß er, daß er nichts weiß. Was für soviele Sachgebiete richtig ist, sollte ausgerechnet für das komplexeste Gebilde auf dieser Welt, den Menschen, nicht gelten? Das ist nur schwer vorstellbar.

*Beziehungen machen einen Menschen nicht immer glücklich, aber sie können immer eine spannende Entdeckungsreise zu sich selbst und dem Selbst des anderen sein.*

Wenn sie es nicht sind, so deshalb, weil wir uns lieber voreinander verstecken. Und weil wir eine reichlich untaugliche Definition von »leidenschaftlicher Liebe« haben. Mit aller Leidenschaft versuchen wir, den anderen zu ändern. Weil wir uns selbst nicht leidenschaftlich genug lieben. Das kann nur der, der bereit ist, sein Selbst zu entdecken.

## Vom Rechthaben zur Liebe

Auf einen anderen einzuschlagen, und sei es mit Worten, ist niemals ein Ausdruck von Liebe. Trotzdem schlagen gerade Partner in intimen Beziehungen aufeinander ein. Sie tun es, weil sie selbst keine Verantwortung für ihre Gedanken und Gefühle übernehmen. »Was bist du nur für ein Waschlappen, daß du dich so von deiner Mutter herumkommandieren läßt!« – »Die freut sich wenigstens, wenn ich sie besuchen komme! Zu Hause erwartet mich doch nur dein Gezeter!«

Die objektive Tatsache ist nicht, daß der Mann ein »Waschlappen« ist, sondern daß er zweimal in der Woche gleich nach der Arbeit seine Mutter besucht. Seine Frau hat die Definition von »Ehe«, daß ein Mann nach der Arbeit zu seiner Ehefrau kommen sollte. Er hat diese Definition von »Ehe« aber nicht. Jeder glaubt, daß er im Recht ist. Weil sie meint, sie sei im Recht, nennt sie ihn einen »Waschlappen« oder ein »Muttersöhnchen«. Sie trifft ihn damit an seinem wundesten Punkt und erreicht, daß er automatisch seinen Schutzmechanismus verstärkt. Nach ihrer Definition von »Ehe« und was sie sonst noch über die Psychologie von Mutter-Sohn-Beziehungen weiß, ist ihre Abwertung zumindest logisch konsequent. Sie ist im Recht. Und fühlt sich vernachlässigt.

Ihr Mann dagegen meint in seinem Denksystem, daß er seine Zuwendung an Mutter und Ehefrau gerecht verteilt. Drei Tage in der Woche kommt er direkt nach der Arbeit zu seiner Frau, am Wochenende ist er sowieso mit ihr zusammen. An zwei Abenden erfüllt er für eine begrenzte Zeit seine Rolle als liebender Sohn, der er schließlich ebenfalls immer noch ist. In dem eigenen Denksystem hat jeder von beiden recht. Nur mit »Liebe« hat das »Rechthaben« ganz und gar nichts zu tun.

Kaum vorstellbar, daß die beiden – er, der »Waschlappen«, sie, die »Megäre« – leidenschaftlichen Sex miteinander haben. Wie denn auch? Sie respektieren ja nicht einmal das Denksystem des anderen. Geschweige denn, daß sie sich *mit Hingabe und Konzentration sich selbst und dem anderen widmen* würden. Wenn sie aus ihrer Rechthaberei herauskäme, dann würde sie vielleicht bemerken, daß ihrem Mann die Besuche bei seiner Mutter sehr gut tun. Möglicherweise ist diese eine ausgezeichnete Gesprächspartnerin für ihn oder er genießt es einfach, für ein paar Stunden wie ein kleiner Junge verwöhnt zu werden. Was immer es auch ist – er bekommt wahrscheinlich etwas, was er von seiner Frau nicht kriegt.

Niemand kann einem anderen Menschen alles geben, was dieser braucht. Also könnte sich die Ehefrau eigentlich durchaus mit ihrem Mann freuen, daß es Menschen gibt, bei denen er sich holen kann, was er in seiner Ehe nicht bekommt. Das entlastet sie schließlich ein Stück und schafft ihr den Raum, auch einige ihrer Bedürfnisse eigenmächtig zu erfüllen. Oder sie bemüht sich ein wenig mehr, ihm seine Bedürfnisse zu erfüllen, wenn ihr das Spaß macht. Beide Reaktionen wären liebevoll.

Selbstverständlich wäre es aber auch möglich, daß der Mann seine Mutter mehrmals die Woche besucht, weil sie ihm ein schlechtes Gewissen einjagen würde, wenn er es unterließe. Mag sein, daß seine Mutter ihn für den einzigen hält, der ihre Einsamkeit ein wenig erträglicher macht. Der einzige auch, der ihr im Haushalt ein paar Gefälligkeiten erledigen kann, für die sie vermeintlich oder tatsächlich zu ungeschickt, zu schwach oder zu kränklich ist. Der Ehemann hat in diesem Fall Druck von beiden Seiten: von seiner Mutter und von seiner Ehefrau. Es ist sicherlich kein großes Rätsel, zu wem er lieber abends heimkommt – zu der Frau, die ihm den wenigsten Druck macht. Je weniger sich die Ehefrau also in die Mutter-Sohn-Beziehung einmischt, um so größer die Chance, daß ihr Mann von selbst spürt, daß er lieber bei seiner Frau ist als bei seiner Mutter.

Würde umgekehrt der Ehemann sich mit mehr Hingabe und Konzentration seiner Frau widmen, so würde er hinter ihren Beschimpfungen ihre Angst spüren, daß sie nicht die Person ist, die ihm am nächsten steht, mit der er am intimsten verbunden ist, sondern daß sie fürchtet, seine Mutter nehme diesen Platz immer noch ein. Vielleicht kommt ihm die Idee, daß er seiner Frau eigentlich sehr selten sagt und kaum zeigt, daß er sie liebt. Würde er seiner Frau öfter seine Liebe zu ihr bestätigen, würde sich ihre Eifersucht auf seine Mutter höchstwahrscheinlich legen und sie würde sich auf sein Heimkommen freuen. Auf einen Mann, von dem sie sich geliebt fühlt, freut sich eine Frau automatisch. Nun ist es leicht vorstellbar, daß ihr gemeinsamer Abend mit lustvollem Sex ausklingt, oder?

*Wer Verantwortung für seine Gedanken und Gefühle übernimmt und sich dem anderen mit Konzentration und Hingabe widmet, ihn liebt, kreiert dadurch die erotische Spannung, die dem leidenschaftlichen Sex vorausgeht.*

## Macht kontra Liebe

Ja, aber: Gibt es nicht genügend Beispiele dafür, daß Männer gerade mit einem ausgesprochenen Biest leidenschaftlichen Sex haben können und daß der Sex mit einer Frau, die liebevoll mit ihnen umgeht, sie langweilt? Und haben nicht auch Frauen gar nicht so selten den heißesten Sex mit einem Mann, den sie irgendwie sogar hassen?

Stimmt. Beim Sex werden all die Gefühle wieder aus den Tiefen unseres Unbewußten hervorgeholt, die wir in unserer frühesten Kindheit im intimen Kontakt mit der Mutter erfahren haben. Sein Leben lang mag einer auf der leidenschaftlichen Suche danach sein, endlich das zu bekommen, was er von seiner eigenen Mutter nicht ausreichend bekommen hat: Wärme, Zärtlichkeit, das Gefühl, ganz und gar angenommen zu sein. Dieses Gemisch von Liebe und Haß, was statt dessen erlebt wurde, hat weder der Mutter-Kind-Beziehung gut getan, noch ist es auf Dauer ein geeignetes Aphrodisiakum für eine Paarbeziehung.

Haß-Liebe führt dazu, daß Menschen immer die leidenschaftlich Suchenden bleiben und niemals finden, was sie suchen. Sie wollen aus der kindlichen Ohnmacht und Abhängigkeit so gern heraus. Einmal gewinnen gegen die spröde, sich wehrende Frau, die nicht freiwillig gibt, was sie von ihr wollen. Einmal den Mann erobern, der sich entzieht. Möglich, daß man das schafft. Sicher ist nur, daß mit dem vermeintlichen Machtgewinn das Spiel aus ist. Die tatsächlich liebevolle Frau wird plötzlich langweilig, erotisch uninteressant. Der tatsächlich hingebungsvolle Mann hat ebenfalls als Spielpartner ausgedient.

Der Machtspieler sieht selbst nicht, wie ohnmächtig er im Grunde ist. Er ist abhängig von seinem Spiel, bekommt niemals, was auch er will – Liebe –, sondern nur die fade Genugtuung, einen Mitspieler über den Tisch gezogen haben. Ob Sieg durch K.o. oder nach Punkten, sein Ego darf sich freuen. Eine leidenschaftliche Affäre nach der anderen lenkt sehr wohl davon ab, daß man selbst ziemlich leer ausgeht bei dem Machtspiel. Der Überdruß an einem »Liebesleben«, das von Haß-Liebe gespeist wird, ist vorprogrammiert. Mit spätestens vierzig, fünfzig sind die meisten Menschen, die nach diesem Muster gelebt haben, emotional völlig ausgebrannt.

Doch jeder hat selbstverständlich das Recht, sich dafür zu entscheiden, ein leidenschaftlich Suchender zu bleiben und niemals Erfüllung zu finden. Er sollte nur wissen, daß er in einer Zwickmühle steckt, aus der es kein Entrinnen gibt. Wenn nur das Hinterherjagen hinter einem Menschen, von dem man nicht geliebt wird, interessant und aufregend ist, dann ist jedes Erreichen des Ziels logischerweise uninteressant und langweilig.

Aber wer selbst-bewußt in der Zwickmühle steckenbleibt, ist in diesem Fall wenigstens ein Stück ausgesöhnt mit seinem Schicksal. Er hat keinen Grund mehr, sich über die Gemeinheit des weiblichen oder männlichen Geschlechts ständig zu beschweren. Er hat sich entschieden für eine Definition von »Liebe«, in der Nähe von vornherein ausgeschlossen ist, in der es nur die Sehnsucht gibt. Er will den Clinch, aus dem es ein Entrinnen nur im Hau-Ruck-Verfahren gibt.

Und welche Definition von »Liebe« haben seine Kontrahenten im Spiel um Macht und Ohnmacht? Also diejenigen, die der Machtspieler als Ohnmächtige über den Tisch zieht und in aller Regel dort liegenläßt? »Liebe ist, wenn ich einen anderen mehr liebe als mich *selbst*«, definieren die Ohnmächtigen unbewußt. Das klingt beim oberflächlichen Hinhören sehr edel und aufopferungsbereit – wenn es nicht wieder einmal nur darum ginge, sein eigenes Selbst hinter der ganzen Opferbereitschaft zu tarnen. Den Samariter spielen, das ist in Wirklichkeit auch nichts weiter als ein Schutzmechanismus, der andere Gefühle verstecken soll. Fast immer verbirgt sich hinter der vordergründigen Opferbereitschaft eine gehörige Portion Aggression, die sich der Samariter nur nicht zu zeigen traut. Indem er sich für einen anderen aufopfert, will er vermeiden, daß dieser ihn mit

Aggressionen straft. So charakterlos wird schon niemand sein, daß er einem Menschen, der sowieso schon am Boden kriecht, auch noch einen Tritt versetzt. So kalkuliert der Opfer-Spieler nicht bewußt. Schließlich leidet er selbst darunter, daß er so wenig wirkliche Liebe abbekommt.

Welche Gefühle auch immer der Samariter hinter seiner Opferbereitschaft versteckt, Tatsache ist: Er liebt sich selbst nicht leidenschaftlich, interessiert sich kaum für sich selbst. Er kennt seine Ängste kaum, wie soll er sie mitteilen und überwinden? Er spielt das Spiel des anderen, meint er, er fühlt sich abhängig. So vermittelt er dem Macht-Spieler den falschen Eindruck, als sei dieser allein es, der die Regeln diktiere. So läßt er ihn glauben, der Unabhängige zu sein. Doch ohne Opfer gibt es keine Täter.

Würde er seine eigene Rolle und damit seine Macht als Opfer-Spieler erkennen, so könnte er sagen: »Mein Lieber, meine Liebe, mit mir nicht! Bis hierhin und nicht weiter! Such dir einen anderen Mitspieler, mein Schatz. Was du vorhast, lasse ich mit mir nicht machen.« Es könnte passieren, daß das den Machtspieler wieder ein bißchen anfeuert. Dann geht das Spiel in eine neue Runde. Möglich, daß sich die Beziehung in diesem Fall zum Positiven wendet. Möglich, daß sich der Macht-Spieler ein neues Opfer sucht. Gewonnen hat jedoch immer der, der aus dem Spiel ausgestiegen ist. Ob Macht- oder Ohnmacht-Spieler, jeder Mitspieler hat erst dann eine echte Chance, wenn er mit einem neuen Spiel beginnt.

*Die erste und einzige Regel für dieses neue Liebes-Spiel:*
*Ich kümmere mich um mich selbst.*

Erst einmal leidenschaftlich sich selbst lieben lernen, sich mit Konzentration und Hingabe der eigenen Person, den eigenen Gefühlen und Bedürfnissen widmen, das wäre die Lösung aus dem Clinch.

Dazu gehört, bewußt das Risiko einzugehen, daß sich der Machtspieler einen anderen Spielpartner sucht. Einer, der auf den ersten Blick mächtig *scheint,* bei dem er aber schon beim Beschnuppern die zukünftige Ohnmacht wittert, in die er ihn hineinmanövrieren will. Machtspieler suchen sich keine wirklich starken Gegner. Die würden sie auch gar nicht finden, weil sich wirklich Starke für das Machtspiel gar nicht erst zur Verfügung stellen. Machtspieler suchen die Spielpartner mit den offenen Wunden, in die sie ihren Essig hineinträufeln können. Erst, wenn der andere sich vor Schmerzen am Boden wälzt, sind sie bereit, ein paar Tröpfchen Öl zur vorübergehenden Genesung zu spendieren.

Machtspieler sorgen dafür, daß die Wunden der vermeintlich ohnmächtigen Opfer-Spieler noch größer werden. Und damit verletzen sie sich selbst immer mehr. Denn sie bekommen nicht die Liebe, die sie sich erhofft haben, sondern den Haß, der irgendwann aus dem ohnmächtigen Samariter herausbrechen wird.

In ihrer Angst treffen sich Macht- und Ohnmachtsspieler: Beide fürchten, nie genug geliebt zu werden, immer die Zu-kurz-Gekommenen zu bleiben. Mit jeder neuen Inszenierung ihres alten Kindheits-Dramas bestätigen sie sich diese Überzeugung und tragen die Erbitterung über ihre Ex-Partner meist ein Leben lang mit sich herum.

## Die Geschichte von Sabine und Rolf

Als sie heirateten, war Rolf knapp dreißig, Sabine Anfang zwanzig. Verglichen mit seiner großen Jugendliebe war Sabine die reine Erholung für Rolf. Seine Ex-Freundin, die für ihn der Inbegriff seiner erotischen Träume gewesen war, hatte ihm ständig soviel Streß gemacht, daß darüber die Liebe abhanden gekommen war. So sah es jedenfalls Rolf. Sabine war vielleicht erotisch nicht ganz so aufregend, aber dafür mußte er bei ihr auch längst nicht soviele temperamentvolle Szenen und Ausbrüche fürchten, die in Rolfs Augen die Beziehung zu seiner ersten großen Liebe zerstört hatten.

Sabine, die sich nach ihrem Abitur ziellos hatte treiben lassen und eher lustlos mal dieses, mal jenes studieren wollte, war froh, daß ihre Zukunft durch die Heirat eine Richtung bekam. Beide Partner suchten vor allem Sicherheit und bekamen sie auch in ihrer Ehe.

Daß sie sexuell nicht gerade leidenschaftlich voneinander angezogen waren, sah Rolf nicht als Hindernis an. Er war davon überzeugt, daß er seine junge Frau mit der Zeit sexuell würde erwecken können. Aus der kühlen Sabine würde er schon bald – kraft seiner Fähigkeiten als guter Liebhaber – alle Leidenschaft herausholen, zu der eine Frau nur fähig sein könnte.

Um in sexueller Hinsicht auch ja nichts falsch zu machen, las Rolf eine Menge einschlägiger Literatur. Nicht,weil er seinen sexuellen Fertigkeiten nicht getraut hätte, sondern um sich besser beim Thema »sexuelle Störungen der Frau« auszukennen. Theoretisch wußte er bald genau, wie man Libidoschwäche, Frigidität und Orgasmusunfähigkeit einer Frau behandeln konnte. »Du solltest erst einmal masturbieren lernen«, riet er ihr. »Dann wird es dir leichter fallen, auch beim Verkehr zum Orgasmus zu kommen.«

Rolf besorgte ihr erotische Literatur von Anaïs Nin bis Pauline Réage (»Die Geschichte der O.«), weil er gelesen hatte, daß sich Frauen durch erotische Geschichten leichter als durch Bilder erregen lassen. Doch Sabine schaute in die Literatur nicht einmal hinein. Vielleicht war sie ja doch nicht der Lesetyp. Die Pornovideos, die er später auslieh und ihr vorführte, fand Sabine schlicht dämlich oder sogar widerlich. Am Masturbieren hatte sie bisher jedenfalls keinen Gefallen gefunden.

Auch bei Rolfs Fingerfertigkeiten stellte sich nicht der gewünschte Erfolg ein. Sabine wurde zwar anfangs feucht, aber nach zehn Minuten spätestens wieder trocken und spröde. Weder Beckenbodenübungen noch Rolfs psychologische Recherche nach verborgenen Traumata in Sabines Vergangenheit (war sie etwa einmal vergewaltigt worden?), machte aus seiner Frau die sexhungrige und genußfähige Bettgenossin, nach der er sich so sehnte.

Die notwendigen erotischen Anregungen, die ihm Sabine nicht verschaffte, holte sich Rolf bald in Pornos, die er ohne Sabine ansah. Seine Magazine und Filme ließ er dort liegen, wo Sabine sie sehen mußte. Hatte er schließlich Heimlichkeiten nötig? Wenn er in seiner Ehe ein besseres Sexleben hätte, dann brauchte er keine Pornos. Dies sagte er Sabine unumwunden, die sich manchmal darüber aufregte, daß sie »ständig über dieses Zeugs« stolperte.

»Unser Sex ist mies«, konstatierte Rolf alle paar Monate. Für ihn war diese Feststellung eine objektive Tatsache und deshalb schien ihm dieser Satz der geeignete Auftakt zu einem offenen Gespräch über ihr Sexualleben zu sein. Seinen ständig wiederholten Vorschlag jedoch, endlich mit einer Psychotherapie anzufangen, lehnte Sabine ab, obwohl sich Rolf bereit erklärte, ihr bei der Therapie zur Seite zu stehen und selbstverständlich auch an den Sitzungen teilzunehmen, wenn das nötig und gewünscht war.

Innerlich war Rolf allerdings überzeugt davon, daß der miese Sex auf Sabines Konto ginge. Was gab es an ihm schließlich auszusetzen? Seine Erektionen waren kräftig, er kam zum Orgasmus. Sie hatte nie Lust auf ihn, kam nie zum Orgasmus. Wenn er keine Lust auf sie hatte, sondern sich lieber mit seinen Pornos vergnügte, konnte ihm niemand daraus einen Vorwurf machen, meinte er. Bei einer Frau wie

Sabine mußte sich ein Mann einfach andere Appetitanreger holen. Sabine weigerte sich ja sogar, die Reizwäsche anzuziehen, die er ihr gekauft hatte. Wenigstens diesen Gefallen hätte sie ihm schließlich tun können.

Obwohl es Rolf sicherlich gut meinte, tat er genau das Gegenteil von dem, was er bewußt beabsichtigte. Seine ständigen Ratschläge und Abwertungen von Sabines erotisch-sexueller Anziehungskraft bewirkten nur eins: Sabine wurde immer gehemmter, immer weniger erregbar, verlor ihr Interesse an Sexualität fast völlig. Lust ist nun einmal eine spontane Reaktion, die sich nicht erzwingen läßt. Bei all seinem Wissen um die weibliche Sexualität hatte Rolf diese Allerweltsweisheit schlicht ausgeblendet. Sein Unbewußtes hat ihm in diesem Punkt einen Streich gespielt, um Rolf vor der Erkenntnis zu schützen, daß auch er selbst durchaus ein erotisch-sexuelles Problem hatte: Rolf konnte eine herzlich-liebevolle *und* eine sexuell-leidenschaftliche Beziehung nur schwer mit einer einzigen Frau leben.

Mit Sabine verband ihn eine durchaus liebevolle Beziehung. Außerhalb des Ehebettes verwöhnten sich beide gegenseitig sehr. Im Klartext: Mal war Sabine die Mama für Rolf, mal war Rolf der Papa für Sabine. Als Mann und Frau jedoch trafen sie sich so gut wie nie.

Nicht der Sex war das primäre Problem der beiden, sondern daß sie in ihrer Beziehung, in ihrem Umgang miteinander kaum imstande waren, gleichberechtigte erwachsene Positionen einzunehmen. Zwischen Mutter und Sohn sowie zwischen Vater und Tochter regiert immer das Inzest-Tabu. Eine erotische Spannung ist zwischen Partnern langfristig sehr schwer aufrechtzuerhalten, wenn sie in den Rollen von Papa- und Mama-Ersatz verweilen. So wird es im Bett nicht auf Dauer spannend. Die Rollen sind zu sehr festgelegt.

Rolfs Idee mit der Psychotherapie war natürlich nicht die schlechteste. Doch für die Beziehung der beiden wäre es genauso sinnvoll gewesen, wenn Rolf allein eine Psychotherapie gemacht hätte. In einer Therapie hätte er selbst ein Stück »nachreifen« können. Das hätte dazu geführt, daß er selbst sowohl der Sohn- als auch der Vaterrolle seiner Frau gegenüber entwachsen, d. h. selbst erwachsener geworden wäre. Schritt für Schritt hätte seine eigene Änderung dazu führen können, daß sich Sabine mit ihm ändert – oder ihn verläßt. Das jedoch hat sie nach fünf Jahren sowieso getan, indem sie sich einen Liebhaber nahm und die Scheidung einreichte. Rolf verfuhr nach dem Motto:

*Wer sich auf die Fehler des anderen konzentriert, lenkt am wirkungsvollsten von den eigenen Schwächen ab.*

So führte er unbewußt die sichere Trennung herbei. Die Trennung von Sabine verlief nach einem ganz ähnlichen Muster wie die Ablösung von seiner Mutter in Teenagerjahren. Damals hatte ihm seine Mutter ständig gedroht: »Du bist nicht mehr mein Sohn, wenn ...«. Schon als Kind mußte Rolf damit rechnen, von seiner Mutter zumindest innerlich gänzlich verstoßen zu werden, wenn er sich weiterhin weigerte, einen ordentlichen Haarschnitt zu tragen, endlich »vernünftige« Schuhe statt der Turnschuhe (wenigstens am Sonntag!) anzuziehen, und, und, und ... Sabine machte diese Drohung endlich wahr. Den Haß auf seine Mutter konnte Rolf nun »besten Gewissens« auf seine Ex-Frau übertragen. Trotz der großen Schmach, daß seine Frau die Scheidung eingereicht hatte, fand Rolf auf diese Weise eine gewisse Abfuhr seiner kindlichen Haß- und Ohnmachtsgefühle.

Aus der Beziehung zu seiner Mutter hatte Rolf in etwa folgende unbewußte Definition von »Liebe« gelernt: Liebe ist, wenn ich mich so verhalte, wie ich will, und trotzdem nicht verlassen werde.

In dieser Definition steckt ein folgenschwerer Irrtum. »Liebe« ist ein Gefühl, das zwei Personen angeht. Für Rolf galt, wie für viele, vor allem das Geliebtwerden als Zeichen von Liebe. Sein Wunsch nach einer sexuell voll empfindungsfähigen Frau ist zwar verständlich. (Und es gibt keinen Grund anzuzweifeln, daß Rolf ein grundsätzlich sexuell empfindungsfähiger und potenter Mann ist.) Doch das funktioniert auf Dauer nicht, daß einer den Sex zur Ehe beisteuert und der andere die Liebe, wie es bei Sabine und Rolf die Ausgangsvoraussetzung für die Ehe war. Wer ein wenig hinter die Kulissen blickt, der sieht leicht, daß Rolf eine erregbare und orgasmusfähige Frau brauchte, um sich selbst als guter Liebhaber zu fühlen. Sabines sexuelle Zurückhaltung ließ nämlich durchaus leise Zweifel in Rolf aufkommen, ob er tatsächlich so ein guter Liebhaber war, wie er meinte. Diese Zweifel konnte er nur wegdrücken, indem er Sabine die ganze Schuld gab. Und Sabine wiederum strafte Rolf unbewußt mit ihrer Unlust dafür, daß er ihr die Schuld an dem schlechten Sex in der Ehe gab. Die allergrößte Strafe war für Rolf allerdings, daß Sabines Liebhaber ein Mann war, bei dem fast jede Frau einen Blick mehr als üblich riskierte.

Wie damals seine Mutter hatte ihm so auch Sabine »bewiesen«, daß er, so wie er war, einer Frau nicht gefallen konnte. Er selbst hatte unwillentlich seinen Teil dazu beigetragen, daß Sabine diesen Beweis antrat, mit dem seine Mutter nur gedroht hatte.

## Gefühle genau erkennen lernen

Das Fatale ist, daß wir uns unserer Definitionen von »Liebe«, »Freiheit«, »Beziehung«, »Partnerschaft«, »Glück« so selten bewußt sind. Denn wir erfinden die Definitionen ja nicht selbst, sie werden uns klammheimlich vorgegeben. Wie Menschen miteinander umgehen sollen, wie Eltern ihre Kinder behandeln, Kinder sich zu ihren Eltern verhalten sollen, was es bedeutet, ein Mann oder eine Frau zu sein, das lernen wir alle schon ab dem Windelalter. Unsere Definitionen differenzieren sich mit der Zeit aus, manchmal verändern sie sich auch durch bewußte Erkenntnisse.

Doch bewußte Erkenntnisse sind oft nicht dazu imstande, die Definitionen zu ersetzen, die so wichtig für unser Liebesleben sind: nämlich jene, die uns in unserer ersten »Liebesbeziehung«, der zur Mutter, unbewußt einprogrammiert worden sind. So mögen wir uns oft verzweifelt bemühen, diese oder jene Gefühle aus unseren Beziehungen auszuklammern, weil sie zu unserer erwachsenen Vorstellung von »Partnerschaft« nicht passen. Das einzige, was wir erreichen, ist, daß die Gefühle ein Eigenleben führen, abgespalten werden, und wir nicht einmal mehr wissen, warum wir uns so unbehaglich fühlen.

Wenn wir diese Gefühle gar nicht erst zulassen, werden wir jedoch nie lernen, Verantwortung für sie zu tragen. Es ist sehr wichtig, daß wir unsere Gefühle deutlich spüren und die automatischen Gedanken hochkommen lassen. Nur auf diese Weise können wir sie – und damit uns selbst – erkennen: Ja, so bin ich!

Wenn einer mich kritisiert, dann schließe ich sofort daraus, daß er mich nicht mehr liebt. Und wenn mich einer nicht mehr liebt, dann gehe ich vielleicht zu einem anderen, der mich liebt. Daß er mich liebt, sehe ich daran, daß er mich nicht kritisiert. Aha, für mich bedeutet also »Geliebtwerden« soviel wie »Nicht-kritisiert-werden«. Eine seltsame Definition eigentlich. Rege ich mich selbst nicht auch am meisten über die Menschen auf, die mir sehr nahe stehen? Was Hinz und Kunz tun, ist mir doch auch egal. Vielleicht sollte ich aufhören, mich gleich ungeliebt zu fühlen, wenn einer mal mit mir meckert.

Ein frommer Vorsatz. Er wird sich nur nicht so leicht in die Tat umsetzen lassen. Bei der nächsten barschen Kritik wird automatisch das Gefühl wieder hochsteigen, daß man ganz und gar ungeliebt ist. Die Augen füllen sich automatisch mit Tränen, ganz automatisch hat man die Türklinke in der Hand, knallt die Tür hinter sich zu und läßt den anderen allein. Der fromme Vorsatz ist dahin. Was hat einen bloß wieder dazu geführt, daß man vor der Kritik ausgebüchst ist? Das Unbewußte natürlich.

Jetzt könnte man an den Ort der Auseinandersetzung zurückgehen, erklären, was mit einem los ist. Aber wird der andere dann nicht wieder schimpfen? Jetzt auf ihn zugehen und einfach sagen, daß man Kritik so schwer schlucken kann, weil man sich dann einfach so ungeliebt fühlt? Wer weiß, wie er dann reagieren wird? Der andere wird mit einiger Wahrscheinlichkeit heilfroh sein, daß einer den Teufelskreis von Kritik-Flucht-Kritik-Flucht durchbrochen hat, und weich gestimmt sein.

Frauen fällt es häufig nicht ganz so schwer wie den meisten Männern, auf diese Art zu ihren Gefühlen zu stehen. Viele Männer würden sich lieber die Zunge abbeißen als zugeben, daß eine Frau, die mit ihnen schimpft, in ihnen das Gefühl auslöst, ganz und gar ungeliebt zu sein, weil sie dieses Gefühl längst verdrängt haben und vielleicht nur noch den Ärger und die Wut spüren. Den Ärger und die Wut teilen sie dem anderen dann mit – sei es durch schmallippige Verbissenheit, sei es durch einen Riesenkrach. Schwer für den anderen, hinter dem Getöse Liebebedürftigkeit zu entdecken, aber nicht unmöglich.

Daß unsere automatischen Gedanken, Gefühle und Reaktionen durch Einsicht und Selbstbewußtheit gleich gelöscht werden und durch der Situation angemessenere, richtigere Gedanken und Gefühle ersetzt werden, das sollte niemand von sich oder vom anderen verlangen. Was unser ganzes bisheriges Leben lang zwar mehr schlecht als recht, aber doch funktioniert hat, ist tief eingegraben in unserer Seele. Immer wieder werden wir uns anstrengen müssen, wenn wir über unseren Schatten springen wollen.

Immer wieder werden wir ärgerlich, wütend, enttäuscht, arrogant oder sonstwie reagieren – wenn wir uns eigentlich hilflos ausgeliefert fühlen. Hilflos, weil wir nicht in der Lage sind, den anderen dazu zu bringen, sich so zu verhalten, wie wir es uns wünschen. Dies ist das einzig richtige, wahre Gefühl:

*Wir sind hilflos und ohnmächtig, wenn wir versuchen, den anderen zu ändern.*

Wer dieses Gefühl bei sich selbst ganz deutlich spürt und anerkennen kann, der hat – so paradox es klingen mag – plötzlich wirkliche Macht, Macht über sich selbst. Weil er mit dieser Einsicht plötzlich ganz von selbst anfängt, sich um sich selbst zu kümmern und nicht mehr darum, den anderen zu ändern. Kein Mensch vergeudet seine Kraft gern bewußt an aussichtslose Unternehmungen. Wem bewußt ist, daß er einen anderen Menschen nicht ändern kann, der verschwendet auch keine Kräfte mehr an dieses sinnlose Unterfangen.

Wer sich um sich selbst kümmert, der spürt automatisch sich selbst bewußter, der wird selbstbewußter. Er sorgt automatisch dafür, daß es ihm in jeder, auch noch der schwierigsten Situation, so gut wie eben möglich geht. (Deshalb geht es auch dem anderen so gut wie eben möglich. Denn Gefühle spiegeln sich, wie wir bereits wissen.) Der Selbstbewußte ist zum Beispiel in der Lage, einen Streit, der sich verhakelt hat und der im Moment zu keiner Klärung führen kann, ruhig abzubrechen und auf einen anderen Termin zu vertagen. Der sagt vielleicht: »Ich mag im Moment nicht weiter streiten. Laß uns morgen noch einmal in Ruhe darüber reden, wenn du magst. Ich möchte jetzt lieber eine halbe Stunde allein sein, um mich zu entspannen.« Eine solche Aussage ist für niemanden beleidigend. Es kann natürlich passieren, daß sich der andere trotzdem in einen Tobsuchtsanfall hineinsteigert. Ihn sich austoben zu lassen und gar nicht zu reagieren ist in diesem Fall sicherlich die wirksamste Strategie. Selbst wenn dabei die teure Vase in Scherben gehen sollte. Bei Gegenwehr wird sicherlich noch mehr zu Bruch zu gehen. Ob man allerdings auf Dauer mit einem Tobsüchtigen wird zusammenleben wollen, diese Frage sollte man sich durchaus selbst beantworten.

Was immer auch der andere tut, wer gelernt hat, ganz genau in sich hineinzuhorchen und seine momentanen wirklichen Bedürfnisse und Gefühle erkennt und diese ruhig äußert, der spricht automatisch nur von sich selbst. Wer von sich selbst spricht, macht automatisch dem anderen keine Vorwürfe mehr. Die Vorwürfe an den anderen sind es schließlich, die die Atmosphäre vergiften.

Jeder kann sagen: »Ich finde es unmöglich, daß du schon zum zweitenmal in dieser Woche mit deinen Freunden Karten spielst.« Man kann aber auch sagen: »Ich sehne mich danach, mal wieder einen Abend ganz allein mit dir zu verbringen.« Zwar wird der Mann deshalb sein Kartenspiel nicht sofort absagen, aber eher bereit sein, den nächsten oder übernächsten Abend mit seiner Partnerin allein und gutgelaunt(!) zu verbringen. Hätte sie ihm seine Freude an dem Kartenspiel vermiest, so würde er den nächsten Abend allein mit ihr um einiges schlechter gelaunt verbringen.

Wenn wir bei unseren eigenen Bedürfnissen bleiben und diese äußern, statt an den Bedürfnissen des Partners herumzumäkeln, werden wir ganz andere, glücklicher machende Erfahrungen haben. Unsere neuen Erfahrungen werden zu neuen automatischen Gedanken und Gefühlen führen, die besser vereinbar sind mit dem Ziel »Liebe und Leidenschaft« als das alte Programm.

Was für ein Irrtum, zu erwarten, daß uns die Leidenschaft in der Liebe wie von selbst zufällt! Wir meinen, daß wir gar nichts dazu können, ob sie uns nun packt oder nicht. Wir scheinen davon überzeugt zu sein, daß wir ebenso machtlos sind, wenn sie sich verflüchtigt hat.

Wir schließen das aus unserer Erfahrung, daß sich Lust und Leidenschaft nicht steuern lassen. »Wenn er mir nicht steht, steht er mir eben nicht. Dagegen kann ich gar nichts tun«, protestiert der Rechthaber. Richtig. Wer keine Lust hat, der hat keine Lust. Lust und Leidenschaft lassen sich wirklich nicht so steuern, wie manche uns weismachen wollen – durch eine gezielte Änderung des Sexualverhaltens, ob nun echte Lust dazu da ist oder nicht. Meist laufen die Tips darauf hinaus, leidenschaftliches Verhalten zu *kopieren.* Und das ist das Schlimmste, was man tun kann. Nichts anderes als die altbekannte Orgasmuslüge in raffinierteren Varianten.

Jeder »Trick« – und sei er noch so gut gemeint – bewirkt in der Sexualität das Gegenteil von dem, was er beabsichtigen sollte, wenn Lust und Leidenschaft fehlen. Wenn beides da ist, wird ein Paar sowieso spielerisch und spontan nach und nach immer mehr erotische Phantasien in die Tat umsetzen. Wenn beide Lust darauf haben. Wer irgend etwas tut, »um den Sex in der Beziehung zu retten«, der hat jedoch schon verloren. Wie jeder verloren hat, der durch ein bewußt oder unbewußt vorgetäuschtes Gefühl ganz gezielt etwas beim anderen erreichen will. Sich Strapse anzuziehen, wenn es ins Bett geht, um den Mann anzuheizen, der seit geraumer Zeit kein erotisches Interesse mehr an einem hat, ist gut gemeint. Aber: Gut gemeint ist selten richtig. Der hohe Erwartungsdruck bei ihr, ob er auf die Reizwäsche nun endlich zündet oder nicht, verdirbt nicht nur ihr die Lust, sondern steckt auch ihn an.

Leidenschaftlicher Sex ist spontan, und zu Spontaneität kann man nichts und niemanden auffordern. Auch sich selbst nicht. Wer leidenschaftlichen Sex haben will, der darf ihn nicht fordern, nicht darauf warten. Lust hat nun einmal die fatale Eigenschaft, sich bei Druck zu verflüchtigen. Kein Mensch wird sich selbst erfolgreich verbieten können, sich ab sofort nicht mehr nach mehr Leidenschaft in der Liebe zu sehnen. Das Unbewußte versteht keine negativen Botschaften. Wer sich vornimmt, nicht an rosa Elefanten zu denken, der wird permanent an rosa Elefanten denken. Aber jeder sollte wissen, daß er selbst die Bedingungen dafür schaffen kann, daß Lust, Liebe und Leidenschaft entstehen können.

## Echte Lust steckt an

Was wir allerdings meist unterschätzen, ist die höchst willkommene Qualität der Lust, ansteckender als die Masern zu sein. Wenn es sich wirklich um Lust handelt – und nicht um eine mehr oder weniger gute oder schlechte Kopie von Lust. Was das Kopieren angeht, haben wir Frauen es sicher leichter. Und auch deshalb bedienen sich eher Frauen dieses traurigen Manövers. In verführerischen Dessous erwartete einmal eine junge Frau einen meiner Freunde, der eine Menge positiver Gefühle dieser Frau gegenüber hegte, leider nur keine erotischen. Auch ihre Selbstbefriedigungsshow zeigte auf ihn keinerlei erregende Wirkung. Ihre Inszenierung endete damit, daß sie sich bitterlich an seiner Schulter ausweinte. Traurigkeit war ihr echtes Gefühl, nicht Geilheit.

Echte Lust dagegen ist sehr ansteckend. Nicht immer und hundertprozentig. So wie man immun gegen Masern sein kann, so kann man auch immun gegen die Ansteckung durch die Gefühle anderer sein. Die Bereitschaft muß schon da sein, sich anstecken zu lassen. Starke eigene Gefühle, die mit Lust nicht gern Hand in Hand gehen, können einen gegen die Ansteckung immunisieren. Ärger im Beruf, ein dringendes Problem, über dessen Lösung wir brüten – das Leben geht nun einmal nicht jeden Tag sanft mit uns um. Doch solche momentanen Lustlosigkeiten hat noch jede liebevolle Beziehung verkraftet. Wo der Beruf – oder was sonst auch immer als Lusttöter ausgemacht wurde – allerdings für Wochen oder Monate dazu führt, daß im Bett Funkstille angesagt ist, da stimmt etwas nicht – und zwar mit den Gefühlen.

## Über Sex reden

Aber wie das Gespräch anfangen? »Wir sollten mal darüber reden, warum wir keinen Sex mehr haben!« eröffnet sie den Abend. Schon fühlt er sich in der Bredouille. Ja, er weiß, er ist ein Versager. Unsinn! Was kann er dafür, wenn er nicht mehr geil auf sie ist. Aber das kann man ihr doch auch nicht sagen. Also bleibt's bei »Weiß auch nicht. Zuviel Streß eben.« Es ist zum Wahnsinnigwerden. Wie man auch anfängt, immer klingt es so, als würde man Druck ausüben wollen.

Ach, laßt den Sex doch in Ruhe! Was kann er dafür, wenn bei zweien Lust und Liebe fehlen. Schaut euch doch bei euch selbst an, was ihr so automatisch denkt, wenn so eine Gelegenheit kommt, in der es früher öfter passiert ist und jetzt eben nicht mehr.

Er denkt zum Beispiel ganz automatisch:

»Bestimmt erwartet sie, daß ich mit ihr heute nacht schlafe. Ich habe aber keine Lust. Besser, ich tue, als ob ich schon sehr müde wäre. Ich drehe mich einfach so um, daß sie mich nicht sieht, und rolle mich zusammen. Dann denkt sie, ich sei schon fast eingeschlafen. Nur nicht vergessen, ruhig und gleichmäßig zu atmen. Sonst merkt sie, daß ich noch wach bin.

Hat sie da nicht etwas aus dem Badezimmer gerufen? Ich könnte ja zurückrufen, daß ich sie nicht ganz verstanden habe. Lieber brumme ich nur. Das klingt verschlafener. Ich finde es ja auch schade, daß ich keine Lust mehr auf sie habe. Sie ist ja wirklich ein lieber Kerl. Aber das reicht eben nicht für meinen kleinen Freund. Ich glaube, sexuell hat sich das mit uns ziemlich totgelaufen. Keine Spannung mehr da, nichts. Jeden Tag das gleiche. Ich habe das Gefühl, ich kenne sie schon in- und auswendig. Wenn ich ehrlich bin: Sie langweilt mich einfach.

Auf der Vertreterkonferenz neulich habe ich eine kennengelernt, die geht mir einfach nicht aus dem Kopf. Wie die in ihrem knappen Kostüm reingerauscht kam, da ist allen erst einmal das Kinn heruntergefallen. Nächste Woche wird sie für ein paar Tage in der Firma sein. Naja, aber das kann ich meiner Frau nicht antun, daß ich mit der was anfange. Wenn's überhaupt klappen würde!

Da kommt sie. Jetzt kriege ich gleich meinen Gute-Nacht-Kuß. Jeden Abend das gleiche. Sie könnte sich auch einmal etwas einfallen lassen, um mich ein bißchen anzutörnen. Soll sie sich nicht wundern, daß ich keinen Bock mehr habe.«

Sie denkt zum Beispiel ganz automatisch:

»Da liegt er wieder und schläft schon halb. Ich weiß, ich weiß, ich muß Verständnis haben, er hat einen anstrengenden Beruf und braucht seinen Schlaf. Trotzdem – er hat ja nie mehr Lust auf mich, auch nicht am Wochenende, wenn er ausschlafen kann. Irgendwie bin ich nur noch bequem für ihn. Ich mach ihm sein gemütliches Zuhause. Das bißchen, was er im Haushalt mithilft, ist ja nicht der Rede wert. Langsam komme ich mir vor wie seine Putzfrau. Ich bin einfach nicht mehr reizvoll genug für ihn. Das merke ich genau, ich bin doch nicht blöd.

Aber ich habe mich doch kaum verändert. Ich bin weder fett noch häßlich geworden. Andere Männer schauen mir auf der Straße schließlich immer noch nach. Früher hat er jeden Tag Sex mit mir gewollt. Also braucht er es. Wo holt er sich das jetzt? Er wird doch keine Freundin haben? Nicht, daß ich am Ende auch zu den Ehefrauen gehöre, die es zuletzt erfahren. Karin hat mich neulich so komisch angeguckt, als sie gefragt hat, wie es in unserer Ehe läuft. Ob die etwas weiß? Vielleicht frage ich sie einfach. Wundern würde es mich ja nicht, wenn da irgend etwas im Busch ist.

Und hier zu Hause den müden, abgearbeiteten Papa spielen! Das ist doch wirklich die Höhe. Kein Wunder, daß er ständig so müde ist. Wer weiß, wie er sich bei der anderen verausgabt. Wenn er eine hat ... Ich weiß es ja nicht. Aber mich macht das langsam verrückt, nicht zu wissen, woran ich bei ihm bin. Die Wahrheit würde er mir sowieso nie sagen. Nur daß ich keine Lust habe, auch noch die Initiative zu ergreifen, wenn ich damit rechnen muß, daß er vielleicht vor ein paar Stunden mit einer anderen was hatte. Das kann wirklich niemand von mir verlangen. Wenn er wieder richtig Lust auf mich hätte, ja, das würde mir beweisen, daß er mich wirklich noch liebt.«

Ihre Definition von »Liebe« ist: Wenn ich sexuell begehrt werde, werde ich geliebt. Er spürt den Druck und macht schlapp. Seine Definition seiner Rolle als Ehemann ist: Ich sollte mit meiner Frau schlafen. Und so macht er sich selbst den Druck. Unter Druck entsteht keine Lust.

Ihre und seine automatischen Gedanken verhindern, daß beide Verantwortung für ihre eigene Lustlosigkeit übernehmen. Er fühlt sich unter Druck gesetzt, weil er nicht mit seiner Frau schläft. Ein wahrer Salto mortale der Logik! Tatsächlich setzt ihn seine eigene Rollendefinition eines guten Ehemannes unter Druck. Die lautet wohl ungefähr: Mit der Ehefrau sollte ein guter Ehemann wenigstens so und so oft Sex haben. Weil er sich das nicht klarmacht, schiebt er die Verantwortung für seine Unlust auf seine Frau: Sie macht ihn nicht mehr an. Was im Klartext nichts anderes heißt als: Werde du aktiv, damit ich mich wieder als guter Ehemann fühlen kann. Ergreift sie jedoch sexuell die Initiative, so mag er den Druck als noch stärker empfinden. Die Frau in der Rolle des Eroberers – ein Männertraum, der für viele Männer besser nicht allzu oft in Erfüllung geht. Die sexuell aggressive Frau vermittelt einem Mann nicht selten das Gefühl, stärker zu sein als dieser. Ein Gefühl, das nicht sehr viele Männer auf Dauer schätzen.

Solange einer Frau nicht bewußt ist, daß »lieben« und »begehrt werden« nicht das gleiche ist – sonst würde die Sprache dafür nicht verschiedene Wörter zur Verfügung stellen –, kommt sie aus ihrem Dilemma ebenfalls nicht heraus. Da sie ja auch keine Lust auf ihn hat, sondern auf seine Lust nur als Liebesbeweis wartet, wäre es ja gar keine Katastrophe, wenn sie keinen Sex mit ihm hätte, oder? Die wirkliche Lust, die fehlt ihr ja auch, oder etwa nicht?

Das Bedürfnis nach Sex und das nach Liebesbeweisen zu unterscheiden würde bedeuten, daß sie Verantwortung für ihr Gefühl des Nicht-geliebt-Werdens übernimmt. Es gibt keinen Grund, sich von ihrem Mann nicht geliebt zu fühlen – außer dem, den ihre eigene Definition ihr liefert. In dem Augenblick, in dem sie nicht automatisch an seiner Liebe zweifelte, weil er keinen Sex mit ihr hat, hätte sie kaum ein Problem damit, auch einmal selbst auf weibliche Art die Initiative beim Sex zu übernehmen und ihn nach Strich und Faden zu verführen. Sie bringt diese Lockerheit jedoch nicht auf, weil ihr Gefühl des Nicht-geliebt-Werdens ihr nicht nur selbst die Lust vermiest, sondern weil sie das für eine gelungene Verführung notwendige Selbstbewußtsein gar nicht hat. Ihre Angst, nicht geliebt zu werden, ist größer.

Wenn sich das Paar leidenschaftlich lieben würde – Sex hin oder her –, so würden sie mit Konzentration und Hingabe an den Partner spüren können, wie dieser leidet. Er könnte ihr auf viele Arten seine Liebe zeigen, sie könnte ihm versichern, daß sie ihn weiterhin für den besten aller Ehemänner hält. Würden sie sich selbst und dadurch auch gegenseitig nicht dermaßen unter Druck setzen, wie sie es tun, so käme auch die Lust auf Sex wieder. Von selbst.

## Sich am besten nicht um den Sex kümmern

Kümmern Sie sich um sich selbst und den anderen – aber bitte nicht um den Sex. Seltsamerweise würden wir nie davon ausgehen, daß uns unsere anderen Leidenschaften außerhalb der Liebe wie von selbst zufallen. Ein begeisterter und leidenschaftlicher Briefmarkensammler mag sich eine Zeitlang intensiver, eine Zeitlang weniger intensiv um seine Leidenschaft kümmern. Er bleibt doch ein leidenschaftlicher Sammler. Unsere Leidenschaft für eine Sache nimmt im Normalfall eher zu, je konzentrierter und intensiver wir uns mit ihr beschäftigen. Je mehr wir von einer Sache wissen, um so spannender wird sie. Wer die Baseball-Regeln nicht kennt, für den ist Baseball ein höchst langweiliger Sport. Wer sich in der mittelalterlichen Baukunst nicht auskennt, für den ist eine tausend Jahre alte Kirche eben eine tausend Jahre alte Kirche und nicht viel mehr.

Nur bei der sexuellen Leidenschaft soll alles ganz anders sein? Bei diesem Thema soll plötzlich gelten: Je mehr ich mich mit ihm auseinandersetze, um so eher vertreibe ich Lust und Leidenschaft? Ganz so ist es natürlich nicht. Wir zäumen nur das Pferd von hinten auf, wenn wir meinen, daß durch eine bewußte, zielgerichtete Änderung unseres sexuellen Verhaltens Lust und Leidenschaft intensiviert werden könnten. In der sexuellen Leidenschaft sind wir ganz wir selbst, völlig authentisch und stellen für einen Moment die tiefste Beziehung zum anderen her. Sich bewußt auf eine bestimmte, zielgerichtete Art und Weise zu verhalten, das ist das Gegenteil von Authentizität und verhindert eine tiefe Beziehung.

Aber gibt es nicht Leidenschaft mit einem oder einer beinahe Fremden? Oft sind es tatsächlich die leidenschaftlichsten sexuellen Erlebnisse, die scheinbar ohne eine tiefe Beziehung zum anderen möglich waren. Scheinbar. Mit dem Fremden war für einen Augenblick durchaus eine tiefe Beziehung möglich. Sich gegenseitig heftig körperlich zu begehren, sich nahe sein zu wollen, so nahe wie möglich – das ist Liebe. Wenn man diese Definition teilt. Wer eine andere hat, die er für brauchbarer hält – um so besser.

Für manche ist die kurze Begegnung, an die keinerlei Erwartungen geknüpft sind, vielleicht die einzige Möglichkeit, frei von Angst zu sein vor einer zukünftigen Verletzung, die bei jeder Verliebtheit durchaus mit im Spiel ist. Ein kurzer, flüchtiger Moment der Leidenschaft, der nicht gehalten werden will. Weil die Angst zu groß ist, wird sie umgangen. Hin und wieder funktioniert das. Auf die Dauer wird Casanova unglücklich. Seinem weiblichen Pendant geht's nicht besser. Ausweichverhalten erhöht die Angst.

Aber es ist auch noch etwas anderes, was der leidenschaftlichen Liebe mit dem Fremden soviel Intensität verleihen kann. Im Moment der Begegnung liegt gleichzeitig auch die Erfahrung der bevorstehenden Trennung, des Abschieds. Nichts kann die sexuelle Leidenschaft so sehr intensivieren, wie wenn uns eine gegenteilige Erfahrung nah ist. Und das Gegenteil von größtmöglicher Nähe und Sex ist Trennung und Tod. Eine mögliche Trennung wollen wir am liebsten aus unseren Beziehungen ausklammern, an den Tod schon lieber gar nicht denken. Ist es da ein Wunder, daß es mit unserer Leidenschaft offensichtlich ziemlich schlecht bestellt ist?

»Die letzten ein, zwei Tage, bevor ich abreisen mußte, konnte er nie Sex mit mir haben«, habe ich von einer jungen Frau gehört, die in einer anderen Stadt studierte als ihr Freund. Er hat die Angst vor der bevorstehenden Trennung nicht spüren wollen, er hat seinen Schmerz bei der Trennung unterdrückt. Das einzige, was ihm an Empfindung übrig blieb, war eher mit einer Depression vergleichbar, in der die Gefühle nicht mehr gespürt werden.

Nach ihrer Abreise war er regelmäßig ein Stück ruhiger, nicht mehr so gereizt. Reizbarkeit ist ein Zeichen von Depression. Wenn die Tränen fließen – das ist Traurigkeit, ein schlichtes, echtes Gefühl. Reizbar werden wir, wenn die Gefühle im Clinch liegen und unterdrückt werden, wenn Liebe und Angst im Clinch liegen zum Beispiel. Nein, sie fühlen keine Liebe, die Reizbaren, die Mißmutigen und schlecht Gelaunten, die durch nichts mehr zu erheitern sind. Sie sehnen sich nach Liebe und stellen immer wieder fest, daß sie nicht möglich ist – weil ihre eigene Angst verhindert, daß sie Liebe erleben.

Wie soll der Sex mit ihnen berauschend sein? Sie sind ja so zurückhaltend. Wie sollen sie ganz sie selbst sein, wenn sie den Deckel auf dem Topf ihrer Gefühle so festhalten, daß es darin überzukochen droht? Wenn sie dann mal ein bißchen Dampf ablassen, dann spüren wir, was vielleicht alles hinter ihrer Zurückhaltung steckt. Doch sie lassen sich den Deckel nicht so leicht aus der Hand nehmen. Je mehr da einer zu heben versucht, um so mehr drücken sie den Deckel auf den Topf zurück. Bis der Topf ihrer Gefühle überkocht, weil der andere es ihnen so schwer macht, ihr Inneres zu verstecken. Ja, ich will dich so, wie du bist. Den ganzen Topf will ich. Nicht nur das bißchen Dampf. – Den kriegst du nicht, ich lasse mir doch nichts wegnehmen. Den Deckel lüpfen und dem anderen gestatten, sich zu bedienen, das wäre Authentizität der Gefühle. Keiner nimmt dem anderen etwas weg, wenn beide sich gegenseitig bedienen dürften.

Doch authentisch zu sein haben wir meist längst verlernt. Ausgerechnet in unserem sensibelsten Bereich, unserer Sexualität, sollen wir nun plötzlich ganz wir selbst sein, sollen fähig sein, eine tiefe Beziehung herzustellen, wo es uns doch in allen übrigen Lebensbereichen immer weniger zu gelingen scheint? Wir würden zuviel verlangen, wenn wir gerade von unserer Sexualität erwarten würden, daß sie so ganz anders ist, als wir sonst sind. Im Gegenteil: Nirgendwo sonst zeigen wir unsere wahre Persönlichkeit, unseren Charakter, vor allem unsere Ängste so deutlich wie beim Sex.

Nein, da wird keiner kommen, der uns Leidenschaft auf dem silbernen Tablett serviert. Es mag sich einer unglücklich und leidenschaftlich in uns verlieben, aber wenn wir selbst keine Leidenschaft spüren, ist das ein kümmerlicher Trostpreis. Die Leidenschaft wird uns nicht packen, wenn wir sie nicht packen.

Vielleicht sollten wir uns sogar abgewöhnen, von unseren Gefühlen in Substantiven zu sprechen. Der Psychoanalytiker Roy Schafer schlägt vor, was Emotionen angeht, nur noch Verben wie »lieben« oder »hassen«, »leiden« oder »begehren« zu benutzen.

*Wir tun etwas, uns wird nicht getan. Denn Emotionen sind tatsächlich Formen des Handelns.*

Und wie jedes Handeln sind deshalb auch Gefühle zielgerichtet, nur daß wir das Ziel unserer eigenen Gefühle nicht kennen. Wir könnten es kennen, wenn wir uns unsere Biographie anschauten. Immer wieder werden unsere automatischen Gefühle uns da hinführen, wo wir schon einmal waren: in unsere Kindheit. Immer wieder werden wir das gleiche Drama erleben. Selten wird es ein heiteres Lustspiel sein. Das könnte es nur werden, wenn wir unsere Gefühle änderten.

Doch da es so schwer ist, Gefühle zu ändern, stellen wir diese lieber als eine Macht in unserer Seele dar, auf die wir keinerlei Einfluß haben. Was kann ich dafür, wenn ich dich nicht liebe? Gar nichts. So läßt sich beinahe jede Handlung reinwaschen. Sie ist ja nur die Konsequenz von Gefühlen, die mich überkommen haben. Wie konnten sie nur. Herr Richter, ich bitte um mildernde Umstände. Die kriege ich auch. Doch wem nützt das? Am wenigsten mir selbst.

Unfreiwillig, aber trotzdem mit einer zielsicheren Strategie zerstören wir die Erotik in unseren Liebesbeziehungen. Das erkennen wir jedoch auf der bewußten Ebene nicht an. Mehr oder weniger unbewußt »basteln« wir uns die Gefühle zusammen, die unserem destruktiven Verhalten, unserer Liebesunfähigkeit zugrundeliegen. Die Gefühle erfahren wir als unbeeinflußbare innere Macht. Was können wir also dafür, daß wir keine Lust mehr aufeinander haben? Oder ich nicht auf dich oder du nicht auf mich? In unserer Wahrnehmung: gar nichts. Und so sehen wir nicht, daß die Trennung das heimliche Ziel so vieler Beziehungen ist. Noch mal die Ablösung von Mama und Papa schaffen, die seinerzeit nicht ganz geglückt ist und jetzt wieder nicht glücken wird.

Damals sind wir nur geflüchtet, heute flüchten wir – oder klammern. Beides die gleiche Abhängigkeit. Die Eltern, die beiden Riesen unserer Kindheit, holen uns immer wieder ein. Selbst wenn sie tot sind, sind wir vor ihnen nicht sicher. Dann haben sie uns oft besonders gut im Griff.

Wie die Ablösung von unseren eigenen Eltern geglückt ist, das bestimmt das Verfallsdatum der Erotik.

## Liebe ohne Leidenschaft

Solange wir verliebt sind, halten wir uns meist für sehr leidenschaftlich. Wir sind euphorisch, erwartungsfroh, auf alle Fälle ungemein lebendig – wenn wir glücklich verliebt sind. Fällt der erste dunkle Schatten auf das Glück, so muß nicht gleich die Leidenschaft vergehen. Doch sehr plötzlich kann aus dem Hochgefühl je nach Temperament tiefe Niedergeschlagenheit, Enttäuschung, Wut und Trauer werden. Mit dieser Seite der Leidenschaft gehen wir meist nicht gern um, und deshalb flüchten wir uns nicht selten in alte Strategien, um der Hölle der Leidenschaft zu entkommen. Meist sind unsere Strategien von uns selbst so gut erprobt, daß sie uns tatsächlich schützen können. Doch sie bewahren uns (vielleicht) nicht nur davor, jemals wieder so intensiv an der Liebe zu leiden. Sie verhindern auch, daß wir die positiven Seiten der Leidenschaft wieder erleben werden.

Liebe ohne Leidenschaft, das heißt ohne die größtmögliche, auch körperliche Nähe, hat tatsächlich viele Vorteile. Die Liebe, die wir unseren Freunden entgegenbringen, ist oft verläßlicher als die leidenschaftliche Liebe. Liebe ohne Leidenschaft kann uns ein Stück Geborgenheit, Sicherheit, das Gefühl, anerkannt und geschätzt zu sein, geben. (Doch sie gibt uns keinen Orgasmus, nie ein Gefühl der Verschmelzung. Das sucht nur die Leidenschaft.) In der freundschaftlichen Liebe fürchten wir nicht, verlassen zu werden. Wir verlangen und bieten keine Ausschließlichkeit. Freundschaften begleiten uns oft ein Leben lang. Bei Liebesbeziehungen scheint das eher die Ausnahme als die Regel zu werden.

Kein Wunder, daß immer mehr Menschen Sex als den Feind der Liebe sehen. Eine ehrenwerte Entscheidung. Doch was ist Sex ohne Liebe? Auf Dauer ein reichlich belangloses Vergnügen.

## Der Liebespartner löst die größten Ängste aus

Bei jedem Verliebtsein werden wir, ohne daß es uns bewußt ist, in unsere allerfrüheste Kindheit zurückgeführt. All unsere kindlichen Abhängigkeitsbedürfnisse werden wiederbelebt. Wir wünschen uns, vom anderen berührt, beschützt, gehalten zu werden. Er oder sie soll die nie versiegende Quelle von Liebe, Zärtlichkeit, Geborgenheit sein. Je intensiver die Abhängigkeitsbedürfnisse sind, um so sinnlicher die Liebe. Die kleinste Berührung löst Wonneschauer aus.

Wenigstens aus ihren ersten Verliebtheiten in jungen Jahren kennen wohl alle das Bedürfnis, in jeder Sekunde des Zusammenseins auch die größtmögliche körperliche Nähe zum anderen zu haben. So weit es Zeit und Ort zulassen und nicht selten darüber hinaus. Ältere beobachten die aneinander klebenden Pärchen vielleicht mit Wehmut oder leiser Ironie: Muß junge Liebe schön sein! Die armen Kinder wissen ja nicht, was ihnen noch miteinander blühen wird.

Denn selbstverständlich werden unsere Abhängigkeitsbedürfnisse nicht so vollständig erfüllt, wie wir es in der ersten Verliebtheit erhoffen. Das wurden sie höchstwahrscheinlich noch nie. Wir haben alle schon im Windelalter unsere kleinen und größeren Trennungen durchgemacht, sind enttäuscht, verletzt, im Stich gelassen worden.

Weil wir alle von unseren Eltern auch das bekommen haben, was wir zum Überleben gebraucht haben (sonst wären wir nicht am Leben), suchen wir uns meist Liebespartner, die uns genau das wiedergeben, was wir kennen. Die Frau mit dem schwachen Vater sucht sich den schwachen, von ihr abhängigen Liebhaber. Der Mann mit der Mutter, die ihn vorgestern übermäßig verwöhnte und gestern kalt abwies, sucht sich die launische Frau, auf deren Gefühl und Stimmung nie Verlaß ist. Je unregelmäßiger einer einen glücklich machenden »Stoff« bekommt, um so eher wird er süchtig. Er will die Regel herausbekommen, nach der ihm Zuwendung zuteil wird und ist in dem Kinderglauben verfangen, die Launen des anderen hätten ursächlich etwas mit ihm zu tun. Diese irrige, unbewußte Annahme macht ihn gänzlich verrückt. Einmal die Macht darüber haben, sich die Zuwendung zu holen, einmal eine stabile Quelle finden, die Sicherheit bietet: Diesmal soll die Liebe wiedergutmachen, was uns seinerzeit an Unfreundlichkeiten zugestoßen ist.

Das tut sie allerdings sehr selten, obwohl nur sie es könnte. Solange wir unbewußt nur die Wiedergutmachung der alten Defizite erwarten, geraten wir in eine Zwickmühle, aus der wir nicht entrinnen können. Die launische Frau, die seiner Mutter so ähnelt, mag wie keine andere Frau sexuelles Interesse bei einem Mann auslösen. Den ersten intimen Körperkontakt hatte er mit der Mutter. Je magerer der gewesen ist, um so eher wird ihn eine Frau reizen, die sich ihm immer wieder entzieht.

Auf seine in ihren Stimmungen unberechenbare Geliebte wird er allerdings nun auch alle Aggressionen, die eigentlich seiner Mutter gelten, ausschütten. Seine Botschaft lautet: Sei so launisch wie meine Mutter, weil mich das sexuell reizt. Höre auf, so launisch zu sein wie meine Mutter. Das konnte ich damals nur schwer ertragen. Das will ich heute erst recht nicht ertragen. Das macht meine Liebe zu dir kaputt.

Was soll die Arme nun tun? Wird sie ausgeglichener, so gibt es ein böses Erwachen für beide: Er hat alle Lust auf sie verloren. Bleibt sie zickig, wird sie dafür bestraft, indem er ihr, wie einst der Mutter, die Liebe entzieht und entweder aggressiv wird oder sich zurückzieht – je nach Temperament. Sie spielen Katz und Maus bis zur Erschöpfung.

Doch angenommen, sie ist eine wirklich selbstbewußte Frau und liebt diesen Mann genauso, wie sie sich selbst liebt. In diesem Fall wird sie sich seinem Programm *nicht* anpassen. Sie wird nicht ausgeglichener *für ihn,* sondern sie ist ausgeglichen *für sich selbst.* Das kann er wiederum nur schwer vertragen. So etwas kennt er nicht. Das bereitet ihm Unbehagen. Und deshalb wird er nun knatschig und zickig (jawohl, so können auch Männer sein!).

Als selbstbewußte Frau wird sie seine schlechte Laune nicht auf sich beziehen, sondern wird sich letztendlich seiner schlechten Laune entziehen, indem sie ohne ihn das tut, was ihr Spaß macht. Ihr selbstbewußtes Verhalten allerdings ist nun in einem positiven Sinn für ihn herausfordernd. Wenn er sie nicht verlieren will, so muß er nun – wörtlich und bildlich gesprochen – ihr nachlaufen, d. h. er muß um sie werben. Genauso hat es die Natur vorgesehen: daß das Männchen um das Weibchen wirbt und nicht umgekehrt.

*Eine selbstbewußte Frau verhält sich automatisch so, daß ein Mann um sie werben muß – gleichgültig, was sein altes Programm ist.*

Nun gibt es tatsächlich eine Reihe von Männern, denen nichts schwerer fällt, als um eine Frau zu werben. Ständig fürchten sie die Zurückweisung, ständig haben sie Angst davor, von einer Frau abgelehnt zu werden. Wenn sie auf Eroberung aus sind, so ähnelt ihre Annäherung eher einem sexuellen Übergriff als einem Werben. Wieder andere lassen sich, wie man unschön sagt, von einer Frau »aufreißen«. Frauen sollten wissen:

*Männer, die nicht um eine Frau werben können, oder diejenigen, deren Werben eher einem sexuellen Übergriff ähnelt, haben Angst davor, von einer Frau verlassen zu werden. Oft ist diese Angst so groß, daß sie ihre Liebe zu einer Frau schon im Keim erstickt.*

Zu diesem Typ zählen auch die Männer à la Don Juan. Sie haben nicht nur in kurzen Abständen eine Geliebte nach der anderen, sondern sehr oft auch zwei oder mehrere Geliebte zur gleichen Zeit. So verteilen sie ihre Ängste gewissermaßen in verdaulichere, kleine Häppchen. Geht die eine, sind noch genügend andere da, um den kleinen Jungen im Mann zu trösten. Für eine Familiengründung sind Männer, die diesen Typus extrem vertreten, denkbar ungeeignet.

Doch ein Stück vom Don Juan steckt in sehr, sehr vielen Männern. Verliebt sich eine Frau in einen solchen Mann, so hat sie nur eine Chance, einigermaßen heil in der Affäre zu bleiben und aus dieser wieder herauszukommen, wenn sie will: selbstbewußt ihren eigenen Bedürfnissen nachzugehen. Nur wenn sie selbst keine Angst hat, den Mann zu verlieren, wird sie seine Ängste verringern, denn er spiegelt auch ihre Gefühle. Nur dann besteht eine Chance, daß er immer wieder freiwillig zu ihr zurückkehrt.

Doch sehr selbstbewußte Frauen verlieben sich meist erst gar nicht in Männer, die sich vor einer Liebesbeziehung und den daraus erwachsenden Verpflichtungen drücken. Die Frage bleibt: Was zieht eine weniger selbstbewußte Frau, die sich durchaus eine Familie und Kinder wünscht, an einem solchen Mann an? Warum hat sie sich so einen Mann ausgesucht? Was hat sie an ihm so gereizt? Was will sie bei ihm wiedergutmachen, was offensichtlich irgendwann einmal in ihrem Leben schiefgelaufen ist? Was könnte das sein, was sie gesucht hat als Kind und nicht bekam?

Sex? Schwer vorstellbar. Wahrscheinlicher ist schon, daß sie Geborgenheit gesucht hat und Sex bekommen hat. Oh nein, sie ist nicht wirklich massiv mißbraucht worden. Aber warum hat sie sich vor jeder körperlichen Berührung ihres Vaters irgendwie geekelt? Wie er immer gegrinst hat, als sie zwölf, dreizehn, vierzehn war und andere Männer dem attraktiven Teenager hinterhergeschaut haben. So grinst ein Vater nicht. So grinst einer, der sich mit denen verbündet hat, die da hinter ihr herpfeifen.

Und wie er sich aufgeregt hat, als sie sich zum erstenmal die Fingernägel rosa lackierte. Meine Tochter läuft nicht wie eine Nutte herum, hat er geschrien. Später drohte er immer, ihre Make-up-Utensilien ins Klo zu werfen. Einen Jungen durfte sie sowieso nie mit nach Hause bringen. Das hätte er niemals geduldet. Die Mutter war ihr da auch keine große Hilfe. »Männer wissen eben am besten, was andere Männer im Kopf haben«, hat sie nur gesagt. Was hatte ihr Vater im Kopf? Ja, was? Sie weiß es längst.

Sie hatte einen Vater, der mit seiner eigenen Angst vor der verführerischen Tochter nicht umgehen konnte. Sehr viele Mädchen haben solche Väter. Nimm du mir meine Angst, hat er unbewußt seine Tochter aufgefordert. Mach dich nicht hübsch, zieh dich nicht so sexy an, werde ein Neutrum, lerne, werde klug, dann finde ich dich nicht so attraktiv. Kluge Frauen sind nicht sexy. Auf die bin ich nicht scharf. Und wenn du mir den größten Gefallen tun willst, dann kriege bitte keinen Busen, keinen Po, der mich noch mehr reizen könnte. Andere Mädchen werden doch auch magersüchtig. Tu deinem Vater den Gefallen. Die liebe Tochter tut's oft genug. So kann sie sich vor ihm, so kann er sich vor ihr schützen. Und nebenbei schützt sie auch noch ihre Mutter vor deren Angst, älter und nicht mehr so attraktiv zu sein. Vielleicht ist das sogar die Hauptsache in ihrem Kindheitsdrama, das sie nun als längst erwachsene Frau mit ihren Liebespartnern wiederholt.

Sie hat ihre Lektion gelernt: Wenn du Geborgenheit suchst, kriegst du Sex. Das ist es, was die Männer an dir interessiert. Wenn du einen Mann willst, dann mußt du ihm Sex versprechen. Vielleicht fällt ein Stück Geborgenheit für dich ab. Und dann? Dann ist der, der dir Geborgenheit gibt, nicht mehr der, an dem du dich stellvertretend für deinen Vater schadlos halten kannst. Dann reizt er dich nicht mehr so, weil du dich an ihm nicht rächen kannst für das, was dein Vater dir angetan hat. Dann begehrst du gerade diesen Mann nicht mehr.

Solche Töchter stimmen das altbekannte Klagelied an: Nie verlieben sich die Männer in mich, in die ich mich verliebe. Immer nur die anderen, die ich erotisch absolut langweilig finde. Papi und Mami haben ihr Töchterchen noch kräftig an der Kandare. Und die Tochter ist noch nicht gewillt, das alte Strickmuster aufzuribbeln und sich ein neues Muster aus der alten Wolle zu stricken.

Je mehr wir in den Rollen unserer Kindheit gefangen sind, um so sicherer wiederholen wir unsere Enttäuschungen. Wir sollten nur sehen, daß der Partner nicht die Ursache allen Übels ist.

Aber wir selbst sind es auch nicht. Wir inszenieren eine Kindheit aufs neue, in der wir vor allem deshalb geliebt geworden sind, weil wir uns so verhielten, wie unsere Eltern es von uns erwartet haben.

*Unser erwachsenes Sexualleben zeigt uns, wie lustvoll, belastet, pervers oder armselig der frühe körperlich-seelische Kontakt zu unserer Mutter war.*

Diese wiederum hat auch zu uns nur den Kontakt aufbauen können, den sie selbst als Säugling erfahren hat. Die Inszenierungen des Kindheitsdramas wiederholen sich so von Generation zu Generation. Es gibt nur einen einzigen Ausweg aus diesem Dilemma: selbst Abschied nehmen von der idealisierten Vorstellung, man hätte eine einigermaßen glückliche Kindheit gehabt, in der ein paar Probleme erst während der Pubertät aufgetaucht seien. Die allerwenigsten Menschen hatte diese »einigermaßen glückliche« Kindheit. Sich weiter in einer Illusion zu wiegen verhindert, endlich die Gefühle herauszulassen, die wir als Kinder selten fühlen durften: Wut auf die Eltern, Enttäuschung, Traurigkeit, Einsamkeit und sogar Haß. Erst, wenn wir »nachgeweint« haben, erliegen wir nicht dem Zwang, diese alten Gefühle auf den Partner zu projizieren.

Wenn es uns der Partner nur nicht so leicht machen würde, genau den Gefühlscocktail über ihn auszuschütten, der uns schon die Kindheit vergiftet hat. Ja, wir suchen uns ganz gezielt einen Mann, eine Frau, der oder die in uns ganz ähnliche Gefühle weckt. Und dann stehen wir voreinander, zwei große Kinder, die so willig und bereit sind, alles viel besser zu machen als ihre Eltern und denen es doch nur so schwer gelingt.

Die ersten Schritte zur Trennung werden in vielen Liebesbeziehungen schon in der Verliebtheitsphase eingeleitet – weil sich Männer und Frauen auch verlieben, um die nicht gelungene Ablösung von den Eltern mit dem Partner, der Partnerin zu vollziehen. Doch diese Art von Trennung, die da eingeleitet wird, ist keine Trennung, die von außen auferlegt wurde und deshalb imstande wäre, die Leidenschaft, die Sehnsucht nacheinander anzuheizen, sondern eine Trennung, die darin besteht, daß beide sich innerlich immer mehr voreinander abkapseln. Die alte Kinderangst ist wieder da, der Hilflosigkeit preisgegeben zu werden. Nur derjenige, mit dem wir ähnlich intim – weil auch körperlich intim – verbunden sind wie mit unseren Eltern, kann diese Ängste auslösen.

*Das Gegenteil von Liebe ist nicht Haß, sondern Gleichgültigkeit.*

Im Extremfall werden wir völlig in die Kindheitsrolle zurückgeworfen. Unsere Ohnmacht zeigt sich im passiven Resignieren, im panischen Um-sich-Schlagen. Manche bringen den Liebespartner um, vermeintlich für das, was er ihnen angetan hat – tatsächlich für das, was ihnen von ihren Eltern angetan worden ist. Auch in weniger gravierenden Fällen neigen die Rollen dazu, immer rigider zu werden, es entsteht auf Dauer eine Patt-Situation, in der nichts mehr weitergeht.

## Sex und Leidenschaft entstehen durch Berührung

Spätestens zu diesem Zeitpunkt ist es mit der Leidenschaft vorbei. Vielleicht gibt es ja ab und zu noch ein bißchen Sex, weil die Hormone ihr Recht fordern. Aber das ist eher selten. Wo sollen die erotischen Funken herkommen, wenn zwei sich nicht aneinander reiben? Die Energie ist verbraucht, die Liebe ist den Wärmetod gestorben. Zurück bleibt Asche. Und wenn es erst einmal so weit ist, ist der Prozeß selten rückgängig zu machen. Solange noch Haß da ist, ist die Chance größer.

Vor kurzem habe ich von einem Paar gehört, das sechs Jahre lang keinen Sex miteinander hatte, bis sie sich trennten. Weder eine Ehe noch Kinder oder ein gemeinsames Geschäft hielten die beiden zusammen. Außerdem war keiner von beiden so gebrechlich, daß Sex nicht mehr möglich gewesen wäre. Zum Zeitpunkt ihrer Trennung war er gerade Mitte vierzig, sie ein paar Jahre jünger. Was auch immer die beiden solange zusammengehalten hat: Ich vermute, sie waren so in ihren alten Rollen festgefahren, hatten sich gegenseitig so sehr zum Mami- und Papi-Ersatz gemacht, daß Sex unmöglich geworden war.

So verlassen wir unsere Partner, wie wir einst unsere Eltern verlassen haben. Oder werden von ihnen verlassen. Unsere erotische Energie wird erst wieder von einem anderen angefacht, der uns aufs neue Wiedergutmachung verspricht. Schön wäre es, wenn wir mit der neuen Beziehung tatsächlich da anfangen könnten, wo wir mit der alten aufgehört haben. Wenn wir dazugelernt hätten, bewußter geworden wären, besser auf uns selbst aufpassen könnten, damit wir nicht wieder in die alten Fallen stolpern.

Manchmal gelingt das. Oft ist es gar nicht unser eigenes Verdienst. Glücklicherweise sind wir vielleicht nur an einen Partner geraten, der nicht ganz so bereitwillig wie der letzte die Komplementärrolle für unsere Rolle spielt. Häufig fangen wir jedoch mit der nächsten Beziehung ganz genau an dem Punkt an, an dem wir auch die letzte begonnen haben. Nur daß unsere Träume nicht mehr ganz so rosarot, unsere Erwartungen bescheidener, unsere Sehnsüchte nicht mehr so gewaltig sind. Und ganz so verliebt sind wir auch nicht mehr.

Aber diese ganz und gar erwachsenen, reifen Beziehungen, die uns manche Psychologen so ans Herz legen, haben sie nicht etwas entsetzlich Glanzloses, Schlappes? Selbstverständlich ist es die höchst private Entscheidung jedes einzelnen, sich für eine Beziehung zu entscheiden, die eher einem Bündnis gegen den Horror der Einsamkeit ähnelt. Eine auf Freundschaft aufgebaute Lebensgemeinschaft ohne Sex mag besser sein als gar keine Lebensgemeinschaft. Die Frage bleibt, ob es ein unabwendbares Schicksal sein muß, daß die Liebe ihr Feuer verliert. Ob wir es überhaupt schaffen können, die alten Programme in uns durch neue zu ersetzen. Solange es auch nur ein Paar auf der Welt gibt, das bis ans Lebensende eine starke körperliche Beziehung zueinander hat, wäre das der Gegenbeweis, daß dieses Schicksal sehr wohl abwendbar wäre.

Die meisten Menschen lassen sich nicht gern ins eigene Schlafzimmer schauen, alte Menschen schon gar nicht. Details sind wohl auch nicht so wichtig. Doch nach den Aussagen des Ehemannes der inzwischen verstorbenen Bäuerin und Autorin Anna Wimschneider (»Herbstmilch«) führten die beiden bis zu Annas Tod eine auch sexuell sehr befriedigende Ehe. Auf die Frage, wie sie das geschafft hätten, antwortete Herr Wimschneider, daß sie einfach immer zärtlich miteinander gewesen wären, nie »vergessen« hätten, sich beim Aufwachen in die Arme zu nehmen, sich zu streicheln und zu küssen.

Den anderen berühren, sich berühren lassen – ohne diese Voraussetzung ist kein Sex, keine Leidenschaft möglich. Das gilt für die körperliche Berührung genauso wie für die seelische. Wer sich innerlich abschließt vor dem anderen, der lädt ihn nicht gerade zu Berührungen ein. Sex ist kein abgetrennter Teil von uns. Sex ist Seele pur.

Selbst wenn wir Sex anonym, beziehungslos mit ständig wechselnden Partnern leben sollten, so zeigt auch das, welche Art von körperlicher Berührung wir von klein auf gewohnt waren. Vielleicht hatten wir eine Mutter, die mit ihren Gedanken selten bei uns war, als sie uns auf dem Schoß hielt. Vielleicht eine, die uns allzu sehr umklammert hat. Die Umarmung mit einem Menschen, der uns nahe ist, kann so Gefühle des Geknebeltwerdens auslösen. Und wer weiß, wie uns der Vater und ob er uns überhaupt berührt hat.

Niemand ist der perfekte Liebhaber, die perfekte Geliebte. Und wenn schon – begehrenswert können wir trotzdem sein. Geliebt werden wir auch, wenn wir nicht perfekt sind, vielleicht gerade dann. Aber darf man das glauben? Ist das nicht eine fromme Lüge?

Als ich mit einer Freundin über dieses Buchprojekt sprach, meinte sie, ich solle bloß nicht vergessen, über den Druck zu schreiben, den die Medien auf unser Liebesleben ausüben. Sie selbst, seit einiger Zeit auf der Suche nach einem Partner, merke, daß sie mittlerweile immer aufmerksamer ihr Spiegelbild betrachte, um herauszufinden, ob sie überhaupt (noch) reizvoll genug sei für einen Mann. Sonst wäre doch längst einer aufgetaucht, vermutete sie. In meinem Buch »Das Hollywood-Syndrom. Über die Angst, nicht schön genug zu sein« habe ich ausführlich über diesen Druck geschrieben. Deshalb nur ein paar kurze Worte zu diesem Thema.

Ich bestreite nicht, daß unsere Attraktivitätsstandards durch die Medien erhöht worden sind. Doch Medien spiegeln die Gesellschaft wider, also uns selbst – nicht umgekehrt. Vermeintlich nur von der allerschönsten Frau der Welt sexuell noch gereizt zu werden, das ist ein sehr wirkungsvoller Abwehrmechanismus, um ja keine Liebesbeziehung einzugehen. Hinter jedem Abwehrmechanismus steckt Angst – und sonst gar nichts. Angeblich nur von dem bestaussehenden Mann mit dem höchsten Status erotisch angefacht zu werden, auch das zeigt den Abwehrmechanismus, die Angst vor einer wirklichen Liebesbeziehung zu einem Mann. Teenager hängen sich Poster von einem angeschwärmten Idol übers Bett. Wer das innerlich auch noch mit zwanzig, dreißig, vierzig oder gar fünfzig tut, der hat die psychische Reife eines Teenagers. Der hat Angst vor dem anderen Geschlecht.

Nicht die anderen machen uns den Druck, schön, schöner, am schönsten zu sein. Wir selbst befürchten, wir seien nicht schön genug. In dem Augenblick, in dem wir solche Ängste hegen, dem anderen quasi unterstellen, er würde uns nicht attraktiv finden, sind wir schon auf dem Rückzug. Durch unsere vermeintliche Gewißheit, sowieso keine Chance zu haben, tun wir unseren Teil dazu, daß sich eine erotische Atmosphäre gar nicht erst einstellt. Normalerweise beginnen Liebesgeschichten mit einem Flirt. Flirten kann nur die Frau, der Mann, die/der sich selbst für begehrenswert hält. Wer noch nicht einmal flirtet, wird auch keine Liebesgeschichte erleben. Wer sich nicht für begehrenswert hält, der wird nicht begehrt werden. Gefühle spiegeln sich.

## Im eigenen Leben die Regie übernehmen

Wenn es uns beim Sex nur um den Orgasmus ginge, die schlichte Triebbefriedigung, so könnten wir tatsächlich unisono zur Masturbation übergehen. Rein technisch ist der Orgasmus autoerotisch für nicht wenige leichter und schneller erreichbar als der Höhepunkt mit einem Partner. Besonders stürmische Gefühle löst er jedoch nicht aus. Verliebtheit, Leidenschaft ist da von einem ganz anderen Gefühlskaliber – Orgasmus hin oder her. Und auch Cyber-Sex, die Kombination eines Grafik-Computers mit einem Ganzkörperanzug, der an den richtigen Stellen vibriert oder knetet, ganz so, wie man's gern hätte, wird uns hoffentlich nicht davon abhalten, uns noch zu verlieben. In Kürze sollen die technischen Lustspender auf dem amerikanischen Markt eingeführt werden. Ist es nicht wundervoll, so unabhängig zu sein? Noch nicht einmal für »raffinierten Sex« braucht der Mensch noch einen Partner. Auf seinem Computer in der virtuellen Realität stellt er sich eigenhändig und eigenmächtig das Sexerlebnis her, das er gern hätte. Multiple Orgasmen sind garantiert. Bequemer geht's nicht. Aber auch nicht unerotischer, oberflächlicher, unleidenschaftlicher.

Wir sollten uns endlich selbst eingestehen, worum es beim Sex *auch* geht: um die – mit dem Partner erlaubte – symbolische Überschreitung des Inzesttabus. Alle kleinen Jungen konkurrieren mit dem Vater um die Gunst der Mutter. (Schlimm für sie, wenn sie keinen oder einen fast immer abwesenden Vater haben und die Mutter dafür omnipräsent ist! Das wird in ihnen später sehr oft böse Ängste vor Frauen auslösen.) Alle kleinen Mädchen konkurrieren mit der Mutter um die Gunst des Vaters. (Schlimm für sie, wenn sie aus diesem Konkurrenzkampf als Siegerinnen hervorgehen. Sie werden sich nur schwer von einem Mann beschützt fühlen können.)

*Jeder Mensch tut als Erwachsener seinem Partner und seinen Kindern an, was ihm selbst in seiner Kindheit angetan worden ist.*

Wie gefesselt, unfrei und gedemütigt müssen sich viele der heute Erwachsenen als Kinder gefühlt haben, daß sie in Scharen zu Sado-Maso-Sexspielen übergehen? Wie einsam waren diese Erwachsenen als Kinder, daß ihnen heute oft nur noch die Masturbation als Trost bleibt? Wieso löst es bei erwachsenen Männern sexuelle Gefühle aus, wenn sie in Windeln einnässen? Ja, auch der sogenannte »Baby-Sex« findet immer mehr Anhänger. Wie sehr wurden die »Beziehungsunfähigen« als Kinder enttäuscht, daß sie sich heute bei der kleinsten Unstimmigkeit in einer Beziehung resigniert zurückziehen? Wie oft hat man ihnen versichert, daß sie geliebt werden? Wie wenig haben sie von dieser Liebe gespürt?

Und heute versichert das Kind von einst seinem Partner, daß es ihn liebt und begreift die Welt nicht mehr, wenn sich dieser nicht geliebt, sondern geknebelt und erpreßt *fühlt.* Es gibt nur die Wahrheit der Gefühle. Sollte auch er also tatsächlich nicht die Liebe bekommen, die er braucht, die ihm gut tut? Sollte man am Ende gar den anderen genauso zur Liebe zwingen wollen, wie man selbst gezwungen worden ist?

Solche Gedanken und die damit verbundenen Gefühle sind sehr schmerzhaft. Doch es ist unsere einzige Chance, diesem Schmerz nicht auszuweichen. »Leidenschaft« kommt von »Leiden« – und sich die Wahrheit über sich selbst und den anderen einzugestehen, darin liegt das sinnvolle Leiden, das Glück, Nähe, Liebe, Erotik und Sex wieder möglich macht. Wer dem Leiden an der eigenen Biographie ausweicht, der sorgt dafür, daß er diese Biographie in einem Wiederholungszwang ständig neu inszeniert.

Wer dagegen Verständnis und Liebe für das Kind entwickelt, das er einmal war – unter anderem auch wütend, egoistisch, eifersüchtig, neidisch, schmutzig, faul –, wer sich in dieses überforderte Kind, das diese »bösen« Eigenschaften überwinden sollte, einfühlen kann, der ist in der Lage, seine Gegenwart zu verändern.

Soviele Menschen überfordern sich immer noch ständig und erziehen sich selbst im Sinne ihrer Eltern. Der Partner wird fast immer die abgespaltenen Gefühle leben.

Welche Gefühle sind das? Traurigkeit, Wut, Gier – auch sexuelle Gier? Der andere spiegelt, was sich in mir abspielt, was ich jedoch vor mir selbst nicht zugeben will. Der andere – wie immer er auch ist – ist eine unerschöpfliche Quelle, um mich selbst kennenzulernen. Wenn ich nur genau hinschaue, bringt mich der andere darauf, was in meiner frühesten Kindheit geschehen ist. Und ich bringe den anderen dahin, daß er genau das an mir wiederholt.

Diese Klarheit, die sich vor einem auftun kann, entläßt Opfer und Täter aus ihren Rollen. Sie macht Schluß mit den gegenseitigen Vorwürfen und der immer größeren Distanzierung voneinander. Sie weckt Verständnis für einen selbst – und Liebe. Sie weckt Verständnis für den anderen, das unglückliche Kind im anderen, das seine Bedürfnisse als Erwachsener kaum besser artikulieren kann als damals. Diese Klarheit kann die Liebe wiederbeleben oder sie überhaupt erst in einem selbst entstehen lassen. Diese Klarheit verhindert, daß wir weiter auf der vergeblichen Suche nach dem »perfekten« Partner sind, dem Mann, der Frau, mit dem, der alles anders wird. Nur diese Klarheit macht es möglich zu sagen: »Ich liebe dich«, so daß der andere die Wahrheit spürt. Mit der Wahrheit läßt sich leben. Sie macht Menschen unglücklich und glücklich, traurig und froh – reich an echten, klaren Gefühlen eben. Es ist die Unwahrheit, die Verwirrung stiftet und letztendlich taub macht – für sich selbst und für den anderen. Wer sich für Gefühle wie Leidenschaft und sexuelle Lust entscheidet, dem bleibt nichts anderes übrig, als sich für die Wahrheit seiner eigenen Geschichte zu entscheiden.

Die Wahrheit ist, daß das Leben der meisten Menschen wie ein Film ist, in dem unsere Eltern Regie führen, ohne daß wir das mitbekommen. Wir glauben, wir seien selbst die Regisseure und führen doch oft nur den Job unserer Eltern weiter. In deren Bedürfnisse haben wir uns schon als Säuglinge perfekt eingefühlt. Darüber haben wir oft vergessen, uns in uns selbst einzufühlen. Wenn wir unser Einfühlungsvermögen endlich für uns selbst benutzen, so kommt unser ganzer Gefühlsreichtum wieder zurück – nicht auf einen Schlag, aber Stück für Stück. Und zu diesem Gefühlsreichtum gehört in erster Linie unsere sexuelle Vitalität, unsere Lust, unsere Sinnlichkeit. Nichts ist ansteckender als die Lust …

»Was die Menschen einschränkt, ist, daß sie
nicht den verdammten Mut oder die Phantasie haben,
als Star in ihrem eigenen Film aufzutreten,
geschweige denn Regie zu führen.«

Bernard Mickey Wrangle, der Outlaw, in
»Buntspecht – So etwas wie eine Liebesgeschichte«
von Tom Robbins

## Literaturverzeichnis

Alain Finkielkraut: *Die Weisheit der Liebe,* Carl Hanser Verlag, München 1987

Brüder Grimm: *Kinder- und Hausmärchen,* Carl Üeberreuter Verlag, Wien

Kästner, Erich: *Gesammelte Schriften für Erwachsene,* Atrium-Verlag, Zürich 1969

D. H. Lawrence: *Liebe, Sex und Emanzipation,* Diogenes Verlag, Zürich 1971

Alexander Lowen: *Liebe und Orgasmus,* Kösel Verlag, München 1980

Alice Miller: *Das Drama des begabten Kindes und die Suche nach dem wahren Selbst,* Suhrkamp Verlag, Frankfurt am Main 1983

Avodah Offit: *Das sexuelle Ich,* Klett-Cotta, Stuttgart 1979

Christiane Olivier: *Jokastes Kinder,* dtv, München 1991

John Munder Ross: *Das männliche Paradox,* Kabel Verlag, Hamburg 1994

Barbara Schmidt, Brigitte Lämmle (Hrsg.): *Lieb mich, Baby! Wie Sie endlich bekommen, was Sie schon immer vom Partner erwartet haben,* Mosaik Verlag, München 1991

Barbara Schmidt, Jens Corssen: *Glück braucht Mut,* Falken Verlag, Niedernhausen 1992

Barbara Schmidt: *Das Hollywood-Syndrom. Von der Angst, nicht schön genug zu sein,* Mosaik Verlag, München 1993

Ernst Andreas Stadter: *Wenn du wüßtest, was ich fühle ...*, Herder Verlag, Freiburg 1992

Jürg Willi: *Was Paare zusammenhält,* Rowohlt Verlag, Reinbek bei Hamburg 1991

## Register